民事訴訟理論再考

松村和徳 著

成 文 堂

はしがき

今日の民事訴訟理論を推進してきたのは、紛争解決理念と手続保障理念であると言えよう。これら二つの理念が車の両輪となって、またある時は牽制、対立して、戦後の民事訴訟法学の理論を深化させてきた。この点についての異論は少ないと思われる。筆者自身も研究活動を始めたときから、両理念により展開された学説に大いに触発された者でもある。とくに判決効や多数当事者訴訟をめぐる議論は刺激的であった。今日の民事訴訟法学においては、これら二つの理念の考慮を自明の理として訴訟理論が構築されていると言えよう。しかし、両理念が学説・判例に浸透し、それらを考慮することが民事訴訟法学において当然のこととなっていく中で、両理念は真に民事訴訟理論の基礎に置くべきものであるのかという疑念が芽生えていった。とくに、既判力論において回顧的に前訴の審理過程を評価して判決効（既判力）の範囲を決定していく思考には違和感があった。また、執行法研究を研究活動の出発点とした筆者には、紛争解決ないし権利の実現は執行の局面まで視野に入れて初めて意味が出てくると思えた。本書は、このように、紛争解決と手続保障という二つの理念及びそれに基づく理論に対する筆者の疑問点を明らかにし、その理論に対して批判的考察を行ってきた論稿の一部を所収した論文集である。換言すれば、紛争解決と手続保障という二つの理念は真に民事訴訟理論の基礎に置くべきものであるのかを問うたのが本書である。本書で展開した考察は、紛争解決、手続保障という理念に基づき展開され、民事訴訟法学に新機軸を示した先達の理論とは異なり、理論的に何ら新たな機軸を打ち出すものではなく、むしろ、伝統的思考とその正当性を再確認したに過ぎないところが多い。しかし、時勢におもねることは楽であるが、この流れの中で立ち止まり、あるいは遡行して、もう一度民事訴訟の理論を考察する必要があるのではないか、こうした考えから、本書のタイトルを「民事訴訟理論再考」とした。このような考察は今後の民事訴訟理論のさらなる発展には有益かと思う。本書がその発展の一助となれば幸いである。

本書は、筆者が既に発表した論稿を整理し、まとめたもので、判決効論と訴えの利益論の二部構成となっている。いわば、民事訴訟の入口と出口において、紛争解決理念と手続保障理念に基づき展開された民事訴訟理論を批判的に考察する形になっている。本書における筆者の考察は、専ら訴訟法的に考察する一元論ではなく、実体法的考察を加味した二元論的考察の必要性の指摘や執行の局面まで考慮した理論を提唱する点に特徴を有するが、これらの視点も従前から議論されていたことでもある。本書での考察はその議論に加上を試みたものである。

具体的には、第一章「信義則による後訴遮断と訴権の濫用」では、信義則による後訴遮断の理論を訴権濫用による後訴遮断の場合と比較して、信義則による回顧的判決効理論を批判的に考察した。第二章「一部請求訴訟における既判力論」は、残部請求の可否をめぐる判例・学説の議論を整理し、第一章との若干の記述の重複もあるが、同様に回顧的既判力論を批判的に考察したものである。第四章「二重起訴禁止原則と相殺の抗弁」では、二重起訴禁止原則をめぐる近時の判例・学説を伝統的立場から批判的に考察した。判決効の人的範囲を考察対象とした第三章「執行力と既判力」及び第七章「将来給付の訴えの利益」は、執行法の視点を踏まえて、近時の議論状況を再考したものである。第五章「訴訟告知論」では、制度の沿革や比較法的考察から実体法的思考の必要性を論じた。第六章「訴えの利益」は、遺言無効確認の訴えを中心に確認の利益の判断基準を考察したものである。第五章と第六章はいずれも複数の論稿を整理・再編し、まとめたものである。その結果、記述の重複するところもあるが、ご寛容お願いしたい。また、本書に所収した論稿は、執筆時期にズレがあり、記述の背景やその後の議論との調整も必要であったが、出版との関係で時間の制約もあり、最低限の調整を行ったのみである。そのため、引用文献、判例のアップデートも最低限行っただけであり、かつ文献の引用も網羅的ではない。この点もご寛容頂ければと思う。

最後に、本書の出版を引き受けて頂き、またこれまでも筆者の論文集や教科書の出版と同様に変わらぬご厚意とご配慮を賜った成文堂阿部成一社長と筆者の遅々として進まぬ校正作業に最後まで尽力して頂いた成文堂出版部の田中伸治氏に心より感謝の意を表したい。また、早稲田大学法学部をこの春卒業したゼミ生の石山凌雅君には本書の校正を手伝ってもらった。厚く感謝申し上げたい。

令和六年（二〇二四年）一一月

松　村　和　徳

目　次

第二部　訴えの利益論

初出一覧

第一章　信義則による後訴遮断と訴権の濫用
加藤新太郎先生古稀祝賀論文集「民事裁判の法理と実践」（二〇二〇・弘文堂）二六五頁を加筆・修正

第二章　一部請求訴訟における既判力論
「一部請求論考（一）」『山形大学　法政論叢』第一七号三九頁（二〇〇〇年）を大幅に加筆・修正
「不法行為訴訟と一部請求論」東北学院法学第七一号（二〇一一）一一九を若干の加筆・修正

第三章　執行力と既判力
高橋宏志先生古稀祝賀論文集「民事訴訟法の理論」（有斐閣・二〇一八）一三三九頁を加筆・修正

第四章　二重起訴禁止原則と相殺の抗弁
「民訴法一四二条と相殺の抗弁」判例秘書ジャーナル（二〇二三・HI00186）を若干の加筆・修正

第五章　訴訟告知論
以下の論文等を加筆・修正し、整理・編集した。

「訴訟告知と参加的効力」中村英郎編『民事訴訟法演習』（成文堂・一九九四）一四三頁
「訴訟告知の効果の範囲」（判例評釈：最判平成一四・一・二二判タ一〇八五号一九四頁）早稲田法学七八巻二号（二〇〇二）四一九頁

第六章　訴えの利益
以下の論文等を加筆・修正し、整理・編集した。
「訴えの利益とその機能」『民事訴訟法の争点（第3版）』（有斐閣・一九九八）一二四頁以下
「遺言無効確認の利益」（判例評釈：最判昭和四七・二・一五民集二六巻一号三〇頁）民事訴訟法判例百選（第3版）（二〇〇三）六二頁
「遺言無効確認の訴えに関する諸問題」『民事訴訟法学の新たな展開　中村英郎教授古稀祝賀上巻』（成文堂・一九九六）一七九頁
「遺言者生存中の遺言無効確認の訴えの適否」（判例評釈：最判平成一一・六・一一判タ一〇〇九号九五頁）私法判例リマークス二一号（二〇〇〇）一一八頁

第七章　将来給付の訴えの利益
（判例評釈）航空機の発する騒音等に係る将来の損害賠償請求と将来給付の訴えを提起することができる請求権としての適格［（最判平成二八・一二・八裁判集民事二五四号三五頁）早稲田大学法務研究論叢第3号（二〇一八）二九九頁を若干の加筆・修正

第一部　判決効論

第一章　信義則による後訴遮断と訴権の濫用

一　はじめに

昭和の後半から平成の時代を通じて今日まで、民事訴訟法理論を推進してきたのは紛争解決理念と手続保障理念である(1)。この点については、異論はないであろう。そして、この両理念が最も影響を及ぼしたのは、既判力論である点も共通認識と言えるであろう。従前の通説・判例は、前訴の既判力の物的限界（客観的範囲）につき専ら訴訟物を基準に決定してきた。「既判力の客観的範囲＝主文の判断＝訴訟物についての判断」というテーゼが制度効としての既判力の範囲を画してきたのである。したがって、前訴と後訴で当事者は同一でも訴訟物が異なる場合には、前訴の既判力は後訴に原則作用しない。つまり、紛争の同一性が認められるとしても、訴訟物が異なる以上、再訴を保障するというのが伝統的理解であったのである。

しかし、この既判力の物的限界に関する訴訟物の役割は、両理念により変容を迫られたのであった。紛争解決理念は、訴訟物の判断基準につき訴訟法説（新訴訟物理論）を登場させ、それにより訴訟物の枠を広げ、既判力の物的限界も拡張した。さらに、争点効理論に代表される判決理由中の判断への拘束力論が提唱され、議論を引き起こし、民訴法一一四条二項の相殺の抗弁以外に理由中の判断に判決の拘束力を認める立場が今日支持を集めてきている。そして、手続保障理念は、この既判力拡張論の中で、既判力の正当化根拠として意識され、前訴での手続保障の有無により既判力の拡張・縮減が論じられるに至っている。いわば紛争解決理念と手続保障理念が重層的に判決効論に影響を与えてきたと言えよう。そして、既判力の物的限界を画する基準として決定的なメルクマールであった訴訟物は相対的なものとして位置づけられるようになり、それが今日学説の主流となりつつある(2)。

とくに議論が展開したのは、同一当事者間の前訴と後訴で訴訟物が異なるが、当事者間の紛争という観点からみた場合には、後訴が実質的に紛争のむし返しとなる場合に、前述のテーゼは常に維持されるかという問題であった。この問題について、学説上登場してきたのが争点効理論である。争点効理論は、訴訟物の枠を超えて、前訴で争った事実主張を後訴において排斥する理論であり、このテーゼに対抗する形で提唱された。そして、この関係で民訴法学に大きな影響を及ぼしたのが最高裁昭和五一年九月三〇日判決（民集三〇巻八号七九九頁）である。既判力の拡張や争点効を否定してきた最高裁（最判昭和四四年六月二四日判時五六九号四八頁など）が方向転換に等しい判断をしたのであった。最高裁昭和五一年判決は、前訴と後訴で訴訟物を異にした事案であったが（さらに、後訴当事者には前訴当事者以外の者も含まれていた）、実質的に前訴のむし返しがある場合には、信義則に基づき後訴を排斥できるとした。この判決を契機として、その後「むし返し」と評価できる場合には、同様の処理をなす判例が相次いで登場してきた(3)。そして、最高裁平成一〇年六月一二日判決（民集五二巻四号一一四七頁）により、明示された数量的一部請求で請求棄却がなされた場合、残部を請求した後訴を、実質的に前訴で認められなかった請求及び主張をむし返すものであるとして、信義則で排斥した。判例理論では明示された一部請求では訴訟物は明示された部分だけとしていたことから、訴訟物が前訴と後訴で異なる場合であっても信義則の適用により後訴を排斥しうる場合があることが、この判例以降、実務上は確立されつつあると言えよう。そして、前述の最高裁の二つの判決は後訴を信義則違反で排斥する場合に、訴えを不適法却下として、いわば門前払いの処理を行っている。また、現在の民事訴訟において信義則の適用が認められる点は異論のないところである(4)。本来、信義則は当事者間で問題になっており、主張レベルの適用が主であったといえよう（その結果、請求棄却が導かれる）。しかし、これらの判例の訴えを門前払いする（つまり、「訴え却下」）とする処理は、裁判所と当事者間の関係にも絡み、訴えを「訴権の濫用」として門前払いする場合と同様である。しかし、ここでいう訴権が国民の裁判を受ける権利と密接に関連する以上、安易に「訴権の濫用」を認め、訴えを不適法として却下することは国民の裁判による救済の途を閉ざすことになる。このことから、訴権の濫用による訴え却下は謙抑的であるべきとされてきた。他方、後訴を信義則で遮断する場合に、訴え却下として処理する判例の姿勢は、後述にように、必ずしも謙抑的とは言い難い面もあるように思われる。判例における信義則による後訴の遮断は、判決効の遮断効論を大きく展開させており、[5]この点を論じる意義はありそうである。

さらに、前述の二つの最高裁判決とそれ以降の判例で展開される「信義則による後訴遮断」は実質的紛争の「むし返し」がキーワードになっているが、他方「訴権の濫用」の場合も、後述のように、紛争の「むし返し」がキーワードになっている。そして、「信義則による後訴遮断」による後訴の処理の仕方としては「訴権の濫用」による訴えの遮断と同様に「訴え却下」である。では、両者はその判断基準を含め、共通性を有してくるのであろうか。それとも、両者の後訴の遮断に違いが存するのか、在するとすれば、それは正当化できるかという問題が生じてくるように思われる。そして、この検討は、「信義則による後訴遮断」が「既判力の客観的範囲＝主文の判断＝訴訟物についての判断」というテーゼに対抗する形で登場してきている以上、このテーゼ自体の検討にも繋がってくると思われる。本章では、このような問題意識の下、判例に現れた「訴権の濫用」事例を検討し、それとの比較において「信義則による後訴遮断」を検討することにしたい。

ここで、まず検討対象となるのは、訴えが「訴権の濫用」として門前払い（却下）される場合とはいかなる場合かである。そして、この点に関して、判例上、明確な基準を示し、以後の判例に多大な影響を与えたものとして、下級審判決であるが、東京地裁平成一二年五月三一日判決（判タ一〇三八号一五四頁）[6]がある。以下の検討は、この判決をモチーフにした。

（注）

（1）日本民事訴訟法学会五〇周年記念シンポジウム「学説と実務における紛争解決の観念」民訴四六号（二〇〇〇）九四頁以下、山本和彦「民事訴訟における手続保障」伊藤眞＝山本和彦編・〔ジュリスト増刊〕民事訴訟法の争点（有斐閣・二〇〇九）五四頁以下など参照。

（2）この訴訟物と既判力の範囲に関する学説の展開については、坂原正夫「既判力の客観的範囲」前掲争点（注（1））二一六頁以下など参照。訴訟物の相対化については、中野貞一郎「訴訟物概念の統一性と相対化」同・民事訴訟法の論点Ⅰ（判例タイムズ社・一九九四）二〇頁以下（初出・判タ八四六号（一九九四））など参照。

（3）原強「判例における信義則による判決効の拡張化現象（一）」札幌学院法学六巻一号（一九九〇）七頁以下、栂善夫「民事訴訟における信義則の現状と課題」民訴四七号（二〇〇一）二四八頁以下など参照。

（4）栂・前掲論文（注（2））二四八頁、同「民事訴訟における信義誠実の原則」前掲争点（注（1））一六頁以下及びそこで引用されている文献など参照。

（5）さしあたり、新堂幸司・新民事訴訟法（第六版）（弘文堂・二〇一九）六九〇頁以下など参照。

（6）本稿のモチーフとしたこの判決は加藤新太郎元判事の下した判決である。そして、本稿は加藤新太郎元判事・中央大学教授の古稀祝賀論集に提出、掲載されたものである。この判決については、後藤勇・判タ一〇六五号二五二頁、芳賀雅顯・法学研究（慶大）七四巻九号一〇九頁の評釈がある。また、この判決を契機とした、栂善夫「訴権の濫用」石川明先生古稀祝賀・現代社会における民事手続法の展開（上）（商事法務・二〇〇二）四九七頁がある。

二　判例における訴権の濫用に基づく訴えの排斥

一　東京地裁平成一二年判決前の状況

判例に現れた「訴権の濫用」については、林屋礼二東北大学名誉教授による総合判例研究（昭和四九年まで）で、四件挙げられていた。(7)いずれの裁判例も原告側の訴えの意図が問題とされているが、本稿の関心からは、その中で、主張が実体法上の信義則に違背するというだけでは訴権の濫用に当たらないとした判例（神戸地姫路支判昭和三六年五月二日労働民例集一二巻三号二六三頁）が注目される。

その後、訴権の濫用に関して公表された判例は増加している。(8)公刊された判例では、実体的権利を有する場合には、①個人的利益を追求するなどの提訴目的の不当性、(9)②提訴時期が考慮されている。(10)また、実体的権利を有しない場合には、主に①提訴目的の不当性が考慮されていると言えよう。(11)さらに、③実質的に同じ請求を繰り返す提訴、(12)それに対する④被告側の過重な負担（①、②、③があれば、④は当然生じてくる関係にあるといえる）が考慮されているのが典型例である。(13)「訴権の濫用」を最高裁で初めて認定した最判昭和五三年七月一〇日民集三二巻五号八八八頁は、株主総会決議不存在確認訴訟であった。この事案では、「(イ)有限会社の経営の実権を握っていた者が、第三者に対し自己の社員持分全部を相当の代償を受けて譲渡し、会社の経営を事実上右第三者に委ね、(ロ)その後相当期間を経過しており、しかも(ハ)右譲渡の当時社員総会を開いて承認を受けることがきわめて容易であったなど」が訴権の濫用を認めたポイントである。この訴えは、原告側の行動（前述のイ、ロ、ハ）を信頼して形成された被告側の地位を排斥し、経営権の再取得を意図した提訴といえ、社員権という実体的権利を不当に行使した点（前述の①、②及び④が考慮されたと思われる）が訴権の濫用として評価されたものと思われる。(14)ただ、これまで訴権の濫用を判断する要件の定式化はなされてこなかった。

二　東京地裁平成一二年判決の理論構造

こうした状況の中で、前掲東京地裁平成一二年判決が登場してくる。同判決によって、訴権の濫用を判断する要件の定式化が試みられたのである。この事案は、マスコミ報道もなされた事件であるので詳細は省くが、宗教団体会長によるレイプを理由とする不法行為に基づく損害賠償請求訴訟である。この東京地裁平成一二年判決は、訴権の意義から、信義則違反との関係、訴権の濫用の要件等を詳細に述べた。まず注目されるのは、訴権の濫用がないことを訴訟要件として位置づけた点である。[15] すなわち、「一方当事者が、相手方当事者に対し、信義則に反するような形で訴訟上の権能の一つである訴権を行使している場合は、訴権を濫用するものというべきである。そして、『訴権の行使が濫用に当たらないこと』は、訴訟要件の一つというべきであり、訴訟要件が欠ける場合には、裁判所は訴え却下の訴訟判決をすることを義務づけられている」とする。しかし、「訴権は、国民の実体権実現のために重要な権利であるから、安易に訴権濫用の抗弁を認めて、訴えが不適法であるとして却下することは、国民の被害救済の途を閉ざし、結果として、国民の裁判を受ける権利の保障を損なうことになる。したがって、訴権が濫用に当たるか否かについては、慎重に判断しなければならないことはいうまでもない」として、「訴権の濫用」の判断は謙抑的でなければならないことを前提とした。[16]

そのうえで、訴権の濫用に該当するか否かの判断要素として、「(i)提訴者が実体的権利の実現ないし紛争の解決を真摯に目的とするのではなく、相手方当事者を被告の立場に立たせることにより訴訟上又は訴訟外において有形、無形の不利益・負担を与えるなど不当な目的を有し〔主観的要件と称されている〕、(ii)提訴者の主張する権利又は法律関係が事実的、法律的根拠を欠き権利保護の必要性が乏しいなど、民事訴訟制度の趣旨・目的に照らして著しく相当性を欠き、信義に反すると認められる場合〔客観的要件〕」を挙げ、これらに該当する場合には、訴権を濫用するものとして、その訴えは不適法として却下すべきものと解されるとした。そのうえで、(i)および(ii)の要件を判断する要素として「(a)提訴者の意図・目的、(b)提訴に至るまでの経過、(c)提訴者の主張する権利又は法律関係の事実的根拠・法律的根拠の有無ないしその蓋然性、(d)それらの法的性質・事実的背景、(e)提訴者の訴訟追行態度、(f)訴訟提起・追行による相手方当事者の応訴の負担、(g)相手方当事者及び訴訟関係者が訴訟上又は訴訟外において被ることがある不利益・負担等その評価にかかわる事実〔評価根拠事実〕を総合的に考慮して判断すべきである」とする。そして、「民事訴訟の提起は、本来であれば、原則として正当であるのであるから、訴権濫用というためには、そうした制度利用を許容すべきではないとするほどの不当性か認められることが必要であると解される」と判示した（(i)・(a)などの見出し記号は、引用者による）。

東京地裁平成一二年判決で提示された(i)と(ii)の要件は、上述した従来の訴権の濫用に関する判例の判断要素をまとめた形になっている。つまり、(i)は従前の判例の判断要素たる前述の①と④を取り込んだ形である。(ii)は実体的権利を有しない場合の提訴目的の不当性を問題とするものと言えよう。ただ、この要件は、訴権の濫用法理は本来的には権利があることを前提に、その行使を問題とするものであると思われるので、(ii)はさほど重きをおく必要はないように思われる(17)。東京地裁平成一二年判決が判例上注目され、学説にも影響を与えたと思われるポイントは、前述の要件を判断するための具体的考慮要素(a)〜(g)をピックアップした点にある。訴権の濫用は一般条項と言えるので、その判断は利益衡量的にならざるを得ないと考えるのが今日一般的と言えよう。問題は、この考量ファクターである。東京地裁平成一二年判決は、これに一つの目安を示した点に意義があり、この点において高く評価されよう。

三　東京地裁平成一二年判決後の状況

東京地裁平成一二年判決の控訴審（東京高判平成一三年一月三一日判タ一〇八〇号二二〇頁）は、この地裁判決の判断枠組みを承認し、同様の判断をなし、最高裁も支持し、判決は確定している。[18] その後、東京地判平成一九年一二月二一日（LLI/DB: L 06235776）は、東京地裁平成一二年判決の判断枠組みを使って訴権の濫用を認めている。逆に、平成一二年判決基準に従い、訴権濫用を否定したものもある。[19]

東京地裁平成一二年判決以後の訴権の濫用に関する判例を概観してみると、[20] 以下の点が確認できよう。

まず、訴権の濫用を認め、訴えを却下した判例は、前述③の（実質的）同一請求が繰り返される事例[21]が多く、続いては前述①個人的利益を追求するなどの提訴目的の不当性に関わる事案が多い[22]（いずれも、東京地裁平成一二年判決基準でいえば、(i)の要件に関わり、(a)、(b)の要素が関連していると言えよう）。これらの場合には、ある意味当然ではあるが、併せて④被告側の過重な負担が考慮されている場合[23]が多い。

他方、訴権の濫用を否定した判例も多いが、その否定理由が注目される。❶同一の事実関係に由来するが訴訟物が異なる場合、[24] ❷当事者が異なる場合、[25] ❸主要な争点は重なるが、異なる争点もある場合、[26] ❹原告の訴訟活動、提訴目的が相当性を欠くものではないと評価される場合、[27] ❺実質的には従前の訴訟を蒸し返すものであるが、従前の訴訟結果を踏まえて従前の訴訟と異なる主張をする場合、[28] である。

以上の分析結果からみると、東京地裁平成一二年判決以降の判例においては、訴権の濫用が認定されるのは、個人的利益の追求や被告の負担も指摘されているが、「実質的同一請求が繰り返される場合」が中心となっていると言えよう。しかし、他方で、事実関係が従前の訴訟と一致していても、又は実質的に従前の訴訟を蒸し返すものであっても、訴訟物や当事者、さらには争点の一部が異なる場合ならば、訴権の濫用は否定されていることが確認できる。その意味で、訴権の濫用の認定については、判例のスタンスは謙抑的であると言えよう。こうした判例の状況は東京地裁平成一二年判決で指摘された謙抑的な利益衡量がなされている結果と言えるように思われ、基本権のための基本権といわれる裁判を受ける権利の保障という観点を考慮すれば、その方向性は基本的に支持できる。

しかし、他面において、判例は、訴権の濫用を問題とせず、前訴と訴訟物が異なり、既判力が及ばない場合であっても、信義則により後訴を遮断する傾向が見受けられる（既判力〔訴訟物〕の範囲を超えて紛争解決が追求されていると言えよう）。しかも、後訴の遮断は、訴権の濫用の場合と同様に訴え却下である。この処理は正当化されるのかを検証するために、以上のように、訴権の濫用の判例を整理してみた。この視点に沿って、以下では、判例に現れた信義則による後訴遮断について（紙幅の関係上最高裁判例を中心とする）検討してみる。(29)

（注）

（7）林屋礼二「民事訴訟における権利濫用と信義則（二）」民商七一巻一号（一九七四）六二頁以下。

（8）栂・前掲論文（注（6））五一一頁で指摘があり、詳細は、芳賀・前掲評釈（注（6））一一二頁以下参照。

（9）東京高判平成元年七月三日金判八二六号三頁は「株主が、……〔代表〕訴訟の提起により自己の名前が広がることを望んでいるとしても、それだけの理由で直ちにその訴訟の提起が権利の濫用にあたるということはでき」ず、当該代表訴訟の提起が、株主の「不当な個人的利益を獲得する意図に基づくものであるとか、……取締役の責任を追及する合理性、必要性に乏しく、不当な嫌がらせを主眼としたものであるなど特段の事情のある場合に限り」、株主権（提訴権）の濫用にあたるとした。また東京高判平成八年一二月一一日金判一一〇五号二三頁は「株主代表訴訟は、……右訴訟の提起が、専らないし主としていたずらに会社ないしその取締役を脅しあるいは困惑させ、これによって会社ないし取締役から金銭など不当な個人的利益を得ることを意図したものであるとか、又は右訴訟によって追及しようとする取締役の違法行為が軽微ないしかなり古い過去のものであり、かつ、右違法行為によって会社に生じた損害額も甚だ少額であり、今更取締役の責任を追及するほどの合理性、必要性に乏しく、結局、これによって会社ないし取締役に対する不当な嫌がらせを主眼としたものであるなど特段の事情の認められない限り、右訴訟の提起が株主権（提訴権）の濫用として許されないとすることはできない」とした。この上告審である最判平成一二年九月二八日金判一一〇五号一六号もこれを支持した。

(10) 福岡高宮崎支判昭和六〇年一〇月三一日判タ五九一号七三頁、東京地判平成三年九月二六日判時一四二二号一二八頁など参照。

(11) 鹿児島地判昭和六二年七月二九日判タ六五一号二二三頁など参照。

(12) 東京地判平成七年七月一四日判時一五四一号一二三頁など参照。同一の請求が繰り返されるのは知財関係訴訟でも多い。

(13) 芳賀・前掲評釈（注（6））一二〇頁では、制度目的から乖離した訴訟提起、提訴者側の害意、長期間にわたり、相手方当事者が不安な地位におかれることが判断要素として抽出できるとする。

(14) 本件評釈としては、さしあたり、山城崇夫・民訴判例百選（第五版）六八頁、山本和彦・民訴判例百選Ⅰ（新法対応補正版）一六頁、福永有利・判タ三七五号五七頁、新堂幸司・判評二四四号三〇頁、本間義信・昭和五三年重判解説一五〇頁、谷口安平・判タ三九〇号二五六頁などを参照。

(15) 新堂・前掲判評（注（5））二六四頁以下でこの位置づけは評価されている。

(16) 訴権の濫用という場合、訴権をどのように解するかでその評価は異なりうるであろう。つまり、訴権は当事者の権利保護・救済を求める実体的な権利という側面と公の訴訟制度を利用する公益的権限という側面の二つがあるように思われる。当事者の権利保護・救済を求める点に力点を置けば、訴権を制限することは望ましくないであろうし、訴訟制度の利用に利点を置けば、一定の場合に訴権の制限はやむをえないという方向に傾くであろう。訴権濫用の評価を謙抑的にすべきという点は、このバランスをとったものと評することもできよう。

(17) 栂・前掲論文（注（6））五一四頁は、繰り返される一部請求の例を挙げ、かかる場合には、客観的要件は緩和して考える旨指摘する。

(18) 栂・前掲論文（注（6））五〇〇頁注3参照。なお、高裁判決の評釈としては、後藤・前掲評釈（注（6））二五二頁がある。

(19) 例えば、東京地判平成一七年二月二三日 LLI/DB:L06030709 など参照。また、最判平成一八年七月七日民集六〇巻六号二三〇七頁は、最初の調停申立てをした動機、目的が明らかでないし、その申立てを取り下げた理由も明らかではない事情があり、その後、約一〇年が経過して再度調停を申し立て、更には本件訴訟を提起した事案で、事案の実体、被告の負担、提訴の動機、目的などを十分に検討していないとして、訴えを権利濫用に当たらないとした原審判決を破棄し、差し戻している。

(20)　訴権の濫用に関する判例を類型化して整理したものとして、西田昌吾「「訴権の濫用」をめぐる裁判例と問題点」判タ一三五〇号（二〇一一）一二頁がある。本稿では、そこで取り上げられた判例以降に公表されたものも取り上げた。多くは、判例秘書及びTKCのデータベースによる。

(21)　東京地判平成一二年一〇月一七日LLi/DB:L05530301（この事案はさらに複数の訴訟が繰り返されている（東京地判平成一三年五月三〇日LLi/DB:L05630155から知財高判平成一九年六月二七日LLi/DB：L07220210まで））、東京地判平成二五年五月二九日LLi/DB:L06831197、東京地判平成二八年一一月八日LLi/DB:L07132582、東京地判平成二九年一月二四日TKC/DB:25538879など参照。

(22)　東京地判平成一三年三月二七日LLi/DB:L05630087、東京地判平成一六年一二月二八日LLi/DB:L05935356（この事案では請求が繰り返される点にも言及）など参照。

(23)　大阪地判平成一九年一月一八日LLi/DB:L06250002（実質的に同一の請求をむし返すものとの指摘がある）、東京地判平成二一年一一月二六日LLi/DB:L06430489（形式的に訴訟物を異なる形にして勝訴の見込みのない訴訟を繰り返しているとの指摘がある）、東京地判平成一二年二月一二日LLi/DB:L05530045、東京地判平成二五年九月二七日TKC/DB:25515150（この判例では、平成一二年判決基準(ii)の客観的要件、(c)の要件が考慮されている）など参照。

(24)　東京地判平成一二年一一月二七日LLi/DB:L05550414、東京地判平成二七年三月五日TKC/DB:25525188、東京地判平成二八年一〇月五日LLi/DB:L07133396など参照。また、東京地判平成一九年七月一〇日LLi/DB:L06233011は、基礎としている事実関係がおおむね前訴と同一というだけでは訴権の濫用に当たらないとする。東京地判平成二三年一二月七日LLi/DB:L06630549は、審理対象となる損害の主張において重複するが、違法行為の主張において内容を異にする場合には、訴権の濫用に当たらないとする。

(25) 東京地判平成二八年一月二五日LLI/DB:L07132620. この事案は、二〇〇件を超える訴訟が繰り返されているが（この点は訴権の濫用が認められる典型である）、当事者が異なることを理由に訴権の濫用を否定する。
(26) 東京地判平成一六年九月一五日LLI/DB:L05933742参照。
(27) 東京地判平成一七年九月一六日LLI/DB:L06033430参照。
(28) 東京地判平成二四年五月九日LLI/DB:L06720229参照。
(29) 本来は、学説も踏まえて論じるべきであるが、紙幅の関係上、判例のみに考察対象を限定することにしたい。信義則による後訴遮断の法理と学説等の関係については、富樫貞夫「民事訴訟における「むし返し」禁止の効力」熊本大学法学部創立一〇周年記念論集（一九九〇）二七一頁、川嶋隆憲「既判力の補完・調整法理の諸相（一）（二）」熊法一四〇号（二〇一七）一頁、同一四一号（二〇一七）四七頁などがある。

三　判例における信義則に基づく後訴遮断

一　最高裁昭和五一年九月三〇日判決[30]の登場

判例において信義則による後訴遮断は、前掲最高裁昭和五一年判決に始まると言って過言ではないであろう。最高裁は、争点効は否定し、「既判力の客観的範囲＝主文の判断＝訴訟物についての判断」という伝統的既判力論の立場を維持してきた。しかし、判例は、この最高裁昭和五一年判決以降、制度効としてではなく、信義則を根拠として判決効の及ぶ範囲を弾力化し、訴訟物の枠を離れて、訴訟のむし返しや矛盾主張を排斥する理論を打ち出していると言えよう。まず、その端緒となったのが、限定承認が問題となった最判昭和四九年四月二六日民集二八巻三号五〇三頁[31]である。限定承認は訴訟物たる金銭債権の引き当てとなる責任財産の範囲に関するものであり、従前の多数説では訴訟物を構成せず、既判力は生じないと解されていた。限定承認部分を訴訟物に含める立場もあったが、この判決では、いずれの立場でもなく、限定承認は「訴訟物に準ずる」として、その判断には「既判力に準ずる効力」が生じるという考えがとられ、また既判力の遮断効の趣旨を「権利関係の安定、訴訟経済及び訴訟上の信義則等の観点」から捉えるべきとした。その後不執行の合意に関する判例の中で同様に、「訴訟物に準ずるものとして審判対象になる」旨が判示されているが、この準訴訟物という概念自体は明らかではない。ただ、訴訟物以外の判断にも既判力と同様の効力が認められる余地がある旨が示唆されたと思われる。したがって、限定承認についての判断に既判力に準ずる効力を認め、遮断効の根拠要素として訴訟上の信義則等を掲げたこの最高裁昭和四九年判決は、最高裁が信義則による後訴遮断の方向に転換する過渡期的判断であったとも位置づけることができよう。(32)

そして、判例の方向性を決定づけたのが、前述の最高裁昭和五一年判決であると言えよう。事案は、次のような概要であった。X_1の先代訴外亡Aの所有する本件各土地について自作農創設特別措置法による買収処分がされ、昭和二四年に訴外亡Bに対する売渡処分がおこなわれたところ、Aの死後その相続人であるX_1が、右売渡処分後に、Bとの間で、X_1が本件各土地を買い受ける旨の売買契約が成立したとして、Bの死後、その相続人であるY_1、Y_2及びCに対し、右各土地について、農地法所定の許可申請手続及び許可を条件とする所有権移転登記手続等を求める訴訟を提起したが、請求棄却の判決が昭和四一年に確定した。ところが、その翌年にX_1及びAの他の相続人X_2～X_4は、前記土地の買収処分の無効等を理由として、Y_1、Y_2及びY_1から土地の一部を譲り受けたY_3に対して、本件各土地についての所有権移転登記手続請求と地上耕作物収去土地明渡しを請求して、後訴を提起した事案である。この事案は、前訴と後訴で訴訟物も当事者も異なっていた事案である。

従前の既判力論によれば、最高裁昭和五一年判決の事案は訴訟物も当事者も異なっていることから後訴に既判力は作用せず、後訴の提起自体に問題はないといえる事案であった。しかし、最高裁は、(イ)原告は、前訴では買収処分を前提に請求を構成し、後訴においてその買収処分自体の無効を主張して、前訴も後訴も買収された土地の取戻しを目的としており、後訴は実質的には前訴の蒸し返しである点、(ロ)後訴請求は前訴でもすることに支障のなかった点、(ハ)買収処分後二〇年という年月が経過しており、被告の地位を不当に長く不安定にしていること、を理由として、信義則により後訴を遮断した。本件原審は、前訴でのX_1側の請求が買収処分の有効を前提としたものであると考え、後訴での買収処分の主張は先行行為に矛盾する挙動禁止の理論により信義則違反としたが、この点に関して本件判決では、「後訴は実質的に前訴のむし返し」(イ)の部分)と評価している。原審では主張レベルでの遮断を考えていたとの評価も可能であるが、本件判決では請求レベルで問題としている。その意味で、本件判決は、訴訟物の枠を超えて信義則により後訴自体を遮断したものであると言えよう。しかも、後訴の処理としては、訴権の濫用の場合と同じく、訴え却下という門前払い判決であった。そこで、訴権の濫用との対比が問題となる。以下では、前述した訴権の濫用についての判断基準に基づき検討してみよう。

東京地裁平成一二年判決以前は、前述二・一のとおり、①個人的利益を追求するなどの提訴目的の不当性、②提訴時期、③実質的に同じ請求を繰り返す提訴、それに対する④被告側の過重な負担が判断要素といえるが、昭和五一年判決にはいずれの要素も該当しないように思われる。①は、土地の所有権をめぐる(訴訟物も当事者も異なる)通常の紛争であり、原告側の提訴目的の不当性を認めることは難しい(本件判決では、「実質的に前訴のむし返し」を問題としており、前訴と後訴の訴訟目的が同一であれば、提訴目的の不当性を認めたとも解せるかもしれないが、もしそうであれば、従前の訴権の濫用事例で言われてきた提訴目的の不当性とは異なるように思われる)。②については前訴確定後すぐに後訴が提起されているので該当しない。また、当事者間で請求が何度も繰り返されたわけでなく、③も該当せず、④は後訴が前訴と同一でむし返しと評価できる場合にはその該当性が考えられうるが、訴権の濫用では繰り返される請求が前提となっているので、本件事案において④の要素が該当するかは疑問である。したがって、この判断要素を前提とする東京地裁平成一二年判決で提示された前述二・二の(i)主観的要件と(ii)客観的要件の論理づけからも同様の帰結になろう。[33] 逆に、平成一二年判決以降の判例からみて、訴権の濫用が否定された前述二・三で挙げた❶〜❺のファクターに本件は該当してくる。つまり、❶同一の事実関係に由来するが訴訟物が異なる場合や❷当事者が異なる場合に本件は該当するし、また同様に、❸主要な争点は重なるが、異なる争点もある場合（訴訟物が異なれば当然生じる余地がある）、❺実質的には従前の訴訟をむし返すものであるが、従前の訴訟結果を踏まえて従前の訴訟と異なる主張をする場合（前述の(a)を信義則違反とするが前訴では買収処分自体につき当事者間では争いがなく、意識されていたかは不明である）に妥当してくる余地がある。

いずれにせよ、昭和五一年判決の事案は、判例がとっている基準からは、訴権の濫用に基づいて訴えを却下できる事案とはみなせないように思われる。そうすると、訴権の濫用にも該当しない場合に、後訴を信義則で遮断し、門前払いとする処理の正当化が問題となってくる。[34] とくに、訴訟物が前訴と後訴で異なる場合に、後訴は実質的に前訴のむし返しとして却下することは、訴訟物が同一の場合にでも、つまり、後訴が前訴の全くのむし返しの場合にも訴えを却下せず、後訴請求を訴訟という土俵に上げ、基準時後の事由の有無を判断して、それがなければ「請求棄却する」とする、わが国の現在の既判力論とはまったく異なる処理となる。訴権の濫用にも該当せず、また既判力論からも異質な結論に至る信義則による後訴遮断は、いかに正当化することができるのか。まずは、後訴を遮断する信義則の内容が問題となってこよう。

最高裁昭和五一年判決の信義則による後訴遮断については、まず、前訴で買収処分の有効を前提として売買契約の成立を主張していながら、後訴では端的に買収処分の無効を主張することから禁反言に基づき後訴は排斥されるとの構成が考えられる（原審の理論構成）。他方、前訴も後訴も本件土地の取戻しという目的は共通しており、後訴の買収処分無効に基づく所有権移転登記手続請求と地上耕作物収去土地明渡請求は前訴においても提出（請求）可能であり、かつ当然提出すべきであったと考えられ、これを提出しないまま前訴が確定した場合には、相手方に紛争解決についての正当な信頼が生じており、後訴での提出は実質的に紛争のむし返しであり、相手方の信頼を裏切ることになるとする構成が考えられる。前者は、主張レベルのむし返しを、後者は請求レベルのむし返しを問題としているといえ、後者の意味で最高裁昭和五一年判決の信義則による遮断を解する立場が有力である。(35)換言すれば、(1)目的の共通性、(2)後訴請求の提出可能性（提出義務）、(3)相手方の紛争解決についての正当な信頼の形成があれば、信義則による後訴遮断を肯定できるとするものと言えよう。しかし、この立場は、とくに(2)のファクターから前訴において後訴の請求を併合することが義務づけられている（または義務づけと評価できる）ことが前提である点が問題である。それは、当事者への請求の併合強制を前提とすることになるが、根拠も不明であるし、処分権主義との関係上も、併合強制は肯定し難い。他方、主張レベルのむし返しとしても、前訴で明確な主張がなされていない場合に、禁反言を適用できるかは疑問であろう。手続保障理念からも主張の排斥は難しいように思われる。そうであれば、最高裁昭和五一年判決の事案で信義則を適用すること自体が疑問となる。したがって、最高裁昭和五一年判決の信義則による後訴遮断は、訴権の濫用の観点からも、わが国における現在の既判力論からも、そして信義則の適用という観点からもその正当化は難しい。もしこの処理を正当化できるとすれば、紛争解決の一回性理念の強調が考えられるが、紛争解決理念強調による後訴の遮断はまさに当事者が予期できない形（不意打ち判決）でその権利保護・救済の途を閉ざすことになることも考えねばならないのではなかろうか。(36)

二　最高裁昭和五一年判決以後の判例

しかしながら、この最高裁昭和五一年判決後、判例は信義則による後訴遮断傾向にある。とくに下級審判決はこの傾向が顕著である。(37)

その後も、最高裁は、最判昭和五二年三月二四日金商五四八号三九頁で、最高裁昭和五一年判決を引用して、「後訴の請求又は後訴における主張が前訴のそれのむし返しにすぎない場合には、後訴の請求又は後訴における主張は、信義則に照らして許されないものと解する」として、最高裁昭和五一年判決の(イ)の基準により後訴を遮断している。ただ、その「むし返し」と評価した事情の詳細は判例集掲載の判決文からは明らかではない。

さらに、最判昭和五九年一月一九日判時一一〇五号四八頁[38]（以下「最高裁昭和五九年判決」という。）が続く。この事案では、負担付贈与契約によりXの土地の所有と登記を取得したYらに対して、Xが贈与契約を否定して土地の所有権に基づく所有権移転登記の抹消登記手続請求をした（前訴）が、請求棄却の判決が確定した。翌年に、Xが負担を履行しないことを理由に贈与契約を解除し、Yらに所有権移転登記手続を求めた（後訴）。この最高裁昭和五九年判決事件の原審においては、最高裁昭和五一年判決の基準に則して、前訴と後訴は訴訟物を異にするが、実質的には、いずれも本件物件に対するXの所有権取得登記を回復ないし取り戻すことを目的とするものであり（前述一(1)の目的の共通性を肯定）、Xは、前訴において解除を再抗弁として主張し、また、訴えの追加的変更により後訴と同一の訴えを前訴において提起することが極めて容易であったにもかかわらず、これをしなかった（前述一(2)の後訴請求の提出可能性肯定）。その結果、Yらが本件物件の所有権帰属に関する紛争はすべて落着したと信頼しても無理からぬものがあった（前述一(3)相手方の紛争解決への期待肯定）ことを根拠に、信義則の適用を認めている。しかし、最高裁昭和五九年判決自体は、信義則による後訴遮断を否定した。最高裁昭和五九年判決も前訴と後訴で訴訟物が異なる点を前提とする。この点は、原審と同じである。他方、最高裁昭和五九年判決は、後訴は本件物件の贈与が有効にされたとする前訴判決を前提として、贈与契約の解除を主張してYらに対し所有権移転登記手続を請求しているので、その争点は前訴とは全く異なると評価している（この点は訴権の濫用の判断基準の観点（前述一❶、❸）からも否定要因であると言えよう）。また、Yらの生活費支払義務の不履行が前訴係属中のみならず、前訴判決確定後も継続しているということから、前訴における請求または主張の提出可能性を否定している[39]（この事案では、Y側が生活費の支払をやめた経緯をどう評価するかも問題となるが、最高裁昭和五九年判決は、Y側としては前訴確定後生活費の支払をなすのは当然であり、支払を履行しない結果、Xが請求をなすに至る事情は非難に値しないと考えているようである）。つまり、この点において紛争（請求・主張）の「実質的むし返し」（前述一(2)否定）はないとの評価している。その結果、被告の紛争解決に対する合理的期待はないとする（前述(3)否定。さらに本訴提起までは前記契約成立時から四年余、前訴判決確定時から約一〇カ月の期間が経過しているに過ぎず、不当に長期間被上告人らの法的地位が不安定な状態におかれるという事情も存在しないとしている）。以上の事実関係に関する評価をなしたうえで、最高裁昭和五九年判決は信義則の適用を否定している。しかし、判断図式としては最高裁昭和五一年判決に拠っている。とくに、前訴において、「契約を解除し、これを仮定的抗弁ないし訴えの追加的変更の形で主張することが容易であったとか、それが期待されていたとはたやすくいい難」いとして前訴における請求または主張の提出可能性を否定した点に信義則の適用判断のポイントがあると思われ、それは最高裁昭和五一年判決と同様である。しかし、この論理構造では、仮定的抗弁ないし訴えの追加的変更の形で請求又は主張することが容易であったとか、それが期待されていた事情がある場合（前述(2)の後訴請求の提出可能性（義務））には後訴の排斥が認められる形になっている[40]。したがって、最高裁昭和五一年判決に対して同様の批判（前述三・一）が、最高裁昭和五九年判決にも可能である。また、この判決で明らかになったと言えるのは、原審と最高裁昭和五九年判決の判断が分かれたように、後訴から前訴を回顧的に見て信義則違反を判断する方法では、判断する裁判官によって事案の評価が異なってくる可能性がある点である。この点は、同一事案の判決効の範囲は誰が判断しても同一であるべきとする法的安定性を基礎におく必要を考慮すると問題と考える[41]。

三　最高裁平成一〇年六月一二日判決の登場とその評価

その後も、下級審でも信義則による後訴遮断の傾向が続く中、[42]最高裁平成一〇年六月一二日判決（民集五二巻四号一一四七頁）（以下、「最高裁平成一〇年判決」という）が登場した。[43]これは、明示的な数量的一部請求訴訟において、後訴の残部請求を信義則で遮断したものである。ここでは、以下のような信義則適用についての判断基準が提示された。(1)「数量的一部請求を全部又は一部棄却する旨の判決は、このように債権の全部について行われた審理の結果に基づいて、当該債権が全く現存しないか又は一部として請求された額に満たない額しか現存しないとの判断を示すものであって、言い換えれば、後に残部として請求し得る部分が存在しないとの判断を示すものにほかならない。したがって、右判決が確定した後に原告が残部請求の訴えを提起することは、実質的には前訴で認められなかった請求及び主張を蒸し返すものであり」、(2)「前訴の確定判決によって当該債権の全部について紛争が解決されたとの被告の合理的期待に反し、被告に二重の応訴の負担を強いるものというべきである。」

最高裁平成一〇年判決でも訴訟物が前訴と後訴で異なる点は同じである。また繰り返された請求でもなく、その点でも前述の訴権の濫用法理の適用はないものと思われる。(1)は、前述の最高裁昭和五一年判決基準(イ)と同一であり、そして、この最高裁平成一〇年判決では、その「実質的むし返し」との評価根拠としているのが、ⓐ裁判所の審判範囲及び当事者の主張立証の範囲程度が、債権の全部が請求されている場合と同様であることと、ⓑ数量的一部請求を全部又は一部棄却する旨の判決は、当該債権が全く現存しないか又は一部として請求された額に満たない額しか現存しないとの判断を示すものにほかならないことである（審理対象は債権全体となり、その成否が判断されたとする）。(2)は、被告の利益が考慮されており、広義では前述の最高裁昭和五一年判決基準(ハ)と関連してくるが、利益内容が異なり、実質的には異なる要素と言えよう。また、前述の昭和五一年判決基準(ロ)はこの平成一〇年判決では取り上げられていないが、(1)の中に含まれるとの理解でいいかもしれない。そうすると、前述の最高裁判例における信義則適用のメルクマールとなるのは、最高裁昭和五一年判決同様に、「後訴は前訴の実質的むし返しである」

ことの評価になろう。

では、最高裁平成一〇年判決における信義則適用の枠組みは最高裁昭和五一年判決の信義則適用構成からみた場合には、どのようなものといえようか。まず、前述一(1)の目的の共通性ついては、一部請求訴訟であることから一部と残部の違いはあるが（判例の立場ではこれにより訴訟物は別個となる）、債権の取立て目的という点では共通してくる。次に、前述一(2)の後訴請求の提出可能性（提出義務）については（一部請求否定論を採る場合は別であるが）、明示的一部請求（訴求）を認める以上は、これを認めることは理論上背離であり、当然求められるとは言い難い。ただ、数量的一部請求の場合、請求原因事実は前訴と後訴で共通してくる。この結果、前述のⓐ、ⓑの判断につながったと思われる。しかし、この点は主張レベルの問題であろう。前訴・後訴で訴訟物が同一であれば、前訴で主張した請求原因事実は遮断されるし、主張しなかった事実も基準時後の事由でない限り、遮断される（前述）。確かに、数量的一部請求の場合に後訴で基準時後の事由は想定し難い面もあるが、原告側からみれば、金額の立証が容易にできる部分を前訴で明示して請求することもありうるであろうし、その場合には、当事者の主張立証の範囲程度には濃淡があるはずである。だとすれば、ⓐの判断は絶対ではないし、ⓑの判断にもつながらない。また、被告側からしても消極的確認訴訟の反訴などが可能であり、原告のみに前述一(2)を想定することは、当事者の公平の観点からも疑問となる。(44) 前・後訴で訴訟物が異なる場合には一般には請求原因事実がすべて共通することは少なく、同一目的の紛争と評価しても異なる判断の可能性を認め、原告敗訴の場合には、原告に再度の審理機会を保障してきたのが伝統的な理論である。この点で、信義則による後訴遮断は原告側の期待を無視している形になっている。基準時後の事由の有無が審理される訴訟物が同一の場合と比べても、明示的一部請求訴訟において、請求棄却の場合に残部請求を門前払いとする処理（訴権濫用の場合と同様の処理）をするほどの不当性が原告にあるか疑問ではある。

さらに、主張レベルでの遮断を考慮したときにも、訴訟物が異なる場合には、前訴との関係で先決関係や矛盾関係がない場合(45)を除いて、後訴での同一事実の主張を可能とするのが伝統的理解である。また、主張事実の主張を信義則により遮断する可能性は一般に認められているようであるが、例えば、請求原因事実について自白が成立しても、自白事実につき反真実の証明がなされれば、自白が撤回できるとする判例・通説との比較において、前・後訴で訴訟物が異なるも争った事実が同一であれば、反証の機会もなく主張できないとなる信義則による主張の遮断が常に正当化できるかは疑問に思われる。(46)したがって、前述一(2)が前提である一(3)の正当な信頼の形成についても疑問が生じてくるのである。また、明示的一部請求を適法とする以上、勝訴判決は被告側に紛争解決の合理的期待を抱かせるものではない。(47)以上の考察を前提にすると、ここでまた紛争解決の一回性理念を肯定しないと、信義則による後訴遮断は正当化できないのではないかと思われる。

問題は、その後も判例は信義則による後訴遮断傾向にある点である。(48)とくに、最近の判例は信義則を根拠とした争点効理論と通じるものがある。制度効としての拘束力ではないが、訴訟物の枠を超えた制度効に準じる拘束力を認め、信義則により判決効の調整を行おうとしたのかもしれない。その背後には、紛争解決の一回性の理念の影響が強くでているように思われる。その後の下級審判例でも、訴訟物は別個であるが、後訴が前訴と同一の争点について再審理を求める場合には、信義則により後訴を遮断するものが多く見受けられる。(49)しかし、これが疑問であるのは、前述したとおりである。

(注)

(30) 本件判決の評釈としては、さしあたり、岨野悌介・最判解民事篇昭和五一年度三二六頁、高田昌宏・民訴判例百選（第五版）一六八頁、名津井吉裕・民訴判例百選（第六版）一五六頁など参照。

(31) 本件判決の評釈については、さしあたり田尾桃二・最判解民事篇昭和四九年度二九八頁、菱田雄郷・民訴判例百選（第六版）

一六八頁など参照。

(32) 最判平成五年一一月一一日民集四七巻九号五二五五頁参照。

(33) 買収処分の無効の主張は、私人間の契約と異なり、安定性が高い買収処分の無効の主張であるという点（岨野・前掲解説（注(30)）三二六頁など）で、(ii)客観的要件の判断要素たる(c)の観点（提訴者の主張する権利又は法律関係の事実的根拠・法律的根拠の有無ないしその蓋然性）に該当する可能性があるが、これだけで訴権の濫用との評価がなされるわけでない。

(34) 五一年判決の評釈において例外的事例と位置付けるのが多く、反対も（本件評釈：三ヶ月章・民訴判例百選（第二版）二三七頁、水谷暢・判タ三四五号九六頁、高橋宏志・法協九五巻四号七八八頁、小山昇・民商七六巻四号五九七頁、坂原正夫・法学研究（慶大）五〇巻一号九六頁など）頷けるわけである。

(35) 小山・前掲評釈（注(34)）五九七頁、竹下守夫「争点効・判決理由中の判断の拘束力をめぐる判例の評価」民商創刊一〇周年記念論集Ⅰ『判例における法理論の展開』（一九八六）二七八頁、富樫・前掲論文（注(29)）三〇二頁以下など。

(36) かつて井上治典教授が紛争解決理念につき、訴訟が果たしている機能は決して紛争解決の終極点（最終項）ではなく、解決への一里塚（中間項）である場合も少なくないと指摘されており（例えば、井上治典『民事手続論』（有斐閣・一九九三）四〇頁以下、同・民訴判例百選（第二版）一一二頁以下など）、筆者も紛争解決理念に疑念を述べたこともある（民訴判例百選（第三版）六三頁など参照）。紛争解決理念のマジックワード化は懸念すべき問題である。

(37) 詳細は、原・前掲論文一号一頁以下参照。

(38) 本件評釈として、新堂幸司・法教四四号九六頁、住吉博・判時一一二〇号一七三頁、木川統一郎＝中山幸二・判タ五三五号九四頁、坂口裕英・重判解昭和五九年度一三八頁など。

(39) 新堂・前掲解説（注(38)）四四号九七頁は、この点について、後訴は前訴確定後に生じた新しい事実に基づく新しい紛争とみることができるとする。

(40) 木川＝中山・前掲評釈（注(38)）九七頁参照。なお、東京地判平成一九年六月六日 LLI/DB:L06232502 は、原告が訴えを変更するのが当然であるとみるべき事情は見あたらないから、前訴の経過から、原告が本件訴えを提起することが、信義則に反するとまでは認められないとしている。

(41) 回顧的判決効論についてのすでに同様の指摘は、拙稿「不法行為訴訟と一部請求論」東北学院法学七一号（二〇一一）一一九頁以下――本書第二章第二節――など参照。

(42) 例えば、東京地判昭和五二年五月三〇日判時八七四号五八頁、東京地判昭和五八年一二月一五日判タ五二〇号一五四頁、名古屋高判昭和五九年四月四日判タ五三〇号一六八頁、東京地判昭和六一年一一月一二日判タ六四五号一七八頁、大阪地判昭和六一年一一月一三日判タ六二九号二〇四頁、東京地判昭和六二年三月三〇日判時一二六三号二三頁、東京地判昭和六三年一二月二〇日判時一三二四号七五頁、東京地判平成八年九月五日判タ九五九号二六九頁、などがある。他方で、主張レベルで信義則によるむし返しを遮断し、請求棄却とする事例もある（東京地判昭和五七年一一月三〇日判時一〇七九号八四頁、東京地判昭和六三年一二月二〇日判時一三二四号七五頁、東京地判平成二年四月一六日判時一三六八号七四頁、東京地判平成四年一月二三日判時一四三九号一三六頁などがある。争点に関するむし返しを問題としているものが多い）

(43) 本件評釈およびこれを契機とした論説については、多数存する。さしあたり、山下郁夫・最判解民事篇平成一〇年度（下）六〇二頁、松下淳一・民訴判例百選（第五版）一七〇頁、そこに挙げられた参考文献参照。また、詳細は本書第二章第一節も参照のこと。

(44) 当事者間の武器対等原則から同趣旨の主張をなすのは、松本博之＝上野泰男・民事訴訟法（第八版）（弘文堂・二〇一五）六三四頁など参照。

(45) 松本＝上野・前掲書（注（44））六三五頁は数量的一部請求の請求棄却判決と残部請求は矛盾関係に立つとする。一部請求を認める処分権主義との関係で疑問である。

(46) 信義則適用による主張の遮断の正当化に関して疑問を提示する判例として、貸金支払請求訴訟において、訴訟物の異なる前訴でその貸金に係る消費貸借契約の成立を主張していた被告が同契約の成立を否認することは信義則に反することが強くうかがわれるとした最判令和元年七月五日集民二六二号一頁がある。この令和元年判決は、事案の実情に基づく場合には原告が二重の不利益の可能性がある点を考慮し、信義則を適用することで真実に基づく解決（証拠に基づき消費貸借契約の成立がないとした事実審たる原審の判断）を後退させ、事案の妥当な解決を目指したものとの評価はできよう。しかし、従来の判例は、真実発見の理念と抵触するような場合には、信義則の利用にはきわめて消極的な姿勢を示してきたことを（宇野聡「信義則の活用」法教二二一号（一九九九）一三頁など参照）考慮すると、信義則の適用事例として妥当かは疑問が生じる事案であろう。また、この判決では、「自らAの面前で金銭消費貸借契約書に署名押印したことや本件金員を返す予定であることを積極的かつ具体的に主張していたなど」といった事情は被告が矛盾する訴訟行為をしないとする原告の信頼を形成することになり、信義則違反を裏付けるとする。しかし、これでは、前訴の既判力は作用しない訴訟物の異なる後訴で前訴と異なる主張をなすことは当然認められるとする伝統的訴訟理論から離反してくる。主張の遮断を肯定するには、当該事情に基づき消費貸借契約の成立の主張に自白の拘束力的なものを認める形になるか、主張の真実義務の観点から拘束力を持たせることが考えられるように思われるが、自白にしても、真実義務を肯定するとしても当該訴訟限りであり、適用の局面が異なり、この判例のような積極否認事実が問題の場合にはさらに問題である。このように、この判決が示唆した信義則による主張の遮断が正当化できるかは疑問であり（八田卓也・本件評釈・民訴判例百選（第六版）八七頁も、本件における信義則の適用に疑問を呈する）、ましてここでの信義則から本稿で取り上げた後訴遮断の効果は認めることなどはありえないと言えよう。

(47) 拙稿・前掲論文（注（42））六三頁など参照。

(48) 原・前掲論文（注（3））では、下級審を含めた判例の信義則適用要件を、①前訴と後訴の実質的同一性、②前訴における請求または主張の提出可能性、③紛争解決についての相手方の信頼、④前訴における審理の程度、⑤主張等の遮断を正当化するその他の事情と整理できる。ただ、信義則違反の理由にはばらつきがあると言えよう。

(49) 東京地判平成一四年一一月二二日LLi/DB:L05730974、大阪地判平成二〇年九月一日登記情報五七四号一四五頁、長崎地判平成二四年六月二六日LLi/DB:L06750976など参照。なお、請求棄却として実質的に争点効を認めた判例もある（東京地判平成一

八年一〇月二五日LLI/DB:L06134261、京都地判平成一九年二月一三日LLI/DB:L06230649)。

四　おわりに

以上、最高裁昭和五一年判決を契機に、裁判実務に広がっていった「信義則による後訴遮断」について、その処理において同じ効果となる「訴権の濫用」をモチーフにして分析検討を行った。前掲東京地裁平成一二年判決によって提示された「訴権の濫用」の判断基準は、裁判実務を主導し、定着してきたように思われる。基本的には、判例は「訴権の濫用」を認めることは謙抑的である。他方、本稿で対象とした「信義則による後訴遮断」は「紛争のむし返し」をキーワードとして訴権の濫用肯定の枠組みをはるかに超えて認められている。しかし、それは、国民の裁判を受ける権利の保障を損なうことになるのではないか、いわば、信義則の適用自体がいわば濫用の様相を呈しているのではないか、その危惧と信義則による後訴遮断法理に対する疑念を表明したのが本稿である。そして、このことはその背後に存すると思われる「紛争解決理念」が果たして判決効の範囲を決定するに際しての指導理念となるのかという疑念でもある。

最高裁昭和五一年判決を契機に、学説は、訴訟物と既判力（遮断効）の関係の解明に向かい、既判力拡張や争点効などの判決の拘束力を拡張する方向と判決効を媒介とせず、信義則によってむし返しを禁止する方向への流れがあるとされる。(50) 本稿で取り上げたのは後者の流れである。前者の流れでは、争点効提唱者である新堂幸司東京大学名誉教授に代表される判決の遮断効論がある。(51) この点については、本書第二章で検討する。いずれの方向性も、後訴から前訴を回顧的に評価して、適正な前訴の遮断効の範囲を画する立場と言える。回顧的評価の手法は、評価者（裁判官）による評価が一致する保障がない手法であり、それゆえ、判決効が有すべき法的安定性に欠ける手法であると言えよう。また、当事者にとっては、処分権主義によって確保されている「不意打ち判決防止」という現代民事訴訟の要請を無視するものにほかならないと思われる。こうした手法は採用すべきでないとする筆者のスタンスからは、いずれの立場も支持できないことになる。

＊本稿の発表後、最高裁は、最判令和三年四月一六日集民二六五号一二九頁において信義則適用による後訴遮断について判断を行った。この事案で、最高裁は、Ａの相続人Ｙが、他の相続人Ｘに対してＡが所有していた不動産について、Ａによる「全財産をＸに相続させる」旨の遺言は無効であることを前提に、Ｘ名義の所有権移転登記の抹消登記手続等を求めて訴えを提起した（前訴）。また、前訴において、Ｘは、ＡのＸに対する医療費等の立替金債務をＹが法定相続分の割合により相続したと主張して、Ｙに対してその支払を求める反訴を提起していた。最高裁は、ＹがＡの遺産について相続分を有することを前提として上記の本訴請求を一部認容する判決が確定した後に、Ｘが自己に遺産全部を相続させる旨のＡの遺言が有効であることの確認をＹに対して求める訴えを提起することは、信義則に反するとはいえないとした（原審は、信義則に反するとして訴えを却下していた）。最高裁昭和五一年判決が信義則を適用した後訴遮断を認めた以降、信義則違反による後訴却下を認めなかった前述の昭和五九年判決に続き、この令和三年判決も信義則違反による後訴却下を認めなかったのである。そして、その判断要素として、(i)前訴において、Ｘは、上記不動産はＡとの売買等により取得したものであるなどと主張して本訴請求を争っており、その判決においては、上記の主張の当否が判断されたにとどまり、遺言の有効性について判断されることはなかった点、(ii)本訴請求はＡの遺産をめぐる法律関係全体に関わるものであるのに対し、前件本訴ではＡの遺産の一部が問題とされたにすぎないから、本件訴えは、前件本訴とは訴訟によって実現される利益を異にするものである点、(iii)前訴において、受訴裁判所によって上記本訴請求についての抗弁等として取り上げられることはなかったものの、Ｘは、遺言が有効であると主張しており、反訴に関しては遺言が無効であることを前提とする本訴請求に対応して提起したにすぎない旨述べていた点、(iv)（Ｘは）前件反訴によって利益を得ていないのであるから、本件訴えにおいて本件遺言が有効であることの確認がされたとしても、Ｘが前件反訴の結果と矛盾する利益を得ることになるとはいえないとした

点が挙げられ、そのうえで、自らがAの遺産について相続分を有することが前訴で決着したとの信頼又はXにより今後本件遺言が有効であると主張されることはないであろうとの信頼は合理的なものでないとした。これは、「後訴は実質的に前訴のむし返し」である場合には信義則適用による後訴遮断を認める前述昭和五一年判決以降の判例・学説では、そのむし返しの判断に際して⑴目的の共通性、⑵後訴請求の提出可能性（提出義務）、⑶相手方の紛争解決についての正当な信頼の形成を基準とするが、これと比較すると、とくに、⑶の相手方の信頼形成の点が強調され、その信頼形成の「合理性」が要求されている点に令和三年判決の特色があるといえよう[52]。そして、この合理性の判断要素として(i)〜(iii)が挙げられているが、(i)で指摘された前訴で争点として審理されていない点と(ii)前訴と後訴の係争利益の相違は後訴によるむし返しはないともあるともいずれの評価も可能であり、かつこれらは紛争の同一性の判断（⑴基準）と関連するものと言えよう。また、(iii)主張の一貫性は、禁反言該当性の問題でもある。そもそも⑶の信頼形成は禁反言妥当性評価の要件である。そうすると、いずれも従来の議論の枠内の判断であり、令和三年判決はそれを「合理性」という表現に変えたものと言え、新たな基準を提示したとは言えないのではなかろうか。さらに、この判決では、(vi)で先行行為による利益と後訴で求める利益との矛盾関係性を指摘する。令和三年判決は、この点で従来と異なる要件を加えたものと評価されているが[53]、これも前述の⑴、⑵の判断の枠内の評価といえ、従来の要件に基づく判断をなしたものと言えよう。

他方で、これらの要素は、信義則により理由中の判断に拘束力を認める学説と共通性を有していると評価することができよう。すなわち、争点効ないしそれと共通性を有する信義則適用説[54]における権利失効法理の適用の可否が問題とされているとの評価が可能である。争点効の要件としては、以下の点が挙げられている[55]。①前訴、後訴の両請求の当否の判断過程において主要な争点となった事項についての判断で、前訴の基準時における判断であること、②当事者が前訴においてその争点につき主張立証を尽くしたこと、③裁判所がその争点について実質的な判断をしていること、④前訴と後訴の係争利益がほぼ同等であること、である。他方、信義則説による権利失効法理では、❶その判断が前訴における主要な争点についてされたものであること、❷前訴・後訴が社会関係の次元における同一紛争関係から生じたものであること、❸拘束を受ける当事者がその争点についての判断を上訴によって争い得る可能性を有していたこと、❹個々の事案の具体的事情を総合的に判断し、ある争点につき決着済みとの合理的信頼が成立し得ないといえる事情がないことを要件とする。本件判決の(i)は、①②③、❶❷と、(ii)は④の要件に、(iii)、(iv)は信義則適用についての前述の一(3)の正当な信頼の形成と関連しそうである。[56] そして、本件判決では、本件の事情では要件に該当しないことから、信義則の適用を否定した。本件令和三年判決の帰結は妥当と言えよう。しかし、問題は、その思考方法である。それは、後訴から前訴の審理過程を回顧的に評価するもので、実質的には民訴法上の規定のない、理由中の判断に拘束力を承認するものであると言え、それにより後訴遮断を導き出そうとするものである。こうした思考は、前述したように、積極的に評価することはできない。

(注)

(50) 富樫・前掲論文(注(29))三一一頁など参照。近時では、垣内俊介「既判力をめぐるいくつかの問題―通説は書き換えられるべきか?」司法研修所論集一二九号一九八頁(二〇一九)以下がこの方向と思われる。

(51) 新堂教授は、訴訟物概念を分析し、行為規範としての訴訟物(警告機能の局面、訴訟開始段階では訴訟物が判決効の基準となる)と評価規範としての訴訟物(判決効付与の局面、訴訟終了段階では当事者の手続保障など種々の考慮により判決効は決定され、訴訟物は唯一の基準ではない。ただ、通常は両訴訟物は一致するとする)との二つの訴訟物があることを主張した。そして、後者の局面では、前訴手続の具体的経過を手続事実群として、これにより遮断効の範囲を調整しようとした(新堂幸司『訴訟物と争点効下』(有斐閣・一九九一)一一三頁、一三三頁、一八八頁など、また新堂・前掲書七三二頁以下など参照。争点効は手続事実群の応用とする)。この説では、既判力の範囲は訴訟物の枠より狭くなったり、広くなったりすることになる。この説に対しては、手続事実群の内容の具体的ルール化ができない点、既判力の基準は流動的な前訴経過に左右されず、客観的な実体法によるべきだなどの批判がある。

(52) 伊藤眞・民事訴訟法(第八版)(有斐閣・二〇二三)三七八頁注192)、川嶋隆憲・本件令和三年判決評釈・法学研究(慶大)九五巻五号五七頁など参照。

(53) 伊藤・前掲書（注(52)）三七八頁注192）は、信頼についての合理性要件とこの点に、信義則適用の要件に関する新たな判例法理の展開をみることができるとする。

(54) この見解は、信義則の発現形態に着目し、禁反言ないし矛盾挙動禁止の法理による場合（前訴勝訴当事者がその利益を維持しながら後訴でそれと相いれない利益を追求しまたはそれに必然的に伴う不利益を逃れようとして前言を覆す場合）と権利失効の法理による場合（前訴で権利行使を怠った敗訴当事者が、後訴で同一問題を再度持ち出して応訴することが相手方の正当な信頼を裏切る場合）とを分け、それぞれに要件も別個に考えるとするものである（竹下守夫「判決理由中の判断と信義則」山木戸克己教授還暦記念・実体法と手続法の交錯（下）九三頁（有斐閣、一九七八年）、とくに一〇〇頁参照。

(55) 新堂・前掲書（注（5））七二五頁以下。争点効理論は、最判昭和四四年六月二四日判時五六九号四八頁で最高裁により否定された。民訴法一一四条の文言上、制度効として判決理由中の判断に拘束力を生じさせることは認められないとしたのである。現行法規定は、判決主文＝訴訟物という図式は沿革研究上導かれるとの研究もあった（坂原正夫「民訴法一九九条一項の沿革について・民事訴訟法における既判力の研究（慶應通信・一九九三）一八〇頁以下（初出：法学研究（慶大）五四巻八号（一九八一））。しかし、近時、同じく沿革研究により「立法者は既判力の生じる判断を「主文」に限定するのではなく「主文に包含するもの」にまで拡張した。主文の結論を導き出すために必要不可欠な理由中の判断について何らかの拘束力を認める見解は、民事訴訟法一一四条一項によって排斥されておらず、実体法解釈として十分に成り立ちうる」、つまり、民訴法一一四条は争点効の考え方を排除するものではないとの主張もなされている（岡庭幹司「判決理由中の判断の拘束力についての立法史素描」高橋宏志先生古稀祝賀論集・民事訴訟法の理論（有斐閣・二〇一七）八三五頁以下参照）。

(56) 本件令和三年判決での信義則は、一方の当事者の行為に対して、相手方がこの行為を信頼して自己の法的地位を決めた後に、先行行為をした当事者がこれと矛盾する行為をして相手方の利益を不当に害する場合に、当該矛盾行為を不適当とし、あるいはその効力を否定する訴訟上の禁反言（その要件として、①矛盾行為の存在、②先行行為に対する相手方の信頼、③相手方の不利益の発生が挙げられているが、本件判決で挙げられた(i)〜(iv)はこれらの要件が検討されていると言える）が問題とされていると考えられる（訴訟上の信義則の類型及びその要件に関しては、栂啓夫「民事訴訟における信義誠実の原則」前掲争点（注（1））一六頁以下など参照）。この点で、本件令和三年判決も昭和五一年判決の基準をベースにしたものと言えよう。

＊本稿は、二〇一八年度科研費基盤(C)（課題番号：18K01348）の研究助成の成果の一部である。

第二章　一部請求訴訟における既判力論

第一節　数量的一部請求と残部請求

一　はじめに――本稿の目的――

既判力の範囲は、どのように画されるか。その判断基準としての機能を果たしてきたのが訴訟物概念である。既判力は、訴訟物の範囲で生じる。この「訴訟物の範囲＝既判力の客観的範囲（物的範囲）」という図式が伝統的な民事訴訟法学、とくに民事裁判実務においては現在も変わらぬ基準である。この基準は、当事者の自己決定権を保障する形で訴状段階において訴訟物を原則特定することにより、訴訟の開始段階から既判力の範囲を明確にできた。このことは、手続法に要請される法的安定性に資するものであり、また、当事者の手続権保障にも資するものであった。つまり、当事者からみれば、訴訟物の範囲＝既判力の範囲が訴訟の始めに特定されることは、不意打ち判決の防止につながり、旧訴訟物理論（実体法説）を採る限り、主張・立証責任の所在は最初から明確であることから、両当事者は審理対象についての攻撃防御方法の焦点を定めることができたからである。さらに、このことは手続の集中化にも寄与しうるものであった。

しかし、他方で、紛争当事者にとって、または一般市民の感覚からすると、この基準の遵守は必ずしも満足しうる紛争処理に至らない場合も生じた。紛争解決の実効性を十分に担保しうる原理とまでは言えないとの批判も生じたのである。そこで、この紛争解決に対する感覚、あるいは期待をどのような形で充足させるかをめぐる議論が今日までの既判力の範囲をめぐる民事訴訟法学の中心的な議論であったと言えよう。

わが国におけるこの議論の端緒は、いわゆる訴訟物論争に見出すことができる。訴訟物の枠組みを拡張することで既判力の範囲を拡張し、紛争解決の実効性を高めようとして登場したのが訴訟法説（新訴訟物理論）である。[1] これは、「訴訟物の範囲＝既判力の客観的範囲」という図式は維持したまま、訴訟物の範囲自体の拡張をめざしたものであった。しかし、市民の感覚に対応できる判決による紛争解決の実効性確保のためには、この図式に固執することでは不十分であるとの認識の下に登場してきたのが、新堂教授によるいわゆる争点効理論の提唱であった。[2] これは、「手続保障理念」を考慮し、訴訟物の枠組み外にも判決効の範囲を拡張することで、紛争解決の実効性を高めようとした理論といえる。しかし、争点効構想の段階では、「訴訟物の範囲＝既判力の客観的範囲」は維持された。信義則を媒介とした既判力とは異なる制度効を提唱することで、訴訟物の枠組みを越えた紛争解決をめざしたのである。だが、それは訴訟物の枠に囚われない既判力の範囲の決定と結びつくものであった。その後、新堂教授が手続保障理念を取り入れた手続事実群概念の提唱等により、訴訟物の枠に囚われない（訴訟物概念を相対化した）「既判力の遮断効論」を展開していったのはある意味自然な帰結ともいえる。[3] そして、他方では、手続保障理念の浸透に伴い、当事者の手続過程における行動により既判力の範囲は決定されるとの見解も登場するに至った。[4] このように、学説においては、「訴訟物の範囲＝既判力の客観的範囲」という図式自体に対して再検討が加えられてきたのである。その結果、学説上はこの図式はもはや絶対的基準とは言えないとするのが今日の学説の趨勢であると言って過言ではないであろう。[5]

こうした学説の動向に対して、判例は「訴訟物の範囲＝既判力の客観的範囲」という図式を一貫して堅持している。しかし、その一方で、紛争解決の実効性と妥当性は、「信義則」という別個の概念により確保しようとした。(6)それは、現象面では、一般の訴訟において、訴訟物の枠を超えて既判力を拡張し、また縮小する形となりうるものであった。このような信義則を使った紛争処理はあくまでも例外的なものと評することは可能である。しかし、「訴訟物の枠を超えた既判力の範囲の調整」という観点から判例を眺めたときに、信義則を適用して後訴を遮断する判例は、事実上、既判力（範囲）の調整を行っているものと評することもできよう。そして、この観点からみて、興味深い展開をみせているのが訴訟物論、既判力論の試金石と言われる「一部請求論」をめぐる判例である。判例は、後に詳述するように、原告による一部請求であることの「明示」をキーワードにして「訴訟物の範囲＝既判力の客観的範囲」という図式を維持しつつも、既判力の範囲を事実上調整して具体的妥当性を追求してきたといえる。判例が「訴訟物の範囲＝既判力の客観的範囲」という図式を堅持する意義は何か。また、学説上議論されてきたように、この図式自体の妥当性は大きく揺らいでいるものなのか。そして処分権主義に基づく原告の訴訟物特定責任との関係では、この図式をめぐる議論の意味をいかに考えるべきか。これらについて、一部請求訴訟に関する近時の判例を題材にして考察してみようというのが本稿の目的である。

原告が一部訴求をなしうることは、民訴法二四六条により適法である。この点について、現在争いはない。従来の議論において主たる問題となっていたのは、一部訴求につき請求認容または棄却の判決確定後、残部の再訴が許されるかという問題である。この一部請求論(7)は、訴訟物論争を契機として展開したこともあり、訴訟物論及び判決効論と絡んでいた。それゆえ、この残部訴求の可否については、一部訴求を判断した判決の既判力が残部訴求に対してどのような効果を及ぼすかを中心に議論は展開しており、かつそれは錯綜の様を呈している。(8)その主たる原因と思われるのは、残部訴求の可否によって訴訟主体の利害が激しく対立する点にあると言えよう。(9)すなわち、残部訴求を可能とすると、原告サイドでは、自らの意思が尊重される実体法上の権利の分割行使にも適合し、現実的に訴訟費用を考慮に入れた試験的な訴訟も可能となる。また、それは裁判を受ける権利の保障にもつながる。しかし、他方、被告サイドからみた場合には、残部訴求の認容は、同一紛争で何度も訴えられるということであり、被告の応訴の煩は耐えられないことでもある。また、裁判所サイドでは、紛争解決の効率性に欠け、重複審理による訴訟経済、矛盾判決の危険が生じる。逆に、残部訴求ができないとすると、原告サイドでは前訴においてすべての請求を定立しなければならず、それが不可能な場合には本来有すべき利益を失うことになる。また、このことは、原告に審理対象特定の責任と自由を認めた近代民事訴訟法の大原則の一つである処分権主義に反することになる。さらに、残部訴求といってもその態様、状況は様々であり、利害状況はより複雑となる。こうした利益状況が、各論者の訴訟観と結びつき、議論の錯綜を招いたといえる。もっとも、最近では、一部請求論と訴訟物論は、理論上直接関係なく、また訴訟物の相対的把握が主流となっている今日の議論の下では、訴訟物論から離れた展開が主張されている(10)。しかし、一部請求論が既判力論と密接に関連することは否定できず、本稿も基本的には既判力論の枠内の議論として、一部請求論を論じる予定である。

この一部請求論につき、従前に最高裁判例が採った立場は、原告が一部請求を明示する場合と明示しない場合を分けて考察するものであった。すなわち、一部請求を明示する場合には、訴訟物は債権の一部に限られ、判決の既判力もこの部分に限られるとしていた（最判昭和三七年八月一〇日民集一六巻八号一七二〇頁）。明示しない場合には、客観的に一部請求であっても、全部請求として既判力は後訴の残部請求を遮断するとする（最判昭三二年六月七日民集一一巻六号九四八頁）。これらの判例の評価につき若干の議論があるものの、これが従来の判例理論の一般的理解であった（後述）。しかし、平成に入ってから、最高裁は、最高裁平成六年一一月二二日判決（民集四八巻七号一三五五頁）において金銭債権の一部請求について相殺の抗弁が主張された場合の審理方法として、債権全部を審理する外側説に依拠し、従来の残部請求否定説に近い理論構成を採った。そして、最高裁平成一〇年六月一二日判決（民集五二巻四号一一四七頁）は、信義則を根拠にして、明示的一部請求訴訟で敗訴した原告による残部訴求は、特段の事情がない限り、許されないとの判断を下すに至ったのである。こうした最高裁判例の流れは、一部請求論の議論状況に大きな影響を及ぼすものであり、判例理論の整合性の検証を含む分析、検討が課題となっている。

本節では、最高裁判決を題材に、一部請求論の現状とその課題を明らかにし、今後の方向性を探求することを主たる目的とする。そこで、以下ではまず、考察の前提として、近時の既判力論の展開を概観し、次に、一部請求につき（請求認容または）請求棄却判決の確定後、残部の再訴が許されるかという一部請求論の基本論点に関して下された前掲最高裁平成一〇年六月一二日判決を題材にして、一部請求論の現状と課題を明らかにする。そして最後に、今後の理論の方向性の指摘を中心とした私見を展開するつもりである。

（注）

（1）　さしあたり、山本克己「訴訟物論争」伊藤眞＝山本和彦編・〔ジュリスト増刊〕民事訴訟法の争点（有斐閣・二〇〇九、以下「争点」）一〇八頁以下など参照。

（2）　新堂幸司・新民事訴訟法（第六版）（弘文堂・二〇一九）六九〇頁以下、同「既判力と訴訟物」同・訴訟物と争点効（上）（有斐閣・一九八八）一四五頁以下（初出：一九六三）など参照。

（3）　新堂幸司「訴訟物概念の役割」同・訴訟物と争点効（下）（有斐閣・一九九一）一一三頁以下（初出：一九七七）。

（4）　井上正三「既判力の客観的範囲」新堂幸司ほか編・講座民事訴訟⑥（一九八四）三一七頁以下など参照。

（5）　この点の議論を鳥瞰するものとして、さしあたり坂原正夫「既判力の客観的範囲」争点前掲（注（1））二一六頁など参照。また、訴訟物概念の相対化につき、中野貞一郎「訴訟物概念の統一性と相対性」民事訴訟法の論点Ⅰ（判例タイムズ社・一九九四）二〇頁以下など参照。

（6） 最判昭和五一年九月三〇日民集三〇巻八号七九九頁は信義則による事実上の既判力拡張であり、最判平成九年三月一四日判時一六〇〇号八九頁の反対意見は信義則による事実上の既判力縮減を示唆するものと評することができよう。本書第一章でこの思考方法についての問題を指摘した。

（7） 一部請求をめぐる問題についての議論に関しては、畑瑞穂「一部請求と残部請求」争点前掲（注（1））一二〇頁以下など参照のこと。なお、一般に、一部請求とは、数量的に可分な給付を目的とする債権について、その数量的一部を訴求することをいう。それゆえ、一部請求は本来「一部訴求」と称する方が正確であり、一部請求の訴えは「一部訴求」と、一部請求判決後の残部請求の訴えは「残部訴求」と呼び、両者に関連する議論を併せて「一部請求論」と呼ぶべきとするのは、中野貞一郎「一部請求論の展開（上）」判タ一〇〇六号（一九九九）四頁である（同・民事訴訟法の論点Ⅱ（判例タイムズ社・二〇〇一）八七頁以下所収）。賛成であり、本書でも基本的にこれに従う。

（8） 近時の一部請求をめぐる議論については、中野貞一郎「一部請求論の展開（下）」判タ一〇〇八号（一九九九）四八頁以下、納谷廣美「一部請求と残部請求」青山善充＝伊藤眞編・〔ジュリスト増刊〕民事訴訟法の争点（第三版）（有斐閣・一九九八）一四七頁以下など参照。

（9） 一部請求論が錯綜する原因分析については、井上治典「確定判決後の残部請求」三ヶ月章＝青山善充編・〔ジュリスト増刊〕民事訴訟法の争点（有斐閣・一九七九）一八〇頁以下などがある。

（10） 中野・前掲論文（注（8））四八頁参照。

二　近時の既判力論の概要とその展開

考察の前提として既判力の範囲につきどのような議論が展開されてきたかをここで簡単に概説する。従前の通説・判例は、既判力の客観的範囲（物的限界）につき専ら訴訟物を基準に決定してきた。つまり、「訴訟物の範囲＝

既判力の客観的範囲」というテーゼが制度効としての既判力の範囲を画しているのである。訴訟物が異なる場合には、原則、既判力は作用しない。つまり、再訴を保障するというのが伝統的理解であったのである。もっとも、伝統的理解は、前訴と後訴の訴訟物が異なる場合にも、前訴判決の判断が後訴訴訟物と先決関係や矛盾関係にある場合には、既判力の作用を認めてきた。しかし、訴訟物は異なるものの実質的には紛争のむし返しがある場合には、このテーゼは常に維持されるか。近時、この伝統的理解に対する疑義が生じ、様々な見解が提示されている。

学説上、まずこのテーゼに疑問を提示し、訴訟物の範囲と異なる判決効を提唱したのがいわゆる「争点効理論」である。(11) 争点効理論は、例えば、Aが建物の売買契約成立を主張してBに建物明渡請求をした（前訴）のに対して、Bが売買契約の詐欺による取消しを主張して争ったが、A勝訴の判決が下され、確定した。この判決確定後にBから建物の上記売買を原因とするAの所有権取得登記の抹消を求める後訴で（前訴と後訴の訴訟物は異なる場合）、詐欺による売買契約の取消しを主張する場合のように、前訴の判断に反する主張立証をなす場合には、その主張立証を許さず、これと矛盾する判断は禁止されるとする。この事例の場合に、「訴訟物の範囲＝既判力の客観的範囲」というテーゼは、相手方の利益を不当に害し、または前訴の判断を無意味にする主張を許すことになり、一般の正義感覚とは相いれない面が出てくると主張するのである。つまり、争点効理論は、かかる矛盾主張やむし返しの主張などがある場合には、判決理由中の判断に拘束力を認めるべきとの考えである。(12) 紛争解決の一回性理念を背景に、英米法のコラテラル・エストッペルと参加的効力拡張論に示唆を受けたものである。この争点効理論に対し、通説は、争点効理論は判決主文に既判力を限定した立法趣旨にも条文にも反した法的根拠のない見解であるとか、判決理由中の判断には中間確認の訴え（民訴一四五条）により既判力を生ぜしめることができるとか、判決理由中の判断に拘束力を認めると当事者の攻撃防御方法は慎重になり、その訴訟負担は増大するなどの批判を展開し、争点効を否定した。また、下級審で対立があったが、最高裁（最判昭和四四・六・二四判時五六九号四八頁）も明確に制度効としての争点効を否定した。

しかし、判例は、争点効は否定しつつも、その後、制度効としてではなく、信義則を根拠として、判決効の及ぶ範囲を弾力化し、訴訟物の枠を離れて、訴訟のむし返しや矛盾主張を排斥する理論を打ち出している。まず、その端緒となったのが、限定承認のむし返しが問題となった最判昭和四九年四月二六日民集二八巻三号五〇三頁である。この判決で、最高裁は「前訴の訴訟物は、直接には、給付請求権即ち債権（相続債務）の存在及びその範囲であるが、限定承認の存在及び効力も、これに準ずるものとして審理判断されるのみならず、限定承認が認められたときは前述のように主文においてそのことが明示されるのであるから、限定承認の存在及び効力についての前訴の判断に関しては、既判力に準ずる効力があると考えるべきであるし、また民訴法五四五条二項によると、確定判決に対する請求異議の訴は、異議を主張することを要する口頭弁論の終結後に生じた原因に基づいてのみ提起することができるとされているが、その法意は、権利関係の安定、訴訟経済及び訴訟上の信義則等の観点から、判決の基礎となる口頭弁論において主張することのできた事由に基づいて判決の効力をその確定後に左右することは許されないとするにあると解すべきであり、右趣旨に照らすと、債権者が前訴において主張することのできた前述のごとき事実を主張して、前訴の確定判決が認めた限定承認の存在及び効力を争うことも同様に許されないものと考えられる」と判示した。この判決では、「既判力に準ずる効力」という考えがとられ、また既判力の遮断効の趣旨を「権利関係の安定、訴訟経済及び訴訟上の信義則等の観点」から捉えるべきとした。「既判力に準ずる効力」の概念自体は不明であるが、訴訟物以外の判断にも既判力と同様の効力が認められる余地がある旨が示唆されたのである。そして、判例の基本的スタンスを決定づけたのが、最判昭和五一年九月三〇日民集三〇巻八号七九九頁である（以上の記述及びこの判決については本書第一章参照）。この判決は、訴訟物の枠を超えて信義則により後訴を遮断したものである。その点では、信義則を根拠とした争点効理論と通じるものがある。制度効としての拘束力ではないが、訴訟物の枠を超えた制度効に準じる拘束力を認め、判決効の調整を行おうとしたのかもしれない。いずれにせよ、その後、判例は信義則による後訴遮断傾向にある（ただ、信義則違反の理由にはばらつきがある。本書第一章参照）。

この判決を契機に学説は、訴訟物と既判力（遮断効）の関係の解明に向かう。まず、上述の争点効提唱者である新堂教授は既判力の遮断効論を展開する。[13] 訴訟物概念を分析し、行為規範としての訴訟物（警告機能の局面、訴訟開始段階では訴訟物が判決効の基準となる）と評価規範としての訴訟物（判決効付与の局面、訴訟終了段階では当事者の手続保障など種々の考慮により判決効は決定され、訴訟物は唯一の基準ではない。ただ、通常は両訴訟物は一致するとする）との二つの訴訟物概念の存在を主張した。そして、後者の局面では、前訴手続の具体的経過を「手続事実群」として、これにより遮断効の範囲を調整しようとした[14]（争点効は手続事実群の応用とする）。この説では、既判力の範囲は訴訟物の枠より狭くなったり、広くなったりすることになる。[15] この説に対しては、手続事実群の内容の具体的ルール化ができない点、既判力の基準は流動的な前訴経過に左右されず、客観的な実定法によるべきだなどの批判がある。[16] その後、新堂説は、前訴で争われた主要な争点と、相手方当事者が最終決着がついたと期待する争点（決着期待争点）が一致しない場合にも、当事者の期待を保護することが相手方の態度を含めた手続過程ないし紛争過程の諸々の状況（手続事実群）に照らして公平であるといえる争点（正当な決着期待争点）を後訴で争うことは判決の遮断効によって遮断されるとするに至った。[17] 上記昭和五一年判決は、正当な決着期待争点を訴訟物の枠を超えたレベルで考えることができる場合とする。[18]

他方で、個別事案における信義則の適用により判決理由中の判断にも拘束力を認める立場が登場する。この見解は、信義則の発現形態に着目し、禁反言ないし矛盾挙動禁止の法理による場合（前訴勝訴当事者がその利益を維持しながら後訴でそれと相いれない利益を追求しまたはそれに必然的に伴う不利益を逃れようとして前言を覆す場合）と権利失効の法理による場合（前訴で権利行使を怠った敗訴当事者が、後訴で同一問題を再度持ち出して応訴することが相手方の正当な信頼を裏切る場合）とを分け、それぞれに要件も別個に考えるとするものである。[19] この見解の主張者は、争点効同様に、主張レベルでの後訴での遮断を認めるものであるが、その後、昭和五一年判決ととった請求レベルでの後訴遮断を認めることに至っている。[20] 学説では、基本的にこの見解を支持する立場も登場している。[21]

こうした判例・学説の判決効をめぐる議論はどう評価できようか。戦後の民訴法学の歩みからみたとき、これは、紛争解決理念と手続保障理念の交錯した結果とみることができるのでなかろうか。これらの見解は、一方で訴訟物の枠を超えた拘束力を認めることで紛争解決の範囲を拡張しようとする点（紛争の一回的解決又は統一的解決）では一致していると言えよう。従来の既判力論からの離反である。その結果、これらの議論では、判決効を「訴訟物」ではなく（争点効論は当初は「訴訟物」との関係性を維持したものであった）、「紛争」（訴訟物はその枠の中にある要因の一つになる結果、相対化してくる）との関係性の中で考慮することになっていった。それが、昭和五一年判決以降の判例がキーワードとした「むし返し」概念に現れている。そして、このことは、他面では判決効論において理由中の判断にも拘束力を認めるものでもあった。しかし、紛争解決理念からみれば、拘束力を認める必要は説明できても、その効力の根拠づけは、訴訟物と関連した従前の既判力論からは説明が難しい。そこで、その正当化のために手続保障理念が持ち出されたのである。つまり、前訴手続の実施における当事者に与えられた諸権能の行使の結果が前訴判決という結果になる以上、その結果に当事者は自己責任を負うことになると考えるのである。自己責任を問われる状況があれば、その判決の判断に拘束されることになるとするのである（逆に、その状況がなければ、拘束されないことになる）。自己責任は当事者行為の評価であり、ここに当事者行為を規律する信義則が着目されることになったと言えよう（信義則は私法行為への適用を想定されていた（民一条二項、三項）が、それが既存の法規で対応できなくなってきた紛争の解決のために妥当な結論を導くツールとして民事訴訟法の領域でも訴訟行為への適用が認める立場が有力化してきたことに起因すると考える）。このスタンスでは、後訴から前訴手続での当事者の攻撃防御を回顧的に評価し、後訴で当事者行為を拘束できる（前訴手続での自己責任を問える）手続上の機会があったかの判断が重要になる。

他方、学説の中で、訴訟物それ自体との関係から離れて、判決効を考察する立場も登場してくる。もっぱら手続保障理念に依拠した立場であり、この点を強調した考え方が、いわゆる第三の波説の提出責任効論である。この立場は、訴訟物の枠にとらわれずに前訴手続過程での当事者の攻撃防御方法をめぐる提出責任から失権を考えていくべきだという考え方である（訴訟物は対論保障の手がかりに過ぎないとする）[22]。

なお、近時では、訴訟物についての既判力による処理と訴訟物外での信義則による処理とを判例のスタンスを肯定し、既判力の限界を信義則によって補完するという二元的な事案処理をめざす見解も登場している[23]。

しかし、いずれにせよ、これらの見解は、後訴から回顧的に前訴過程を評価する立場であり、理由中の判断に拘束力を認めるものである。後述するように、この理論は裁判官によってその結果が変わる可能性を常に有する理論であり、法的安定性が求められる民事訴訟の判決効のあり方としては採用すべきではないと考える。

（注）

(11) 新堂・前掲書（注（2））六九〇頁以下、同「既判力と訴訟物」同・訴訟物と争点効（上）（有斐閣・一九八八）一四五頁以下（初出：一九六三）など参照。争点効とは、前訴で当事者が主要な争点として争い、かつ裁判所がこれを審理して下したその争点についての判断に生じる通用力で、同一の争点を主要な先決問題として異別の後訴請求の審理において、その判断に反する主張立証を許さず、これと矛盾する判断を禁止する効力をいう。既判力とは異なる制度効として位置づけられている。つまり、審理過程での事情が判決効の範囲を画するのである。争点効理論は学説の中では一定の支持を集めたが、学説は、争点効を信義則の制度化された効力という方向と信義則そのものの適用とする方向に分かれた（この点の状況は、高橋宏志・重点講義民事訴訟法上（第二版補訂版）（有斐閣・二〇一三）六四九頁以下など参照）。

(12) 理由中の判断に拘束力を認める立場は古くから存在した。兼子一「既判力と参加的効力」法時一四巻三号四五頁(一九四二)は、補助参加の効力たる参加的効力が当事者間に及ぶとする解釈をとった。この見解が争点効理論への影響を与えた。また、ドイツ法の議論を参考に前訴の判断と後訴での主張に(実体法上明らかとなる)意味連関がある場合には既判力を理由中の判断に及ぼす見解(上村明弘「既判力の客観的範囲に関する一問題」岡山大学創立一〇周年記念論文集(上)(一九五九)一八一頁以下)があり、近年でも、前訴で判断された法律効果と後訴で主張される法的効果との間に存在する法的意味連関が切り裂かれてしまう場合に理由中の判断に拘束力を認める見解(松本博之=上野泰男・民事訴訟法(第八版)(弘文堂・二〇一五)六二一頁など)、実体法の観点からみて前訴判決の判断を動揺させたり、その法的存在意味を滅却する主張を既判力で排斥する相対的既判力論(柏木邦良「訴訟物概念の機能」新堂=谷口編・講座民事訴訟②(弘文堂・一九八四)一八一頁など)、先決的判断については黙示の訴えの意思表示があったとして理由中の判断に既判力を認める黙示の中間確認の訴え説(坂原正夫・民事訴訟法における既判力の研究(慶應通信・一九九三)一四五頁(初出:一九八〇)などが主張されている。この点の詳細は、原強「判決理由中の判断の拘束力」争点二二〇頁以下、高橋・前掲書(注(11))六五四頁注(69)など参照。

(13) 従来、既判力の遮断効は既判力の消極的作用として基準時における訴訟物の存廃の判断と矛盾抵触する主張を排斥するものであり(失権効とも呼ばれる)、攻撃防御レベル(主張レベル)での後訴での遮断を意味したが、新堂説では、請求レベルも含め、前訴の確定判決の存在により後訴の請求又は主張を遮断する場合と広く解する。

(14) 新堂幸司「訴訟物概念の役割」同・訴訟物と争点効(下)(有斐閣・一九九一)一一三頁(初出:一九七七)以下。

(15) 新堂・前掲書(注(14))一一三頁参照。その後、最判平成九年三月一四日判時一六〇〇号八九頁において福田裁判官の反対意見は、以下のように判示して、訴訟物の枠内(縮減的に)又は枠外(拡張的)に信義則によって既判力の範囲が流動する余地を認めた点は、この考え方と共通性を有してくると思われる。すなわち、「既判力との抵触の有無だけでなく、当事者が一般的に期待する判決の紛争解決機能に照らし、当該主張が前の訴訟の判決によって解決されたはずの紛争を蒸し返すものか否かという観点からの検討も必要であり、前の訴訟における紛争の態様、当事者の主張及び判決の内容、判決後の当事者の対応及び後の訴訟が提起されるに至った経緯等の具体的事情によっては、既判力に抵触しない主張であっても信義則等に照らしてこれを制限すべき場合があり、また、その反面、既判力に抵触する主張であっても例外的にこれを許容すべき場合があり得ると考えられる。」とである。その後、この既判力の縮減に関して学説上議論されている（詳細は、高橋・前掲書（注（11））七三三頁以下など参照）。

(16) 吉村徳重「判決の遮断効と争点効の交錯」同・民事判決効の理論（信山社・二〇一〇）一四五頁（初出：一九八〇）、柏木邦良「訴訟物概念の機能」新堂幸司編集代表・講座民事訴訟②（弘文堂・一九八三）一八一頁など参照。

(17) 新堂幸司「正当な決着期待争点」同・民事訴訟法学の展開（有斐閣・二〇〇〇）四七頁（初出：一九九五）以下。

(18) 新堂・前掲書（注（11））七三六頁参照。

(19) 竹下守夫「判決理由中の判断と信義則」山木戸克己教授還暦記念『実体法と手続法の交錯（下）』九三頁（有斐閣・一九七八）、とくに一〇〇頁参照。

(20) 竹下守夫「争点効・判決理由中の判断の拘束力をめぐる判例の評価」民商93巻臨時増刊号（1）（一九八六）二五九頁、二七九頁参照。

(21) 伊藤眞・民事訴訟法（第八版）（有斐閣・二〇二三）六〇一頁以下。なお、同六〇四頁は、前訴と後訴の請求原因が異なり、訴訟物が別個の場合であっても、実質的に前訴と後訴とが同一紛争にかかわり、前訴で相手方が得た地位を一方当事者が後訴によって覆そうとするときは、たとえ後訴における主張事実自体が前訴判決理由中の判断の対象となっていない場合であっても、後訴での主張が信義則によって遮断されることがあるとして、争点効より遮断効の範囲を広く捉え、かつ請求レベルでの後訴遮断も肯定する。

(22) 水谷暢「後訴における審議拒否」民訴二六号（一九八〇）五九頁など。この説に対する批判としては、新堂幸司「提出責任効論の評価」同・前掲書（注（14））二八五頁以下など参照。

(23) 川嶋隆憲・民事訴訟における後訴遮断理論の再構成（慶應義塾大学出版会・二〇二二）一四九頁以下。

三　確定判決後の残部訴求の可否

——最判平成一〇年六月一二日民集五二巻四号一一四七頁を題材にして——

一　問題の状況——最高裁平成一〇年六月一二日判決の意義と問題点——

すでに述べたように、一部請求の問題は、一部訴求につき請求認容または棄却の判決確定後、残部の再訴が許されるかを中心に議論されてきた。以下では、最高裁平成一〇年六月一二日判決（民集五二巻四号一二四七頁）を題材にして、この問題を考察することにしたい。これまでの最高裁判例が採った立場は、原告が一部訴求を明示する場合と明示しない場合を分け、前者においては残部訴求を認めるが、後者においては、客観的に一部請求であっても、全部請求として既判力は控訴の残部訴求を遮断するとするというのが一般的な理解であった（後述）。ところが、最高裁は、最高裁平成一〇年判決において、信義則を根拠にして、数量的金銭債権について一部請求であることを明示した訴訟で敗訴した原告による残部訴求は、特段の事情がない限り、許されないとの判断を下すに至ったのである。以下では、この検討の題材とした最高裁平成一〇年判決の事実関係の概要と判旨を以下に示すことにする。

①　事案の概要

Xは、宅地開発計画での本件土地買収等の業務をYから委託された。本件業務委託の報酬の一部として、Yが本件土地を宅地造成して販売するときには、その一割をXに売買または斡旋させる旨の合意がX—Y間で締結された（本件合意）。その後、Yは、開発を断念し、Zに本件土地を売却し、Xの債務不履行を理由として、本件業務委託契約を解除した。そこで、X—Y間において委託業務の報酬をめぐり、紛争が生じた。前訴において、Xは、Yに対し、主位的に、本件業務委託契約に基づき商法五一二条による報酬請求権を主張して、一二億円の報酬請求権うち一億円の支払を求め、訴えを提起した。また、この訴えにおいて、予備的に、Yが本件土地を売却したことにより、本件合意の条件の成就が故意に妨害されたとして、民法一三〇条により、本件合意に基づく一二億円の報酬請求権のうち一億円の支払を求めた。前訴においては、Xの各請求を棄却する判決が確定した。前訴判決確定の三ケ月後、Xは、再びYに対し、主位的に、本件合意に基づく報酬請求権のうち、前訴で請求した一億円を除く残額二億九八三〇万円の支払を求め、そして、予備的に、第一に商法五一二条による報酬請求権の残額残額二億九八三〇万円の支払を求め、第二に、本件業務委託契約の解除により報酬請求権を失うという損失において、Yが本件土地の交換価値の増加という利益を得たと主張し、不当利得返還請求権に基づく報酬相当額の二億六七三〇万円の支払を求め、本訴を提起した。

第一審は、Xの訴えを却下した。これに対して、原審は、Xの請求は、前訴の各請求とは同一の債権の一部請求・残部請求の関係にあるが、本訴（後訴）が前訴のむし返しであり、Xによる本訴の提起が信義則に反するとの特段の事情を認めるに足りる的確な証拠はないとし、また、予備的請求の第二請求は、前訴の訴訟物と異なる請求であり、前訴のむし返しとはいえないとして、Xの訴えを却下した第一審判決を取消し、第一蕃に差し戻す旨の判決をした。Y上告。

② 判　旨

「一個の金銭債権の数量的一部請求は、当該債権が存在しその額は一定額を下回らないことを主張して右額の限度でこれを請求するものであり、債権の特定の一部を請求するものではないから、このような請求の当否を判断するためには、おのずから債権の全部について審理判断することが必要になる。すなわち、裁判所は、当該債権の全部について当事者の主張する発生、消滅の原因事実の存否を判断し、債権の一部の消滅が認められるときは債権の総額からこれを控除して口頭弁論終結時における債権の現存額を確定し（最高裁平成二年（オ）第一一四六号同六年一一月二二日第三小法廷判決。民集四八巻七号一三五五頁参照）、現存額が一部請求の額以上であるときは右請求を認容し、現存額が請求額に満たないときは現存額の限度でこれを認容し、債権が全く現存しないときは右請求を棄却するのであって、当事者双方の主張立証の範囲、程度も、通常は債権の全部が請求されている場合と変わるところはない。数量的一部請求を全部又は一部棄却する旨の判決は、このように債権の全部について行われた審理の結果に基づいて、当該債権が全く現存しないか又は一部として請求された額に満たない額しか現存しないとの判断を示すものであって、言い換えれば、後に残部として請求し得る部分が存在しないとの判断を示すものにほかならない。したがって、右判決が確定した後に原告が残部請求の訴えを提起することは、実質的には前訴で認められなかった請求及び主張を蒸し返すものであり、前訴の確定判決によって当該債権の全部について紛争が解決されたとの被告の合理的期待に反し、被告に二重の応訴の負担を強いるものというべきである。以上の点に照らすと、金銭債権の数量的一部請求訴訟で敗訴した原告が残部請求の訴えを提起することは、特段の事情がない限り、信義則に反して許されないと解するのが相当である。

これを本件についてみると、Xの主位的請求及び予備的請求の一は、前訴で数量的一部を請求して棄却判決を受けた各報酬請求権につき、その残部を請求するものであり、特段の事情の認められない本件においては、右各請求に係る訴えの提起は、訴訟上の信義則に反して許されず、したがって、右各訴えを不適法として却下すべきである。

予備的請求の二は、不当利得返還請求であり、前訴の各請求及び本訴の主位的請求・予備的請求の一とは、訴訟物を異にするものの、Yに対して本件業務委託契約に基づく報酬請求権を有することを前提として報酬相当額の金員の支払いを求める点において変わりはなく、報酬請求権の発生原因として主張する事実関係はほぼ同一であって、前訴及び本訴の訴訟経過に照らすと、主位的請求及び予備的請求の一と同様、実質的には敗訴に終わった前訴の請求及び主張のむし返しに当たることが明らかである。したがって、予備的請求の二に係る訴えの提起も信義則に反して許されないものというべきであり、右訴えを不適法として却下すべきである。」

この最高裁平成一〇年判決は、明示された数量的一部請求訴訟において信義則により残部訴求を排斥したのであるが、その理由として挙げたのは、①数量的一部請求の当否の判断には債権全部の審理判断の必要があり、当事者の主張立証の範囲、程度も通常は全部請求の場合と変わらない点、②数量的一部請求の棄却判決は後に請求しうる部分が存在しないとの判断を示すものである点、③原告の残部請求は、実質的には前訴で認められなかった請求及び主張のむし返しであり、前訴によって紛争が解決されたとの被告の合理的期待に反し、被告に二重の応訴負担を強いるものである点である。この判決は、後述の学説における信義則説を採用したものと言えるが、一部請求を明示の場合と黙示の場合に分けて考察してきた従来の判例との整合性がまず問題となってくる。さらに、残部請求を遮断しない特段の事情とはいかなるものかも問題となってこよう。そして、本件の予備的請求の二たる不当利得返還請求に関しては、後訴において初めて出てきた法的観点であり、それゆえ、訴訟物は異なるとの主張も当然生じうる。したがって、従来の議論との関係がここでも問われることになろう。そこで、以下では、従来の一部請求論から見た場合のこの判決の検討を試み、その問題点をまず探ることにしたい。

二　確定判決後の残部訴求をめぐる学説の議論状況

まず、この考察の前提となるわが国の学説の状況を概観することにしたい。前述したように、一部訴求の確定判決後の残部訴求の可否をめぐっては、訴訟主体間でその利益状況は異なる。すなわち、原告サイドでは私的自治に基づく当事者意思の尊重を背景にした分割訴求の利益が、被告サイドでは応訴の負担と紛争解決への期待が、そして、裁判所サイドでは、紛争解決の効率性、重複審理による訴訟経済性及び矛盾判決の危険回避の利益が観念でき、それぞれのいずれに重きを置くかで結論は異なってくるのである(24)。そして、それは、この問題が結局は残部訴求を遮断すべきか否かの判断にほかならないことから、前述の判決の遮断効論の問題と密接に関連し、議論の方向性として既判力論の一部として位置づけることもできるのである。こうしたことを考慮に入れつつ、学説を整理してみると、近時の学説は、概ね三つに分けることができよう（不法行為に基づく損害賠償訴訟での後発後遺症の問題は基本的に除いて論じる。不法行為訴訟における一部請求論については本章第二節参照のこと）。

1　残部訴求全面的肯定説

第一は、残部訴求全面肯定説である。[25] これは、一部請求の訴訟物及び既判力は、その一部に限られることを当然の前提とし、一部請求の明示の有無に関係なく、残部の請求を後訴において認めるとする見解である。残部訴求を否定する見解は、既判力は主文に包含するものに限られるとする原則に反して、判決理由中の判断に既判力を認めることであり、大きな誤りを犯すものであると批判する。この説は、実体法が権利の分割行使を認めている点、処分権主義に合致する点（二六四条）、判決理由中には既判力は生じない点（一一四条一項）、訴訟費用負担等を考慮に入れた試験訴訟の必要性などをその論拠にあげる。この肯定説に対しては、一部訴求を許し、残額再訴を認めることは、紛争を分断した訴訟を認めることで、紛争解決の効率性を著しく害する点、残部訴求を許すことはその都度債権成立の有効無効等を審判するのであり、重複審理は否定できない点、被告は応訴の煩に耐えられない点が批判点として挙げられている。肯定説の立場でいえば、紛争解決の効率性や被告の応訴負担は、既判力制度の中で考慮済みということであろうか。そうすると、問題は既判力制度の捉え方になってきそうである。

2　残部訴求全面的否定説

第二は、残部訴求全面否定説がある。[26] この説では、紛争解決の一回性（効率性）や被告の応訴負担など、裁判所及び被告の立場が重視される。しかし、残部訴求を否定する根拠から、さらにこの説は、以下のように細分化できよう。

①　既判力による残部訴求全面否定説

まず、手続保障をベースに既判力による残部訴求を全面的に排斥する見解である。[27] この説の代表的論者である新堂幸司教授[28]は、分割訴求の問題は、「紛争解決の一回性の要請と、当事者の分割訴求につき有するであろう便宜との比較考量から個別的に判断されるきわめて政策的な問題である」として、[29]次のように説く。

「元来、申立ての範囲は当事者が指定すべきものであり、審判もその範囲でしかできないたてまえであるから、審判した結果、それによってどこまでの範囲の紛争を解決ずみとして残額請求を許さないものと扱うかという問題においても、第一に、原告の申立ての趣旨を尊重しなければならないのは当然であるが、他面、一回の訴訟で全部解決できるはずの紛争を原告の恣意によって、数回の訴訟を要することにするのは、一回ですむところをなんども応訴せしめられる被告にとって不公平であるし、裁判所の立場からも、権利の請求された一部についての判断のためには、その権利の成立・存続を全面にわたって審理判決せざるをえないのに、既判力は原告の恣意によって限定された一部にしか及ばないというのでは、費やした労力に比べて紛争解決の実効性に乏しいといわざるをえない。そこで、数量的に可分な債権の一部請求については、右のような被告や裁判所の立場を重視して一部請求後の残額請求を原則として許すべきではあるまい（かりに、残額請求を許すとしても、債権の存否自体について争点効がはたらくことが考えられる）。[30]」

新堂説に対しては、一部請求の前訴で残部の存否、範囲につき何らかの審理、判断の行われなかった場合でも前訴確定判決による残部遮断が出てくるとの批判がある。とくに、原告勝訴の場合、「彼は、その訴訟を一部額の獲得のために提起したのであり、残部の存在やその額を当然には、主張・立証する必要をもたないのに、勝訴後残部を遮断するというのは、常軌を逸した結論だろう」と批判されている。[31] なお、新堂説は、ここで引用した教科書において、「（かりに、残額請求を許すとしても、債権の存否自体について争点効がはたらくことが考えられる）」という括弧書きの一文を加えており、全面的否定説を若干後退させている。(32) 新堂説と同様に、既判力による残部遮断を認めるのは、五十部説である。(33) 五十部説では、金銭請求の場合には、請求は請求の原因によって特定され、請求原因によって特定された事実関係全部について判断がなされるのであり、したがって、その範囲全部について既判力を生じるとする。また、従前の新堂説に依拠し、全面的否定説を展開するのは、高橋宏志教授の見解である。高橋説は、試験訴訟についての原告の利益を掛酌しつつ、被告、裁判所の利益と比較衡量し、何らかの形で残部請求を制限すべきとの結論に至り、詰まるところ、残額請求を再訴という形で認めるか、請求の拡張という形で認めるかしかないとし、前訴手続過程で原告は裁判所の判断を知る機会を十分にもっているのであり、再訴を許すのは、被告・裁判所の利益を考えると、原告を保護しすぎるものであるとする。そして、前訴の中での請求の拡張は、原告にとって一挙手一投足に近いのであり、否定説でよいとする。(34)

② **失権効による残部訴求全面否定説**

この高橋説に対して、試験訴訟についての原告の利益を考慮する点を批判し、請求失権効により残部訴求のより全面的な否定説を展開するのが、山本和彦教授の見解である。(35) 山本説は、試験訴訟は原告の一方的な意思に基づく訴訟費用負担の回避を許すことであり、原則として認められず、一部請求後の残部訴求は全面的否定説が正当とする。そして、訴訟物論ないし判決効論からは、一部請求以外の部分は、仮に訴訟物に含まれていたとしても、判決では判断されていないのであり、それについて請求棄却と同等の効果を生じさせる根拠はなく、裁判所の判断の効果である既判力概念の根幹に反するがゆえに、全面否定説の根拠に満足な説明を与えることはできないとする。(36) むしろ、残部訴求の遮断は、併合強制に関する実体法規定（人訴九条、民執三四条など）の類推適用による遮断によるべきとする（請求失権効）。(37) また、この山本説の基礎となったのが小松良正教授の見解である。小松教授の見解は、アメリカ法上の必要的請求併合のルールを日本法にも導入し、信義則上の義務として請求併合義務を想定する。(38) 基本的には、社会的に一つの紛争を単一訴訟において解決するという紛争解決理念を全面に押し出したものと言えよう。ただ、小松説の場合[39]、原告の請求不併合の帰責性と被告の重複訴訟からの保護必要性を要件として、後訴の遮断を決定するとし、両者の比較衡量により例外が広く認められている。例えば、試験訴訟は原告の請求不併合に帰責性が存しないとして認める方向にあり、遮断の範囲は後述の信義則による見解とほぼ同様になる。したがって、山本説が訴訟費用制度回避の合理性から公益的訴訟に例外を限定するのに対し[40]、小松説は山本説よりも残部訴求全面否定性は大きく後退する。

この請求併合を強制する小松説及び山本説では、論理的には一部訴求自体を否定することになり、処分権主義との関係で問題は大きい。請求併合の強制を認める根拠条文もなく、また紛争解決の必要性に基づく信義則や人訴法等の類推適用からだけでは、原告に請求併合を強制する根拠に乏しいと思われる。山本説の説く人訴法等の類推適用の可能性に対しては、そもそも人訴法等の場合の失権の趣旨と分割請求禁止の趣旨とは類推適用するには遠く離れているとの批判がなされている[41]。また、山本説における一部訴求の訴訟費用負担回避行為との理解に対しても、提訴手数料は事件についての「裁判所の審判サービス」に要する現実の出費に見合う性質のものでない、また法律扶助制度が完備され、提訴手数料制度が廃止されても、後遺症損害のケースや知的財産権訴訟などにおいて一部訴求の必要性はなくならない、弁護士費用と異なり法定の提訴手数料は普通はあまり問題とならず、一般的に一部請求のための決定的なインセンチブを与えるとは思われない、などという批判が主張されている[42]。

3　折衷説

第三は、折衷説である。これは、肯定説をベースにしたものと、否定説をベースにしたものに分けることができるが、ここでは、残部訴求の肯定、否定を分ける基準に着目し、三つに分けて学説を整理することにしたい。

① 明示黙示区分説

まず一つは、原告が一部請求を明示する場合と明示しない場合を分けて、後者の場合にのみ、客観的に一部請求であっても、全部請求として既判力は控訴の残部請求を遮断するとする見解である。[43]後述の判例の立場とされた見解である。通説といってもよいであろう。この明示黙示区分説は、被告の紛争解決に対する合理的期待に着目し、当事者間の公平を考慮したバランスのいい見解との評価がある。[44]他方で、明示さえすれば、何度でも訴求できる点は釈然としないし、裁判所の重複審理の不経済も配慮されていないとか、明示の場合には被告に残債務不存在確認の反訴を強要することになり、当事者間のバランスからいっても被告に酷であるとの批判がある。[45]また、明示黙示区分説では、明示の有無で既判力の範囲が決定されることは疑問であり、黙示の場合には既判力を判決理由中の判断に及ぼすことにほかならず、そもそも従前の既判力論と相入れない理論との批判が唱えられている。[46]なお、訴訟を「契約型訴訟」と「不法行為型訴訟」に分け、後者につきこの見解を認める説も主張されている。[47]

② 勝訴敗訴区分説

次の見解は、判例の立場を基礎にしつつ、明示的一部請求の場合にも、原告が一部で勝訴した場合と敗訴した場合を分け、後者の場合には再訴を許さない見解である。この見解は、再訴禁止の根拠を何に求めるかで、さらに、三つに分けることができよう。

(A) 既判力説

まず最初は、原告敗訴の場合に既判力により残部訴求を遮断する見解である。ただ、この見解は、論者により微妙に理論構成が異なってくる。まず三ケ月章博士の見解は、原告の試験訴訟の利益を認めつつ、敗訴した場合には、二重審理の回避を根拠として既判力の双面性により再訴を許さないとする。[48]ただ、三ケ月説では、一部請求をする特定標識がある場合には、例えば、履行期が異なるとか、担保権が及ぶ部分とそうでない部分とに区別される場合などには、残部訴求をそもそも肯定する。[49] 三ケ月説に対しては、訴訟物と既判力の範囲が一致せず、従来の訴訟物論、既判力論から乖離している点などが批判として挙げられている。

次に、伊藤眞教授の見解がある。[50] この見解では、常に債権全体が訴訟物となり、既判力の客観的範囲もそれを基準として決定される。数額は、金銭債権特定のための不可欠の要素であり、全体の債権とは別に、一部の金額のみを目的とする債権は存在せず、訴訟物は請求の趣旨と原因を総合的に勘案して特定されることを理由とする。原告の意思は、給付命令の上限を画するもので、訴訟物の分断にはないとする。棄却判決のときは、債権全部の不存在が確定され、残額請求は、既判力によって遮断される。ただ、認容判決の場合には、一部請求を明示していれば、残部訴求に訴えの利益がある限り、残部訴求は許されるとする。この伊藤説に対しては、訴訟物を債権全体とすることから、明示を区別基準とする合理性が問題であり、また前訴の審理が金額も確定するとすれば、前訴は重いものとなり、請求原因のみの既判力による確定を認めることになる、原告による判決要素の範囲が捨象されている、などが批判として挙げられている。[51]

他の一つが松本博之教授の見解である。[52] 松本説は、明示黙示区分説をベースにし、一部請求訴訟の訴訟物は原告の提示する請求額によって特定個別化するとしたうえで、勝訴敗訴で区別する。つまり、「黙示の場合」で原告勝訴の場合には、既判力は訴訟物に限定され、残部請求に及ばず、残部訴求は許されるが、原告敗訴の場合には、裁判所は、請求権を一定の額においてでなく、数額と区別される請求原因のレベルにおいて請求を棄却したのであるから、既判力は残部請求に及ぶとする。そして、この場合、前訴で請求された額以上に請求権が存在するとの後訴請求は、前訴確定判決の、請求原因レベルにおいて請求を否定する判断と矛盾関係にあるから、既判力が及ぶとする。「明示の場合」で原告敗訴の場合には、残部訴求は確定判決における確定と正反対のものを請求する訴訟と評価できることから、既判力は残部訴求に及ぶとし、原告勝訴の場合には、既判力は訴訟物たる一部に限定され、残額訴求に及ばず、請求原因にも既判力は及ばないとする。松本説では、前訴一部請求と後訴残部請求とは同一請求権の異別部分に関わるものであるから、矛盾関係に働く既判力の遮断効を想定できるかが問題となってくる[53]。また、既判力説に共通であるが、結局はこれらの見解は判決理由中の判断に既判力を認めるものであり、従来の既判力論と相いれない点が批判としてあげられてこよう。

（B） 信義則説

この見解は、原告勝訴の場合には残部訴求を遮断しないが、欺訴の場合には、従前の既判力論を念頭に入れ、信義則による調整を行い、残部訴求を遮断する場合を認める見解である[54]。一部請求論における残部訴求の可否の問題を判決理由中の判断の拘束力の一側面とする見解といえる。この見解は、どういった信義則を採用するかでさらに分かれる。

まず竹下守夫教授[55]は、基本的に従前の判例理論を支持し、一部請求判決の既判力は原告によって特定された一部にしか及ばないことを原則としつつ、当事者の公平から信義則による調整を試みる。まず、請求棄却の場合で一部と残部が切り離し得ない場合には、被告の信頼利益保護と、原告も債権全体への手続権が保障されていることから、信義則による判決理由中の判断の拘束力の一場合として残部訴求を認めないとする。そして、請求認容の場合には、明示的一部請求は残部請求を認容できるが、黙示の場合には、原則として信義則に基礎を置く訴訟物の枠をこえる失権効の一種として残部請求を失権させる。ただ、例外的に、事件の具体的事情により原告が前訴で全部請求しなかったことに特別の正当の事由があることを原告が証明すれば、残部請求を認めるとする。前訴の内容による類勧化を行い、個別に原告。被告間の利益衡量により結論を導こうとする見解である。

これに対して、中野貞一郎博士[56]は、残部訴求排除の根拠を禁反言に求める。一部請求が明示または特定されている場合や客観的に一部請求であることが明らかな場合（後遺症などのケース）には、一部訴求と残部訴求に行為矛盾はなく、残部訴求を認めることができるとする。ただ、明示の場合でも前訴で債権全体の存否が争われ、被告が全体が決着したと信じるような場合で、原告に残部請求の後訴を認めて被告に復次応訴を強いることが不当に原告を利する場合には、例外的に残部請求を認めないとする。また、黙示の場合には、その結果、被告が全部請求と信じて訴訟上の対応を決しており、反訴などの訴訟上の対応手段を被告に期待できなかった場合には、被告の復次応訴による不利益を原告の残部請求が封じられる不利益よりも重くみて、残部訴求を却下すべきとする。

この信義則説に対しては、具体的事案に対応するには信義則は便利であるが、場合分け要件化が必要であり、それを行うことで逆に本来のうまみがなくなるなどの批判がある。(57)

(C) 利益衡量説

三つ目は、具体的攻撃防御過程の利益衡量を基礎に、勝訴と敗訴の場合を分け、後者では、原告は一部で訴求した部分を得るために、残部を含めて主張立証する必要に迫られ、それでも敗訴したのであるから、また前者でも被告の抗弁により残部の主張立証が必要となった場合には、前訴で残部も審理されたのであるから、残額訴求は遮断されるとする見解である。(58) 具体的訴訟経過を踏まえての肌理細かい配慮が可能となるが、残部訴求を受けた裁判所が、前訴一部請求の手続経過を子細に検討しなければ、残部訴求の許否を決しないとするば、その煩に耐えないとの批判がある。(59) なお、この見解に対しては、信義則説と同列に位置づける評価もある。(60)

その他に、この具体的手続保障説では既判力の制度的効力たる性質、機能を維持できないとして、客観的に、原告（債権者）。被告（債務者）の実体法によって定められた法的地位にふさわしい訴訟上の手続保障要求（実体関係的手続保障）の充足の有無を基準として残部訴求の可否を判断すべきとする見解がある。上田徹一郎教授の見解である。(61) この見解では、実体法上分割請求が認められず、また一部請求が残部の免除等の処分と同様に評価せられる場合は、被告は残部につき残債務不存在確認の反訴を提起することはもとより、残額をめぐる後訴を予想して前訴の訴訟追行をしておくことを期待できないような地位にある場合には、被告の手続保障との関係で残部訴求は許されないが、それ以外は許されるとする。ただ、この見解も信義則による調整を認めており、信義則説に近いとの評価も可能であろう。

（注）

(24) 上田徹一郎・判決効の範囲（有斐閣・一九八五）二八八頁以下、同「一部請求」林屋礼二＝小島武司編・民事訴訟法ゼミナール（有斐閣・一九八五）二一一頁が、対立点の核心は評価基準の対立にあると指摘するところである。中野貞一郎「一部請求論について」同・民事手続の現在問題（判例タイムズ社・一九八九）九三頁（初出：一九八九）は、こうした評価基準の立て方を抽象的に議論しても、容易には決着はつきそうにないとする。

(25) 木川統一郎・民事訴訟法重要問題講義（中）（成文堂・一九九二）三〇六頁、伊東乾「一部請求」民事訴訟法研究（酒井書店・一九八八）五二二頁、菊井維大＝村松俊夫・民事訴訟法Ⅰ（全訂補訂版）（日本評論社・一九九三）一二七九頁など。

(26) 新堂・前掲書（注（2））三三八頁、高橋・前掲書（注（11））一〇七頁、中野ほか・民事訴訟法講義（第三版）〔上村明広〕（有斐閣・一九九五）一五一頁、五十部豊久「一部請求と残部請求」鈴木忠一＝三ケ月章編・実務民事訴訟講座1（日本評論社・一九六九）七五頁、山本和彦「一部請求」同・民事訴訟法の基本問題（判例タイムズ社・二〇〇二）一〇三頁以下（初出：一九九八）など。

(27) 従来の否定説は、特定の標識がある場合を除いて残額請求は前訴の既判力に抵触して遮断されるとする見解である。兼子一「確定判決後の残部請求」同・民事法研究 第一巻（酒井書店・一九五〇）三九一頁（初出：一九四〇）、小室直人「一部請求の訴訟上の取扱」法教（第一期）一号（一九六一）六二頁以下、中野貞一郎ほか編・民事訴訟法講義（第三版）〔上村明広〕（有斐閣・一九九五）一五一頁など。この見解に対して、特定識別による区分は紛争解決に一回性の理念と相入れず、不徹底との批判から、全面的否定説が登場してくることになる。新堂・前掲書（注（2））争点効（上）一五八頁以下。
(28) 新堂教授自身は、明確に既判力による残部訴求の遮断を明確に述べていない。山本和彦・判例評釈・民商一二〇巻六号（一九九九）一〇三七頁は、新堂説は、一部請求と残部請求は、「申立事項は異なるが、訴訟物として主張している受給権自体は同一である」とすることから、既判力による遮断を推測できるとする。
(29) 新堂・前掲書（注（2））争点効（上）一五九頁。
(30) 新堂・前掲書（注（2））民事訴訟法三三八頁。
(31) 井上正三「一部請求の許否をめぐる利益考量と理論構成」法教（第二期）八号（一九七一）八二頁。
(32) 新堂・前掲書（注（2））民事訴訟法三三八頁注（5）参照。もっとも、一部請求を争点効で解決できるかについては、批判がある。高橋・前掲書（注（11））一〇六頁注（11）。なお、佐上善和・民事訴訟法（第二版）（法律文化社・一九九八）二三三頁は、明示的一部請求の場合で敗訴ないし一部勝訴の場合には争点効的処理により残部訴求を認めないとする。
(33) 五十部・前掲論文（注（26））七五頁。
(34) 高橋・前掲書（注（11））一〇七頁。鈴木正裕＝青山善充編・注釈民事訴訟法（4）（一九九七）〔長谷部由紀子〕一〇七頁も基本的に同旨と思われる。
(35) 山本・前掲書（注（26））一〇四頁。
(36) 山本・前掲書（注（26））一一八頁以下。
(37) 小松良正「一部請求論の再構成」中村英郎教授古稀祝賀（上）・民事訴訟法学の新たな展開（成文堂・一九九六）一三五頁以下。
(38) 小松・前掲論文（注（37））一七四頁。
(39) 小松・前掲論文（注（37））一七六頁。
(40) 山本・前掲書（注（26））一二一頁。
(41) 中野・前掲論文（注（8））判タ一〇〇八号五二頁。

(42) 中野・前掲論文（注（6））判タ一〇〇六号五頁以下。また、三木浩一「一部請求論について」民訴四七号五三頁（二〇〇一）以下も参照。
(43) 林屋礼二・民事訴訟法概要（有斐閣・一九九一）六四頁、小林秀之・プロブレム・メソッド新民事訴訟法（判例タイムズ社・一九九七）九三頁、江藤介泰「一部請求と残部請求」民事訴訟法の争点（新版）（有斐閣・一九八八）一八九頁など。
(44) 高橋・前掲書（注（11））六四九頁、井上治典・判例評釈・私法判例リマークス一九九九（下）一二四頁など。
(45) 高橋・前掲書（注（11））六四九頁。
(46) 木川・前掲書（注（48））三一四頁以下、井上・前掲論文（注（31））八〇頁以下など。
(47) 納谷・前掲争点（注（8））一四四頁以下。
(48) 三ケ月章・民事訴訟法（第三版）（有斐閣・一九九三）一一四頁。
(49) 三ケ月・前掲書（注（48））一一六頁。従前、否定説を代表する兼子説も特定標識のある場合に残部訴求を肯定する（兼子・前掲論文（注（27））四一七頁）。
(50) 伊藤・前掲書（注（21））二三九頁以下。
(51) 山本・前掲書（注（26））一〇六頁以下など。
(52) 松本＝上野・書（注（12））六三三頁以下。なお、酒井一・判例評論四八三号一九四、一九五頁も、請求棄却判決は、前訴と後訴の訴訟物が別個であるとしても、後訴請求は前訴棄却判決部分と矛盾するとして、既判力による排除を認める余地を指摘する。
(53) 中野・前掲書（注（24））九五頁参照。
(54) 前述の小松説も実質的にはこの見解に入れることができよう。また、山本弘「一部請求」鈴木重勝＝上田徹一郎編・基本問題セミナー民事訴訟法（一粒社・一九九八）一三三頁以下も信義則説を支持する。
(55) 兼子ほか・条解民事訴訟法（第2版）（弘文堂・二〇一一）五三〇頁以下〔竹下守夫〕。

(56) 中野・前掲書（注(24)）一〇五頁。
(57) 井上・前掲リマークス（注(44)）一二六頁、山本・前掲民商（注(28)）一〇四二頁、酒井・前掲判例評論（注(52)）四八三号一九四頁など。なお、酒井・前掲判例評論（注(52)）一九四頁は、遮断されるべき後訴を類型化できるのであれば、これを既判力に反映できないかにつき再度検討の余地があり、信義則だけが不当な残部請求を手段する唯一の解決か慎重に考慮すべき旨を主張する。
(58) 井上・前掲論文（注(31)）七九頁など。
(59) 中野・前掲（注(8)）五〇頁など参照。
(60) 山本・前掲民商（注(28)）一〇三五頁、高橋・前掲書（注(11)）九一頁。
(61) 上田徹一郎・民事訴訟法（第七版）（法学書院・二〇一一）一九五頁。

三　従前の判例の動向

以上が、確定判決後の残部請求をめぐるわが国の学説の近時における議論状況の概要である。それでは、この一部請求論につき、判例はどのような立場を採ってきたのであろうか（本章第二節を参照）。一般には、最高裁判例が採った立場は、原告が一部請求を明示する場合と明示しない場合を分けて考察するものであると言われている。

この問題につき最高裁が初めて判断を下したのは、黙示の一部請求に関する事案である、最判昭和三二年六月七日民集一一巻六号九四八頁[62]である。この事件は、金銭債務の履行を請求した前訴で連帯債務と主張しなかったため分割債務と主張して勝訴判決を得た原告（被上告人）が、後訴で連帯債務を主張して残額請求をした事件である。最高裁の判旨は、次のようなものであった。

「……債権者が分割債務を主張して一旦確定判決をえたときは、更に別訴をもって同一債権関係につきこれを連帯債務である旨主張することは、前訴の既判力に抵触し、許されないところとしなければならない。
……しかるに被上告人は、本訴において右四五万円の債権は連帯債務であって前訴はその一部請求に外ならないから、残余の請求として、上告人等に対し連帯して二二万五千円の支払を求めるというのである。……しかしながら、被上告人は、前訴において、分割債務たる四五万円の債権を主張し、上告人等に対して各自二二万五千円の支払いを求めたのであって、連帯債務たる四五万円の債権を主張してその内の二二万五千円の部分（連帯債務）につき履行を認めたものでないことは疑いないから、前訴請求をもって本訴の訴訟物たる四五万円の連帯債務の一部請求と解することはできない。のみならず、記録……によれば、被上告人は、前訴において、上告人等に対する前記四五万円の請求を訴訟物の全部として訴求したものであることをうかがうに難くないから、その請求の全部につき勝訴の確定判決をえた後において、今さら右請求が訴訟物の一部の請求にすぎなかった旨を主張することは、とうてい許されないものと解すべきである。」

この判決は、一部請求が黙示の場合に、残部訴求は前訴確定判決の既判力に抵触する旨を判示したとされ、注目された。もっとも、本件のような場合、黙示の一部請求における前訴の訴訟物は債権全体とする考え方が妥当するか、議論のあるところである。この判例については、分割債務・連帯債務という属性が旧訴訟物理論では訴訟物を分けることになるのではないか、分割債務だという裁判所の判断に後訴に対する拘束力が生じるかなどの問題も投げかけられている。(63)

そして、最判昭和三七年八月一〇日民集一六巻八号一七二〇頁(64)では、一部請求を明示する場合が問題となった。(65)この事件は、前訴で寄託物不法処分の損害金三〇万円の内、その一部である一〇万円を明示して訴求し、八万円の認容判決を受け、判決は確定した。その後、原告が改めて残額二〇万円を訴求した事件である。最高裁は次のように判示した。

「一個の債権の数量的な一部についてのみ判決を求める旨を明示して訴が提起された場合は、訴訟物となるのは、右債権の一部の存否のみであって、全部の存否ではなく、従って右一部の請求についての確定判決の既判力は残部の請求には及ばないと解するのが相当である。」

すなわち、一部請求を明示する場合には、訴訟物は明示された債権の一部に限られ、判決の既判力もこの部分に限られるとしたのである。

この二つの判例により、「一部請求である旨を明示したときは、前訴で勝訴しても敗訴しても別訴で残額を請求できるが、明示しなかったときは、前訴で全部勝訴していても残部請求はできない」という判例理論が確立されたというのが、今日までの一般的理解であった(66)。そして、判例は、この後も最判昭和四二年七月一八日民集二一巻六号一五五九頁において、後発損害請求（いわゆる「後遺症」事案）にもこの理論を適用し、支出した治療費二〇万円の請求とは、その訴訟の口頭弁論終結時までに支出した治療費二〇万円に限定して請求する趣旨であり、一部請求である旨を明示したことになるから、その後再び必要となった手術に関する治療費を別訴で請求するときは、訴訟物が異なり、前訴の既判力は後訴に及ばないとした(67)。その後、下級審もこれに従うものが登場していた。

この判例理論に対しては、明示の有無が訴訟物を決定することになり、それにより既判力の範囲を異別に解釈する点において理論的に難点があるとの批判がある一方、被告の応訴の煩や紛争落着に対する合理的期待の保護に着目したバランスのいい処理方法と評価する主張もなされていた。

ところが、その後最高裁は、最判平成六年一一月二二日民集四八巻七号一三五五頁において、不法行為の過失相殺の場合に外側説を採った最判昭和四八年四月五日民集二七巻三号四一九頁につづいて、金銭債権の一部請求について相殺の抗弁が主張された場合の審理方法としても、債権全部を審理する外側説を採用するに至った。これは、理論的には一部請求否定説に接近したものとみなすこともでき、(68)判例理論に変更の兆しがみえた。そして、前掲最高裁平成一〇年判決は、信義則を根拠にして、数量的金銭債権に関して一部請求を明示した訴訟で敗訴した原告による残部訴求は、特段の事情がない限り、許されないとの判断を下すに至ったのである。そこで、以下では、従来の判例の流れの中で前掲最高裁平成一〇年判決の位置づけとその評価を検討することにしたい。

(注)

(62) 本件評釈として、山口友吉・民商三六巻六号五九頁、岡村玄治・法学志林五六巻二号一六三頁、井上正三・民訴判例百選（初版）一五四頁、中村宗雄・判例評論一一号一七頁、小室直人・民訴判例百選（第二版）二二八頁、山本弘・民訴判例百選Ⅱ（新法対応補正版）三三二頁、高橋宏志・民訴判例百選（第五版）一七二頁、岡庭幹司・民訴判例百選（第六版）一六〇頁などがある。

(63) 高橋・前掲書（注（11））一〇二頁（注）（7）、山本・前掲民訴判例百選Ⅱ（注（62））三三三頁など。また、この判決では、前訴において請求を「訴訟物の全部として訴求したものであることをうかがうに難しくないから」、その全部につき勝訴確定判決を得た後に、前訴の「請求が訴訟物の一部にすぎなかった旨を主張することは」、とうてい許されないとしていることから、判旨は禁反言に基づくものと解する立場もある（高橋・前掲書（注（11））注（7）、勅使川原和彦・読解民事訴訟法（有斐閣・二〇一五）一七七頁など。しかし、この事案で禁反言といえるかは疑問もなくはない（岡庭・前掲百選（第六版）（注（62））一六一頁など参照）。しかし、本件判決自体は「前訴判決の既判力に抵触し、許されない」と明示しているので、判例としては既判力の問題として処理したものと解すべきであろう。なお、黙示の一部請求の前訴認容判決後に後訴でその残部を訴求することは「既判力の双面性」に反するとの立場もある（伊藤・前掲書（注（21））二四〇頁）。本件では勝訴判決後の同一訴訟物請求の後訴を請求棄却としている点をどう考えるかがポイントなるが、従前の既判力論的には本件判決は訴訟物は債権全体とする立場と解することが整合的であろう。

(64) 本件評釈として、石川明・法学研究（慶大）三六巻一一号一〇九頁、伊東乾・民商四八巻五号七六五頁、上村明広・続民訴判例百選一八二頁、佐上善和・民訴判例百選Ⅱ（新法対応補正版）三三〇頁、河野正憲・民訴判例百選（第四版）一七二頁などがある。

(65) 最判昭和三四年二月二〇日民集一三巻二号二〇九頁は、時効と一部請求の関係の判例であるが、「一個の債権の数量的な一部についてのみ判決を求める旨を明示して訴が提起された場合、原告が裁判所に対し主文において判断すべきことを求めているのは債権の一部の存否であって全部の存否でないことが明らかであるから、訴訟物となるのは右債権の一部であって全部でない」とし、明示の場合には訴訟物は一部に限定される旨を判示し、昭和三七年判決を先取りしたものとされている。もちろん、明示があっても債権全体が訴訟物とする立場からは批判がある。残部の再訴を許しながら、残部が消滅時効にかかるのでは意味がないからである。しかし、その後、判例（最判平成二五年六月六日民集六七巻五号一二〇八頁など）は、明示的一部請求の訴えの提起が、請求の対象となっていなかった本件残部についても、裁判上の請求に準ずるものとして消滅時効の中断の効力を生ずるということはできないが、かかる訴えが提起された場合には、債権者が将来にわたって残部をおよそ請求しない旨の意思を明らかにしているなど、残部につき権利行使の意思が継続的に表示されているとはいえない特段の事情のない限り、当該訴えの提起は、残部について、裁判上の催告として消滅時効の中断（完成猶予）の効力を生ずるとして、上記の批判を回避した。判例の立場は明示的一部請求訴訟での訴訟物の捉え方に一貫性を有すると言えよう。

(66) 前掲・条解（注(55)）〔竹下〕五二九頁。

(67) 広島高判昭和四六年三月二三日高民二四巻一号五五頁、東京高判昭和五二年六月二九日判タ三六一号二四一頁、大阪高判昭和五三年五月三一日判時九一五号六九頁、東京高判平成四年五月二七日判時一四二五号五六頁などがある。

(68) 高橋・前掲書（注(11)）一一八頁参照。

四　最高裁平成一〇年六月一二日判決の検討

最高裁平成一〇年判決[69]では、原告は金銭債権についての明示的一部請求をなし、その敗訴確定後に残部訴求をなしている。従来一般に理解されていた前述の判例理論に従えば、残部訴求は認められるはずである（当然、一部請求全面肯定説及び折衷説のうち明示黙示区分説では残部訴求は認められる）。ところが、最高裁平成一〇年判決は、信義則を根拠にして、数量的一部請求を明示した訴訟で敗訴した原告による残部訴求は、特段の事情がない限り、許されないとの判断を下すに至った。本判決がその理由として挙げたのは、前述したように、①一部請求の当否の判断において裁判所は債権全部の審理判断をする必要があり、当事者の主張立証の範囲、程度も通常は全部請求の場合と変わらない点、②数量的一部請求を全部又は一部を棄却する判決は当該債権が全く現存しないか又は一部として請求された額に満たない額しか現存しないとの判断を示すもので、換言すると、後に請求しうる部分が存在しないとの判断を示すものである点、③原告の残部請求は、実質的には前訴で認められなかった請求及び主張のむし返しであり、前訴によって紛争が解決されたとの被告の合理的期待に反し、被告に二重の応訴負担を強いるものである点である。

この判決は、明らかに学説の信義則説に接近するものと評価できる。しかし、この訴訟において既判力がどの範囲で生じているのか、訴訟物をどうみるのかについては、従前の判例理論に従っている。他面、実質的には判決理由中の判断に信義則による遮断の拘束力を認めるものである。そして、この信義則につき、本判決は、③の請求・主張のむし返しに力点を置いているといえる。信義則は本来当事者間の公平を考慮し、その間で作用するものであり、本判決も③ではまさにその思考をとる（本件についての一般的理解はこうであろう）。しかし、最高裁平成一〇年判決におけるこうした信義則適用による後訴遮断傾向は是認できようか。信義則適用においては、これまでの判例から見れば、「紛争解決についての相手方の正当な信頼の形成」がポイントとなっている。最高裁平成一〇年判決の理論構成からは、残部債権不存在との判断についての信頼形成があったとする。その前提となるのが、数量的一部請求の場合には、前訴で明示された部分だけでなく、残部債権まで債権全体について審理がなされ、それについて当事者が主張・立証を尽くしたことである（①）。そして、請求棄却（又は一部棄却）の判断は、請求の残部が存在しないとの判断であるとする点である（②）。ここから、残部債権不存在との判断に勝訴当事者（被告）（及び裁判所）の信頼が形成される結果、前訴で認められなかった残部の訴求は紛争（請求及び主張）のむし返しと評価されかつ被告の紛争解決の合理的期待に反する（前述③）ものとした。そうすると、信頼形成の前提である前述①、②の点が信頼形成を基礎づけるものかを検討する必要がある。

まず①の点であるが（この点は手続保障の理念の影響が色濃く出ている部分であるが）、こうした一部請求事案において当該事案の残部を含めた債権全体について当事者が主張立証を尽くしたといえるか疑問である。つまり、当事者は明示して訴求した部分と同程度に残部についても前訴で主張立証活動をなしたかと言いうるかとの疑問である。一部請求の場合には、事情は様々であるが、まずは明示して訴求した部分についての主張・立証に集中すると思われ、残部も含めた全体までとは主張立証活動の濃淡があると考えるのが通常と思われる。そうであれば。①の点は常には成り立たないと思われる

②の点は、①を前提とするが、そうであれば、請求棄却か否かは問題とはならないはずである（本判決の射程は判決主文から明らかになる請求棄却か一部認容の場合に限定されると解するのが一般的である）。例えば、一〇〇〇万円の債権のうち五〇〇万円を明示して請求する場合に、五〇〇万円の債権のみが存在し、残り五〇〇万円は存在しないと判断する場合には、全部認容判決になるが①部分が前提とされるならば、この全部認容の場合も、本件判決の論理上は、残部である五〇〇万円は存在しないとの判断を示すことにほかならないはずである。そして、全部認容の場合にも残部訴求がむし返しであるとか、紛争は解決されたと評価しうるためには、前訴の理由中の判断に拘束力を認

めない限り、正当化できないと思われるが、それは、相殺の抗弁以外には理由中の判断に拘束力を認めない現行法とは乖離してくる。

次に、本件事案において「紛争解決についての相手方の正当な信頼の形成」があると言えるかを検討する必要があろう。この点について、従前の判例理論に対する一般的理解からすれば、一部請求の明示は被告にとって紛争解決の合理的期待を抱かせるものでない。明示的一部請求が認められるということは、その認容、棄却にかかわらず、残部の訴求は許されるということであり、残部訴求の可能性は予見できるものである。前訴敗訴原告の残部訴求は禁反言的な意味にとれないはずである。したがって、本件における原告の残部訴求は被告にとって果たして紛争のむし返しといえるか疑問もなくはないのである。また、本件原審が、「本件訴訟が前件訴訟のむし返しであり、後訴人による本件訴訟の提起が信義則に反するとの特段の事情を認めるに足りる証拠はない」との旨を判示しているところをみると、当事者間での信義則違反と評価を下すことには疑問もなくはない。原審と最高裁の事実認定の判断(評価)が異なっているのである。信義則という一般条項の判断である以上、判断者によって結果が異なることは常に生じる現象であるが、それは信義則適用による後訴遮断という重大な不利益を受ける当事者にとっては「不意打ち判決」にほかならないのである。さらに、従来の議論からすれば、前述したように、原告による残部訴求の可能性について被告は予見できていたと言えそうである。それゆえ、被告は残部についての債務不存在確認の反訴を提起できたところである。こうした被告側の対応は問題にせず、原告の残部訴求は被告の合理的期待に反し、信義則に反するとする論理構成には疑問が生じる(確かに、本件事案では費用等の点で前訴において残部の債務不存在確認の反訴を提起することを要求することは被告にとっては酷かもしれないが、それでもって原告の残部訴求が信義則違反になるとするのには疑問が生じる。本書第一章もまた参照)。しかし、①、②の観点からいえば、原告の残部訴求は裁判所の判断にとって審理の経済的・効率的観点からすれば、まさにむし返しにほかならないとする評価もありえよう。またこうした読み込みができないとしても、①、②の観点を前提にすれば、請求権の同一性のある数量的金銭債権の一部請求の場合には、裁判所は「一般的な形で」残部訴求を原則的に遮断できることを認めたことになるのではなかろうか。(70) そうであれば、本件判決は信義則による調整という形をとるものの、実質的には判決理由中の判断に原則拘束力を認めるものであり、結局は一部請求全面否定説に近づくものとの評価もでき、従来の既判力理論との整合性が問題となってくるように思われる。それは、判決理由中の判断に拘束力を認めたことになるのではなかろうか。さらに、「信義則」の形をとった一般的な拘束力を認めることが、そもそも適正かも検討すべきと思われる（本書第一章）。

また、本件の予備的請求の二たる不当利得返還請求に関しては、後訴において初めて出てきた法的観点であり、それゆえ、訴訟物は異なるといえる。しかし、この点につき、「Yに対して本件業務委託契約に基づく報酬請求権を有することを前提として報酬相当額の金員の支払を求める点においては変わりなく、報酬請求権の発生原因として主張する事実関係はほぼ同一であって、前訴及び本訴の訴訟経過に照らすと、実質的には敗訴に終わった前訴の請求及び主張のむし返しにあたる」とする。こうした本件判決の判断に関しては、前訴で当然に提出すべきであったのに、今更持ち出すことは公平でないという評価に基づくものとみるべきであろうという評価もある。(71) 確かに、近時の議論においては、訴訟物＝既判力の範囲という枠組は緩んできているといえる。しかし、本判決の論理は、訴訟物は違っても事実関係が同じであれば、信義則により後訴を遮断する余地を大きくするもので、(72) 信義則が独り歩きし、従来の既判力理論から大きくずれていく危惧が生じる。場当たり的な信義則適用に疑問を提示し、既判力論の中で遮断の本質に迫るべきとする主張(73)が唱えられる所以でもある。(74)

また、残部請求を遮断しない特段の事情とはいかなるものかも問題となってくるように思われる。この点については、後遺症に基づく損害賠償ケースがこれに該当するのではないかとの指摘もある。

次に、本件判決と従来の判例の整合性をどうみるかが問題となってくる。中野博士は、本件判決を従前の最高裁判例の延長線上に位置づけ、従来の判例は「被告に復次応訴の負担をかけるのが不当と認められる場合には、残部訴求を許さない」という点にその基調があり、本件判決はその趣旨の一つの新しい具体例を示したものにすぎないとし、また前訴における一部請求の「明示」を残部訴求の前提とする判例理論の基礎をなすものは、原告に対して、全部訴求まで進まず一部訴求にとどめる実際的必要への対応を図るとともに、被告に対して、復次応訴の煩を予見しそれを避けるために残部債務不存在確認の訴えまたは反訴を提起する機会を保障する、という考慮にあったとみなければならないとする。(75) しかし、前掲最高裁昭和三二年判決は、黙示の一部請求につき既判力で残部請求を遮断しており、この点だけみれば、判例変更があったともいえなくはない。ただ、前掲最高裁昭和三二年判決の場合には、実質的には信義則（禁反言）による遮断的な言い回しがあり、今日的には、信義則による説明で一貫性をもつことにもなろう。(76) こうした理解でいえば、本件判決を従前の後訴において信義則の適用を認める最高裁判例の延長線上に位置づけることができるように思われる。そして、判例理論としては、数量的金銭債権の一部請求の場合には、明示の場合にも請求が棄却されれば、原則信義則により残部訴求は却下されることになる。(77) この判決により今後、実務は数量的一部請求訴訟における敗訴原告の残部訴求は認められない方向に展開していくものと思われる。

しかし、一部請求についての従前の最高裁判例は信義則的な処理をしていたが、あくまで例外で、原則的な遮断を想定してはなかったのではなかろうか。しかも、最高裁平成一〇年判決は、数量的金銭債権の明示的一部請求訴訟において原告が敗訴した場合には、特段の事情を除き、原則的に原告残部訴求が排斥されるとした。本件判決をこのように理解すると、従前より一歩も二歩も踏み出したものとの評価も可能であろう。これが是認されるべきかが、まさに本稿での関心事である。その範囲を狭く考える従来の既判力論は、迅速な権利救済とかかる機会保障とのバランスをとったものであり、訴訟物が違えば、同一紛争でも異なる判断の可能性を認めていたのであった。原告敗訴の場合には、原告に再度の審理機会が保障されていると言えるのである。しかし、一部請求の場合には、利益衡量に基づく前述の学説の多くが指摘するように、問題の解決方法として従来の訴訟物＝既判力範囲の枠組みでは納得いく解決に遠く、その枠組みを緩めた解決が期待されているといえる。それゆえ、従来の議論は、既判力制度のあり方と関連してきたと言えるのである。[78] 換言すれば、従来の一部請求論と同様に、判例理論の評価は、既判力の客観的範囲の問題、つまり、判決理由中の判断に一般的な拘束力を認める余地があるか否かの問題に集約できそうである。しかし、一般条項たる信義則という道具概念を使った本件判決における調整は、判決効が有すべき法的安定性に欠けるものであり、一般的遮断効を有するべきではないと考える。

(注)

(69) 本件評釈として、山下郁夫・ジュリ一一四一号一七三頁、同・最判解民事篇平成一〇年度六〇二頁、上野泰男・ジュリ二五七号一二二頁、佐上善和・法教二二〇号一三二頁、酒井一・判例評論四八三号三〇頁、奈良次郎・法の支配一一三号九〇頁、山本・前掲民商（注(28)）一〇二五頁、井上・前掲リマークス（注(44)）一二三頁、山本克己・法教二九四号一二二頁、青木哲・法協一一八巻四号一四四頁、河野・前掲民訴判例百選（注(64)）一七二頁、松下淳一・民訴判例百選（第六版）一五六頁などがある。

(70) 山本・前掲民商（注(28)）一〇四一頁参照。佐上・前掲法教（注(69)）一三三頁は、本件判決の特徴は、①②の判示点にあるとする。また、本件判決の特段の事情が、本件原審判決のように信義則による遮断が特段の事情に該当するのではなく、信義則による遮断の例外が特段の事情という論理構成をとる点からも明らかとなるように思われる。なお、奈良・前掲法の支配（注(69)）九二頁以下は、本件判決は結果的には既判力の及ぶ客観的範囲の拡大を容認としたとする。私見も基本的は同じ認識に立ち、既判力論からのアプローチが必要と考える。

(71) 井上・前掲リマークス(注(44))一二六頁。最高裁昭和五一年判決の枠組み(本書第一章)につながるものということである。

(72) 佐上・前掲法教(注(69))三二三頁は、本件のこの部分の説示は、請求の原因とされた事実が前訴と再訴で同一である場合には、一般的には残額請求が困難であることを示唆していると指摘する。そして、続けて、前訴と残部請求部分について審理を切り離せる例外的な場合でなければ残額請求は困難となるであろうとする。なお、山本・前掲民商(注(28))一〇四九頁は、独自の訴訟物の把握から訴訟物は同一であり、予備的請求の二は既判力により遮断されるとする。

(73) 井上・前掲リマークス(注(44))一二六頁。

(74) 山本・前掲民商(注(28))一〇四三頁、佐上・前掲法教(注(69))一三三頁。

(75) 中野・判タ一〇〇八号五四頁。また、酒井・前掲評論(注(52))一九三頁は、判例の立場は、請求の趣旨における明示を求めるものではなく、実は柔軟に明示の有無を解釈する傾向が窺われ、それが残部請求の後訴を許すための、あとづけの理由として利用されている感を拭えないとする。上野・前掲ジュリ一(注(69))二四頁は、判例の立場を、明示の一部請求を認めつつ、同時にできるだけその一部請求訴訟を通じて、債権全体をめぐる「紛争」の一回的解決がはかられようとしていると見なければならないとして、従来の判例の理解の修正を主張する。

(76) 山本・前掲民商(注(28))一〇四五頁参照。すでに、判例の明示の有無の基準は実は禁反言の思想に基づくものだとの指摘もなされていた(楠本安雄「示談と事情変更」判タ二一二号(一九六七)一八七頁)。注(63)も参照。

(77) 明示の場合で全部認容の場合は、判例は出てないが、残部訴求は認められることになると推測される。令和三年四月一六日裁判集民事二六五号一二九頁も参照(本書第一章参照)。

(78) 残部請求が認められることは、被告の応訴負担ばかりでなく、原告勝訴の場合には、とくに被告側にもう一度審理の機会が保障されることであり、必ずしも被告が全面的に不利な状況になるわけではないということもできる。

五　小　括

以上のように、様々な考えが提示された一部請求論は錯綜したままである。民事訴訟の基本原則である処分権主義に基づく限り、原告側の一部訴求が適法である点は揺るがない。それゆえ、残部訴求は適法であるとする残部請求肯定説の立場が基本的には適切であると思われるが、請求可能性、請求範囲などが不確定な残部訴求に対応する被告側の負担を考慮すると、当事者公平の観点から残部訴求を無制限に許容する立場も妥当と言えるか疑問がないわけではない。むしろ、この当事者公平の観点からは、明示された一部請求と明示されていない一部請求を分けて、明示された一部請求の場合には、その明示部分が訴訟物となり、その部分のみに既判力が生じるとした判例理論は、原告の権利分割行使の自由を保障しつつ、被告の応訴の煩や紛争落着に対する合理的期待の保護に着目したバランスの取れた理論と評価できよう。問題は、残部訴求の許容についてである。

この点につき、判例は、最高裁昭和五一年判決を出発点として信義則による紛争のむし返し禁止という形で訴訟物の枠を超えた判決効を認める方向へ向かい、明示的一部請求棄却における残部訴求をむし返しと評価し、信義則による請求を遮断した最高裁平成一〇年判決が登場した。今日の学説の趨勢は、この信義則による後訴訴求の遮断（信義則による請求又は主張の遮断）を支持する立場と、既判力論を再構築して既判力の遮断効による後訴訴求の遮断を認める立場に大別できるが、これらの立場はいずれも、後訴から回顧的に前訴過程を評価する立場であり、理由中の判断に拘束力を認めるものであると言えよう。戦後の民訴法学の歩みからみたとき、こうした学説・判例の展開は、紛争解決理念と手続保障理念の交錯した結果とみることができよう。これらの見解は、訴訟物の枠を超えた拘束力を認めることで紛争解決の範囲を拡張しようとする点（紛争の一回的解決又は統一的解決）では一致していると言えよう。この点において従来の既判力論からの離反である。

本稿では、このような後訴から回顧的に前訴過程を評価して前訴判決の拘束力の有無とその範囲を決定していく判例・学説（通説）の立場は、前訴過程の評価者（裁判官）によってその結果が変わる可能性を常に有する理論であり、法的安定性が求められる民事訴訟の判決効のあり方としては採用すべきではないという主張を展開した。とくに信義則による後訴訴求遮断を積極的に評価することは、訴権の遮断にほかならず、しかもそれが訴権の濫用による後訴遮断に謙抑的な判例の姿勢（本書第一章）と齟齬している点で問題であると思われる。むしろ、当事者の意思に基づく訴訟物の特定により、既判力の範囲が訴訟の最初の段階から明確になる（実体法説（旧訴訟物理論）によれば、主張・立証責任の所在も最初から決まる）伝統的な考え方は、法的安定性が確保され、当事者に対する不意打ち判決を防止し、さらには審理対象の明確化と訴訟の促進に寄与するものである点で回顧的な判決効論より優れており、これに原則依拠すべきと考えるのである。また、訴訟物の流動性に対しては制度的には訴えの変更や反訴で、ある程度対応できると考える（不法行為訴訟については、本書本章第二節参照）。

第二節　不法行為訴訟と一部請求論

一　はじめに

本節は、不法行為訴訟における一部請求関係の近時の判例（基本的には最高裁判例）を題材にして、これらの判例が上記の既判力の範囲をめぐる学説上の議論との関係でどのように位置づけることができるか、判例が堅持する「訴訟物の範囲＝既判力の客観的範囲」という図式は今日的にはどのような意義を有するのか、とくに訴訟物特定の意義は何か、これらについて考察してみようというのが本節の目的である。一部請求論に関して、とくに数量的一部請求とその残部請求の可否に関しては、本章第一節で論じた。本節は、その後の判例の動向を踏まえ、第一節での考察に新たな観点の提示を試みたものである。

二　一部請求訴訟をめぐる判例理論の展開

ここでの考察の前提として、第一節の記述と重なってくるが、一部請求訴訟をめぐる判例理論の一般的展開を概観してみよう。そもそも、一部請求訴訟は何が問題であったのか。請求の一部訴求を認める点では、ほぼ一致しており、全面的否定説以外は、処分権主義との関係でこれを否定する見解はほとんどない。「一部請求論」は、一部請求を判断した判決の既判力が残部請求に対してどのような効果を及ぼすかといった問題を中心に議論を展開してきた。(1)

一　一部請求に関する判例理論の形成

この問題をめぐり、議論をリードしてきたのは判例である。判例は、すでに述べたように、一部請求訴訟においても「訴訟物の範囲＝既判力の客観的範囲」という図式を堅持してきたと言えるが、そこには、原告による一部請求であることの「明示」が重要な意義を有してきたのである。

判例は、まず、最判昭和三二年六月七日民集一一巻六号九四八頁(2)において、前訴において債権の分割を明示していない場合には全体が訴訟物となり、同一債権関係につき前訴で主張しなかった関係を後訴で主張することは既判力により遮断される旨を明らかにした(3)。続いて、判例は、最判昭和三四年二月二〇日民集一三巻二号二〇九頁において、一部請求と時効中断効（現在は「時効の完成猶予」の効果）の問題の処理に際して、「明示」による訴訟物の区画を打ち出してきた。つまり、一個の債権の数量的な一部についてのみ判決を求める旨を明示して訴を提起した場合、訴え提起による消滅時効中断の効力は、その明示した一部の範囲においてのみ生じ、残部には及ばないとするのである。残部についての時効は、拡張書面を裁判所に提出したときに中断することになる(4)。「明示」による訴訟物の特定は時効中断効を画することになったのである。そして、最判昭和三七年八月一〇日民集一六巻八号一七二〇頁(5)において、「一個の債権の数量的な一部についてのみ判決を求める旨を明示して訴が提起された場合は、訴訟物となるのは右債権の一部の存否のみであって、全部の存否ではなく、従つて右一部の請求についての確定判決の既判力は残部の請求に及ばないと解するのが相当である。」と判示し、明示により訴訟物が特定され、その特定された訴訟物についてのみ既判力が及ぶとし、その残部債権に基づく後訴請求には前訴判決の既判力は及ばないとしたのである。ここに、一部請求である旨の原告の「明示」により訴訟物は特定され、後は「訴訟物の範囲＝既判力の客観的範囲」という図式で処理するという判例理論、つまり「明示による訴訟物特定⇒既判力の範囲の特定」という図式が確立したといえるのである。「明示」をキーワードにしたこの判例理論に対しては、明示の有無が訴訟物を決定することになり、それにより既判力の範囲を異別に解釈する点において理論的に難点があるとの批判がある一方、この判例理論は原告の権利分割行使の自由を保障しつつ、被告の応訴の煩や紛争落着に対する合理的期待の保護に着目したバランスのいい処理方法として評価されており、学説の多数もこの理論構成を基本的に支持した。(6)

二　判例理論のゆらぎ

しかし、この判例理論は、一部請求と過失相殺及び相殺の抗弁との関係でゆらぎが生じることになる。それは、一部訴求事件で相殺の抗弁を認容する場合の消滅債権額の控除方法に関する判例の登場によってである。この問題については、従前から不法行為の被害者が損害賠償の一部請求をした場合における「過失相殺」との関係で問題となっていた。過失相殺をめぐる議論では、一部訴求額について過失相殺を考える按分説（過失相殺を一部請求額と残額それぞれについて行うとする見解）、訴訟において認定された実損害額について過失相殺し、それを一部請求額から控除する外側説、さらに、過失相殺分を訴求された一部請求額の内から充当する内側説の対立があった。(7)そうした中、一部請求と過失相殺との関係で、最判昭和四八年四月五日民集二七巻三号四一九頁は、当事者の意思にそうという理由づけで外側説を採用したのである。既判力を一部請求に限定した上記判例理論との整合性からは、内側説に傾くと思われるが、外側説を採ったことにより、明示により特定された訴訟物は、その枠を越えて全体が審理の対象となり、訴訟物特定の機能はこの議論の局面ではその意義が薄れていくことになった。その後、最高裁は、この過失相殺での考え方を一部請求における相殺の抗弁との関係にも推及し、またも外側説を採用したのであった。最判平成六年一一月二二日民集四八巻七号一三五五頁である。(8)外側説側では、紛争解決機能の点が強調される。つまり、外側説によらないと、原告は抗弁提出によりこれに応じて請求の拡張をせざるを得ず、請求を拡張しないまま被告の抗弁が認められ、一部訴求が棄却されると、原告としては一部訴求した意味を失い、残部訴求を必要的とし、全体としての紛争解決には適当でないとするのである。また、被告の応訴負担、審理対象と既判力対象は異なるといった点も主張されている。[9] 外側説が説得力を有してくるのは、残部訴求の可否について否定説を採る場合であろう。しかし、この平成六年判決も、「相殺の抗弁により自働債権の存否について既判力が生ずるのは、請求の範囲に対して「相殺ヲ以テ対抗シタル額」に限られるから、当該債権の総額から自働債権の額を控除した結果残存額が一部請求の額を超えるときは、一部請求の額を超える範囲の自働債権の存否については既判力を生じない」として「訴訟物の範囲＝既判力の客観的範囲」という図式は堅持していた。[10]

三　判例理論の変容

そのような中で、上記図式を形式的には維持しつつも、既判力の範囲の調整を事実上行ったと思われる最判平成一〇年六月一二日民集五二巻四号一一四七頁[11]が登場する。この判例については、第一節で取り上げたので、詳述はしないが、以下の特色を指摘できよう。まず、⑴明示的一部請求であっても、残部請求が遮断される場合があるとした点、⑵残部請求の遮断を、信義則を適用して行った点、⑶信義則適用に際して、審理の対象が訴求債権全体であり、その範囲において両当事者は主張、立証を尽くしており、後訴は原告による請求、主張の蒸し返しであるとの評価、前訴による紛争解決に対する被告側の期待、被告応訴の負担が考慮されている点、である。⑴の点は、「明示」による訴訟物特定は残部請求の遮断の是非（判決の遮断効の範囲）についての決定的要素ではないことを意味してくる。⑵の点がこの解釈を確定させる。⑵の点は、従来の「明示による訴訟物特定⇒既判力の範囲の特定」という図式を形式的には維持したうえで、信義則による後訴の遮断範囲の調整を行ったと評価できよう。この点は、「訴訟物の枠を超えた既判力の範囲の調整」という観点から判例を眺めたときに、前述の信義則を適用した最高裁昭和五一年判決以降（第一章参照）の判例に流れの中にあるものと評することはできよう。⑶の点は、少なくとも数量的一部請求訴訟については相殺との関係でなされた前期最高裁平成六年判決等で示された審理の対象範囲が債権全体に及ぶことを踏襲し、その上で、信義則による後訴の遮断範囲の調整を行っていると言えよう。つまり、金銭債権の数量的一部訴訟では予め定型的に当該債権全体が審理対象となることが前提であって、それに加えて訴訟過程を回顧的に評価したうえで信義則の適用を行っているものと評することができよう。この意味において、当事者間の公平性から回顧的に主張を遮断してきた従来の信義則の適用とは異なってくる。[12] それゆえ、平成一〇年判決は、信義則による紛争解決範囲の調整という形はとるものの、実質的には判決理由中の判断に原則拘束力を認めたものとの評価も可能であると思われる。[13] そうであれば、この最高裁平成一〇年判決は、事実上「訴訟物の枠を超えた既判力の範囲の調整」を行い、残部訴求遮断の拘束力を認めた形となっている。他方、それは手続過程の当事者の行為を判決の遮断効の範囲決定要素としていこうとする前述した学説における既判力の遮断効論とも関連してくると言えよう。

（注）

（1）　一部請求をめぐる問題についての議論を鳥瞰するものとして、畑瑞穂「一部請求と残部請求」伊藤眞＝山本和彦編・〔ジュリスト増刊〕民事訴訟法の争点（有斐閣・二〇〇九、以下「争点」）一二〇頁以下など参照のこと。

（2）　本件評釈として、第一節（注（62））に挙げた評釈など参照。

（3）　なお、判例では、大判昭和一八年五月三日法学一二巻九九九頁ですでに残額には既判力は生じないとしていた。

（4）　この点につき、最判昭和四三年六月二七日裁判集民事九一号四六一頁参照。また、その後も、一部請求と時効中断効（時効の完成猶予の効果）の関係では、最判昭和四二年七月一八日民集二一巻六号一五五九頁、前記同四三年判決でこの枠組みは維持される。こうした時効中断効についての考え方は、時効中断効は訴訟物について訴訟係属の効果であるという見解を前提に、大判昭和四年三月九日民集八巻一九九頁から採られていた。そして、最判昭和四五年七月二四日民集二四巻七号一一七七頁は、その旨の明示がない場合には、債権の同一性の範囲内においてその全部に時効中断効が及ぶとした。裁判上の請求によって時効中断効が生じるのは、訴訟物が判決で公権的に判断されることにより時効の基礎が破壊されると解するからであり、訴えの取下げや却下により訴訟物についての判断がなされない場合には時効中断の効力は生じない（民一四九条）ことなどを考慮したものであると思われる。もっとも、この時効中断効の範囲についても学説は多岐に分かれている。この問題は本稿では立ち入らない。また、本章第一節（注（65））を参照。

（5）本件の評釈として、第一節（注（64））参照。

（6）江藤价泰「一部請求と残部請求」三ヶ月章＝青山善充編・〔ジュリスト増刊〕民事訴訟法の争点（新版）（有斐閣・一九八八）一八六頁、林屋礼二・新民事訴訟法概要（第二版）（有斐閣・二〇〇四）六七頁、小林秀之・プロブレム・メソッド新民事訴訟法（判例タイムズ社・一九九七）九三頁など参照。

（7）さしあたり、木川統一郎＝島本吉規「一部請求の訴えにおける過失相殺の取扱いについて」判タ九〇六号（一九九六）四〇頁など参照。

（8）最高裁平成六年判決は、「一部請求は、特定の金銭債権について、その数量的な一部を少なくともその範囲においては請求権が現存するとして請求するものであるので、右債権の総額が何らかの理由で減少している場合に、債権の総額からではなく、一部請求の額から減少額の全額又は債権総額に対する一部請求の額の割合で案分した額を控除して認容額を決することは、一部請求を認める趣旨に反する」という理由で外側説を採った。しかし、最高裁の採った外側説に対しては、①一部請求の趣旨は、多様であって最高裁のように一義的に判断できない点、②訴訟物は一部請求分であり、訴訟物を構成しない部分に攻撃防御を尽くしても訴訟上意味はなく、外側説では攻撃防御の対立構造になじまない点（梅本吉彦・平成六年重要判例解説一二一頁参照）、③時効中断効や既判力、執行力は訴求された債権にしか及ばず、債権総額から審理判断しなければならないとする外側説は論理的に整合しない、④被告に相殺を充当すべき債務の指定権がある点（木川統一郎＝北川友子・最判平成六年判例解説・判タ八九〇号二二頁参照)、⑤過失相殺の主張(権利障害事由)と相殺の抗弁(権利消滅事由)は必ずしも両者を同様に考える必要はなく、むしろ、過失相殺での外側説をとると、反対債権の額によっては、相殺の抗弁が外側で使い果たされ、訴求されていない請求権部分についてのみ相殺の抗弁の効果が認められ、抗弁の機能を果たさないという結果にもなりうる点など批判点が挙げられている。

(9) 議論の詳細は、中野貞一郎「一部請求論の展開」民事訴訟法の論点Ⅱ(判例タイムズ社・二〇〇一)一〇〇頁以下など参照。

(10) このような論理構成の問題点として、さしあたり新堂幸司「審理方式からみた一部請求論の展開」佐々木吉男先生追悼論集・民事紛争の解釈と手続(信山社、二〇〇〇)七頁以下など参照。

(11) 第一節(注(69))参照。

(12) この点については、勅使川原和彦「一部請求と隠れた訴訟対象」早稲田法学七五巻三号(二〇〇〇)二五頁参照のこと。

(13) むしろ、一部請求論においては一部請求全面否定説に近づくものと思われる。この点に関しては、第一節参照。

三　不法行為訴訟における判決確定後の追加請求に関する議論の展開

近時の一部請求をめぐる判例では、このように、「明示による訴訟物特定⇓既判力の範囲の特定」という図式を「形式的に」は維持しつつも、その実質には大きな変容が生じてきているように思われる。「訴訟物の枠を超えた既判力の範囲の調整」という観点からみて、その傾向がより特徴的であり、かつ興味深い傾向を示しているのが、近時の不法行為訴訟における一部請求論を用いた一連の判例である。

一　最判昭和四二年七月一八日民集二一巻六号一五五九頁

不法行為訴訟において一部請求論が「訴訟物の枠を超えた既判力の範囲の調整」の観点にまず関連してくるのが、後遺症請求をめぐる最高裁昭和四二年判決である。(14)

事案の概略は、以下に示すとおりである。すなわち、Xは、Yの子と喧嘩となり、自宅に逃げ帰ろうとした際に、Yの所持保管していた硫酸入りのかめに突き当たり、流出した硫酸を浴びて足に火傷を負い、後遺症として右足間接部に硬直を来たした。そこで、Xが、Yに対して、治療費、慰謝料、逸失利益を求める損害賠償訴訟を提起した。慰謝料のみを認定する判決が確定した。訴訟中、Xの後遺症は徐々に悪化し、この前訴の口頭弁論終結後、Xは二回にわたって入院手術を受けたが完治しなかった。その後、Xは、Yに対して、入院加療に要した治療費を求めて損害賠償請求を提起した（後訴）。主に時効中断効の範囲が問題となった事案でもあるが、後訴における損害賠償請求は前訴の確定判決によって遮断されるかが論点となった事案である。この事案において、最高裁は、次のように、判示した。

「一個の債権の一部についてのみ判決を求める旨を明示して訴が提起された場合には、訴訟物は、右債権の一部の存否のみであつて全部の存否ではなく、従つて、右一部の請求についての確定判決の既判力は残部の請求に及ばないと解するのが相当である（当裁判所昭和三五年（オ）第三五九号、同三七年八月一〇日言渡第二小法廷判決、民集一六巻八号一七二〇頁参照）。ところで、記録によれば、所論の前訴（東京地方裁判所昭和三一年（ワ）第九五〇四号、東京高等裁判所同三三年（ネ）第二五五九号、第二六二三号）におけるXの請求は、X主張の本件不法行為により惹起された損害のうち、右前訴の最終口頭弁論期日たる同三五年五月二五日までに支出された治療費を損害として主張しその賠償を求めるものであるところ、本件訴訟におけるXの請求は、前記の口頭弁論期日後にその主張のような経緯で再手術を受けることを余儀なくされるにいたつたと主張し、右治療に要した費用を損害としてその賠償を請求するものであることが明らかである。右の事実によれば、所論の前訴と本件訴訟とはそれぞれ訴訟物を異にするから、前訴の確定判決の既判力は本件訴訟に及ばないというべきであり、原判決に所論の違法は存しない。所論は、独自の見解に基づき原判決を非難するものであって、採用することができない。」

この判決の結論自体については、被害者の救済の必要性から、どの立場であっても是認している。問題は、判例がこの事案を一部請求論の枠組みを使って、被害者（X）の救済を図った点、つまり、一部請求理論を用いて後遺症による追加請求を許容した点である。この点について、学説の批判は大きい。判例のこの帰結には、予期しなかった後遺症に苦しむ被害者を救うという実質論が先行し(15)、そのための理由づけとしてどのような論理構成が可能かを検討した帰結と思われる。被害者救済のためには、上記Xに既判力が及ばないとの帰結に至る必要がある。しかし、判例は、その前提として、民法七〇九条が「生じた損害」と規定していることから、損害については不法行為時にすでに発生した損害と考えるべきとしていると思われる、つまり、「事故時に全損害が発生する」というドグマの存在があったのである。さらに、「訴訟物の範囲＝既判力の客観的範囲」という図式の存在である。まずこの枠組みを堅持する限り、後訴における後遺症の追加請求は既判力により遮断される。そこで、既判力により遮断されない論理構成は何かという点が考慮されたのである(16)。

まず、後遺症による損害は口頭弁論終結後の発生という見方がある。時的限界論であり、後遺症発生を基準時後の事由と考える立場である。つまり、訴訟物は同一であるが、後遺症は前訴基準時前には生じていない、基準時後の新事由であるとする立場である。前訴で予見できなかった損害は別個の新たな損害と考えるのである。しかし、後発後遺症であれ、不法行為時にすべての損害が発生しているとする実体法的命題に基づく限り、基準時後にその存在に気づいたとしても、その知・不知を問わず、また知らなかったことについての過失の有無を問わず基準時前の事由は既判力により遮断されるとする伝統的理論とは、調和しない。最高裁には既判力の時的限界による理由づけは難しいとの判断があったものと思われる。この点に判例が後遺症事案で既判力の時的限界論による被害者救済をとらなかった要因が存する、と言って過言ではなかろう。

また、その後に生じた事由に基づく実体法上別個の請求権として訴訟物が異なるという考えもある。これは、前訴請求と後遺症による後訴請求は請求根拠事実を異にする別個の訴訟物であり、前訴判決の既判力により妨げられないとする立場である。[17] 訴訟物が異なるとの判断による理由づけも、同一の不法行為に基づく同一人に対する損害賠償請求権である限り、不法行為に基づく損害賠償請求訴訟の訴訟物を細分化できるかの問題が残る。判例は、最判昭和四三年四月一一日民集二二巻四号八六二頁において身体損害を理由とする慰謝料請求権と生命侵害を理由とする慰謝料請求権では、同一の原因事実に基づく場合であっても被侵害権利を異にするから訴訟物に同一性はないと判断しているが、その趣旨をこの事案に当てはめることも難しい。最高裁自体、その後、前掲昭和四八年判決において、「同一事故により生じた同一の身体障害を理由とする財産上の損害と精神上の損害とは、原因事実及び被侵害利益を共通にするものであるから、その賠償の請求権は一個であり、その両者の賠償を訴訟上併せて請求する場合にも、訴訟物は一個であると解すべきである」とし、被害者の利益が共通する場合の訴訟物の細分化を否定した。旧訴訟物論を採用し、不法行為に基づく損害賠償訴訟の訴訟物は一個とする上記判例の立場からは、訴訟物は異なるとする見解はとれなかったのである。[18] そして他方で、前記「訴訟物の範囲＝既判力の客観的範囲」という図式を維持する限り、被害者救済のためには訴訟物を別個とする構成が不可欠であり、そこで、一部請求論を援用し、訴訟物は別個と解する構成をとったのであろう。つまり、口頭弁論終結当時予測できなかった後遺症による損害に基づく請求は前訴で主張・立証することができない請求である点で、「明示」されたものと同視できると考えたものと思われる。

しかし、この判例の理論構成には批判も大きい。後遺症に基づく追加請求である以上、そもそも前訴において残部請求は想定されないものであり、非現実的な構成というのである。[19] また、上記不法行為時全損害発生というドグマは、後遺症などの予測外治癒や幼児被害者の逸失利益などについての将来損害の算定において、論理的亀裂が生じてくる。将来損害の算定は、将来の生存と収入というフィクションの上に立ち、しかも社会的、経済的変動という不確定要因の予測を放棄した形で決められていた。つまり、病気も、失業も、破産もない幸福な人生を擬制したうえで、算定されてきたのである。さらに、前訴での「明示」を想定することも、またフィクションの上に立つことになる。

そこで学説では、期待可能性により調整を考える立場が登場してくる。前訴で主張しなかったことに期待可能性がない場合には、既判力で遮断されることはないとする理論構成である。これは、後遺症の場合には前訴で気づかないのが通常であり、まさに期待可能性がないのであるから既判力で遮断されないとするものである。[20] この見解に対しては、(ア)期待可能性をどのような基準で判断するのかについて一般的基準を立てることができないこと、(イ)紛争解決について相手方の利益を考慮しなければならないこと、(ウ)事実及び証拠の収集手段の拡充によって解決されるべき問題であること、(エ)刑事上罰する行為によって攻撃防御方法を提出できない場合にも再審によらざるをえないこととの比較などの批判がある。[21] 訴訟物概念を分析し、行為規範としての訴訟物（警告機能の局面、訴訟開始段階では訴訟物が判決効の基準となる）と評価規範としての訴訟物（判決効付与の局面、訴訟終了段階では当事者の手続保障など種々の考慮により判決効は決定され、訴訟物は唯一の基準ではない。ただ、通常は両訴訟物は一致するとする）との二つの訴訟物があることを主張し、後者の局面では、前訴手続の具体的経過を手続事実群として、これにより遮断効の範囲を調整しようとする見解[22]も基本的には、この立場とほぼ同様と言えよう。

以上の議論から、判例は後遺症事例における救済を一部請求論によったと言える。昭和四二年判決では、明示的一部請求の場合には当該明示部分のみが訴訟物となり、既判力は残部には及ばないとする判例（最判昭和三七年八月一〇日民集一六巻八号一七二〇頁）に依拠し、前訴基準時後に予想しえなかった再手術を余儀なくされたこのケースでこの論理を用いることにより、訴訟物が異なり、既判力が及ばないとされたのである。いわば、前訴での明示がなかった場合でも、明示を擬制していく構成をとるのである。

しかし、最高裁は、以下に示すように、この論理方式を将来の不法行為に基づく損害賠償請求の事情変更の場合にも援用するのである。

二　最判昭和六一年七月一七日民集四〇巻五号九四一頁

最高裁が一部請求論を援用して将来の不法行為に基づく損害賠償請求の判決確定後の事情変更による追加請求を認めたのが、最判昭和六一年七月一七日民集四〇巻五号九四一頁である。[23] 事案の概要は、次のようなものであった。仮換地処分によりA土地の使用収益権を取得したXがA土地にまたがる建物を所有し、A土地を不法占拠しているYに対して、建物収去明渡請求及び明渡済みまでの賃料相当損害金の請求訴訟を提起し、勝訴した（前訴）。しかし、その後もYは不法占拠を続け、他方、前訴口頭弁論終結後、消費者物価の上昇、土地価格の著しい高騰、固定資産税等の増大などがあり、また周辺の地域整備が完了し、駐車場の利用客が増大している状況が生じた。そこで、Xは、Yに対して、前訴判決確定から明渡済みまでの間、駐車場として利用することによる得べかりし利益と前訴判決認容額の差額分について追加請求した事案である。この事案につき、最高裁は次のように判示した。

「従前の土地の所有者が仮換地の不法占拠者に対し仮換地の使用収益を妨げられていることによって受ける損害の賠償を求める請求権は、通常生ずべき損害及び特別事情によって生ずる損害を通じて一個の請求権であって、その履行を求める訴えにおいて、通常損害と特別損害のいずれか一方についてのみ判決を求める旨が明示されていない場合には、たとえ請求原因としてはその一方のみを主張しているにとどまるときであつても、一部請求であることが明示されているのと同視しうるような特段の事情の存在しない限り、これに対する判決の既判力は右請求権の全部に及び、新たに訴えを提起して、右請求を一部請求であつたと主張し、他の一方の損害の賠償を求めることはできないものと解するのが相当である。そして、この理は、右請求がすでに発生した損害の賠償を求めるものであるか、将来継続的に発生すべき損害の賠償を将来給付の訴えにより請求するものであるかによつて差異を生ずるものではない。」

「従前の土地の所有者が仮換地の不法占拠者に対し、将来の給付の訴えにより、仮換地の明渡に至るまでの間、その使用収益を妨げられることによつて生ずべき損害につき毎月一定の割合による損害金の支払を求め、その全部又は一部を認容する判決が確定した場合において、事実審口頭弁論の終結後に公租公課の増大、土地の価格の昂騰により、又は比隣の土地の地代に比較して、右判決の認容額が不相当となつたときは、所有者は不法占拠者に対し、新たに訴えを提起して、前訴認容額と適正賃料額との差額に相当する損害金の支払を求めることができるものと解するのが相当である。けだし、土地明渡に至るまで継続的に発生すべき一定の割合による将来の賃料相当損害金についての所有者の請求は、当事者間の合理的な意思並びに借地法一二条の趣旨とするところに徴すると、土地明渡が近い将来に履行されるであろうことを予定して、それに至るまでの右の割合による損害金の支払を求めるとともに、将来、不法占拠者の妨害等により明渡が長期にわたつて実現されず、事実審口頭弁論終結後の前記のような諸事情により認容額が適正賃料額に比較して不相当となるに至つた場合に生ずべきその差額に相当する損害金については、主張、立証することが不可能であり、これを請求から除外する趣旨のものであることが明らかであるとみるべきであり、これに対する判決もまたそのような趣旨のもとに右請求について判断をしたものというべきであつて、その後前記のような事情によりその認容額が不相当となるに至つた場合には、その請求は一部請求であつたことに帰し、右判決の既判力は、右の差額に相当する損害金の請求には及ばず、所有者が不法占拠者に対し新たに訴えを提起してその支払を求めることを妨げるものではないと考えられるからである。

しかしながら、本件の場合、昭和五四年二月一日から同五五年三月三一日までの間については、原審の適法に確定した前示事実関係のもとにおいては、前訴事実審口頭弁論終結の日である昭和五三年四月一二日からはもとより、前訴における認容額の始期とされた同五二年一月一日からみても、その間の時間的経過に照らし未だ前訴認容額が不相当となつたものとすることはできないから、前訴事実審口頭弁論終結後に前訴認容額が不相当となつたことを理由とする被上告人の請求は失当として棄却すべきものである。」

この判例の結論自体については肯定的な見解がほとんどである。しかし、この最高裁判例の理論構成についても批判が多い。基本的疑問となったのは、前訴と後訴での不法行為に基づく損害の態様は同じであり、ただ損害額の算定基準が異なるに過ぎず、前訴の口頭弁論終結時における損害額の査定はその時利用可能であった算定基準を適用し、全部請求を認容した点である。このことは、こうした事案では、そもそも残部は想定できないということを意味しているのである。(24) また、判例が追加請求を認容したのは、建物収去明渡しの期待ができない、つまり、強制執行ができないことを前提に、増額が必要な状況となった点に実質的要素があるとされ、(25) 一部請求に帰するのは、従来の理論との整合性をとるための擬制的認定判断と評されている。(26) 昭和四二年判決の理論構成についての批判である「前訴において残部請求は想定されないものであり、非現実的な構成という」点は、この昭和六一年判決が「将来、不法占拠者の妨害等により明渡しが長期にわたつて実現されず、事実審口頭弁論終結後の前記のような諸事情により認容額が適正賃料額に比較して不相当となるに至つた場合に生ずべきその差額に相当する損害金については、主張、立証することが不可能」としている以上、この判決でも当てはまるのである。また、昭和四二年判決と同様に、この点において、判例は「明示」と同視できると解したものと思われる。

このように最高裁昭和六一年判決をめぐっては議論が展開されたが、現在では、平成一五年改正の民事執行法改正により間接強制が拡張されたことでこの判決（明渡しまでの賃料相当額の損害賠償請求部とその増額請求）はほぼその役割を終えたと思われる。この改正で、民事執行法一七三条は、同一六八条一項（不動産明渡執行）において間接強制による執行を可能にした。不動産の明渡しの債務名義に基づき強制執行をする場合に、間接強制が認められることになったのである。これにより、「将来、不法占拠者の妨害等により明渡しが長期にわたって実現されず、事実審口頭弁論終結後の前記のような諸事情により認容額が適正賃料額に比較して不相当となるに至った場合」には、民事執行法一七二条二項による事情変更の対応に基づき間接強制金の額を変更可能となる。その結果、将来の事情変更による損害額の追加請求は、強制金額の変更により事実上実現されると思われる（民執一七二条四項参照）。したがって、この判決のように非金銭執行が想定される事案では、後訴自体も必要なく、既判力の問題も生じない、ただ執行（権利実現）の局面での調整により紛争は処理されることとなると言えよう。

三　最判平成二〇年七月一〇日裁判集民事二二八号四六三頁

このように、不法行為訴訟において事情変更による後訴の追加請求を一部請求論を援用して認める判例理論（前記昭和四二年判決及び昭和六一年判決）は、学説上はあくまでも過渡期の理屈づけにすぎないとの評価でしかなかった(27)。しかし、その後も判例はこの論理構成を維持する。ここで取り上げるのが最判平成二〇年七月一〇日判時二〇二〇号七一頁（裁判集民二二八号四六三頁）(28)とその後に続いた福岡高判平成二一年七月七日判タ一三二四号二六九頁である。これらは、後述するように、従来の思考方法（論理構成）とは異なる傾向にあり、訴訟物に囚われない既判力の範囲決定という観点からみると、興味深い論理構成をとっているように思われるのである。

まず、最高裁平成二〇年七月一〇日判決である。この判決の事実関係の概要は以下のように簡略化すること（損害額の端数は切り捨て）ができよう。

この事案では、Yが民法二四八条による償金請求権（以下「本件償金請求権」という。）を被保全権利としてX_1、X_2をそれぞれ債務者とする仮差押命令の申立てをし、各仮差押命令を得て、その執行をした。その後、Yは、本件償金請求権に基づき、X_1らに対して訴訟（以下「前事件本訴」という。）を提起した。これに対し、X_1らは、同年五月一九日、本件償金請求権は存在せず、本件仮差押命令の申立ては違法であると主張し、それぞれ、Yに対し、不法行為に基づく損害賠償として、本案の起訴命令の申立て及び前事件本訴の応訴に要した弁護士費用相当額二五〇万円及びこれに対する遅延損害金の支払を求める反訴（以下「前事件反訴」という。）を提起した。前事件については、Yは、本件土地が道路用地としてK県により買収される予定であることを知り、補償金目当てにX_1らの土地につき本件賃貸借契約を締結して本件樹木を植栽し、補償金が得られないと知るや一転して巨額の償金請求を行うなどしており、本件償金請求権の行使は権利の濫用であるとして、Yの本訴請求は棄却され、X_1らの反訴請求については、本件償金請求権の行使は権利の濫用に当たり許されないものであるから、被保全権利を欠く本件仮差押命令の申立ては違法であり、Yに過失も認められるとして、弁護士費用相当額の損害各五〇万円及びこれに対する遅延損害金の支払を求める限度で認容された。他方、X_1らは、本件仮差押執行のために本件買収金の支払が遅れたことによる遅延損害金相当の損害賠償を求める本件訴訟を提起した事件である。

この判例で論点となったのは、本件訴訟に係る損害賠償請求権と前事件反訴に係る損害賠償請求権とは、いずれも違法な保全処分に基づく損害賠償請求権という一個の債権の一部を構成するものであるが、X_1らの反訴請求は不法行為による損害の一部であることを明示していたとは認め難い場合に、X_1らの本件請求は、前訴既判力により遮断されるかという点である。この点につき、最高裁平成二〇年判決は、以下のように判示した。

「（1）X_1が本件訴訟で行使している本件仮差押執行のために本件買収金の支払が遅れたことによる遅延損害金相当の

損害（以下「本件遅延金損害」という。）についての賠償請求権と、X_1らが前事件反訴において行使した本案の起訴命令の申立て及び前事件本訴の応訴に要した弁護士費用相当額の損害（以下「本件弁護士費用損害」という。）についての賠償請求権とは、いずれも本件仮差押命令の申立てが違法であることを理由とする不法行為に基づく損害賠償請求権という一個の債権の一部を構成するものというべきであることは、原審の判示するとおりである。

（2）しかしながら、X_1らは、前事件反訴において、上記不法行為に基づく損害賠償として本件弁護士費用損害という費目を特定の上請求していたものであるところ、記録（前事件の第一審判決）によれば、X_1らは、このほかに、Yが、本件仮差押執行をすれば、X_1らにおいて長期間にわたって本件樹木を処分することができず、その間本件買収金を受け取れなくなるし、場合によっては本件土地が買収予定地から外される可能性もあることを認識しながら、本件仮差押命令の申立てをしたもので、本件仮差押命令の申立ては、X_1らによる本件土地の利用と本件買収金の受領を妨害する不法行為であると主張していたことが明らかである。すなわち、X_1らは、既に前事件反訴において、違法な本件仮差押命令の申立てによって本件弁護士費用損害のほかに本件買収金の受領が妨害されることによる損害が発生していることをも主張していたものということができる。そして、本件弁護士費用損害と本件遅延金損害とは、実質的な発生事由を異にする別種の損害というべきものである上、前記事実関係によれば、前事件の係属中は本件仮差押命令及びこれに基づく本件仮差押執行が維持されていて、本件仮差押命令の申立ての違法性の有無が争われていた前事件それ自体の帰すうのみならず、本件遅延金損害の額もいまだ確定していなかったことが明らかであるから、X_1らが、前事件反訴において、本件遅延金損害の賠償を併せて請求することは期待し難いものであったというべきである。さらに、前事件反訴が提起された時点において、Yが、X_1らには本件弁護士費用損害以外に本件遅延金損害が発生していること、その損害は本件仮差押執行が継続することによって拡大する可能性があることを認識していたことも、前記事実関係に照らして明らかである。

（3）以上によれば、前事件反訴においては、本件仮差押命令の申立ての違法を理由とする損害賠償請求権の一部である本件弁護士費用損害についての賠償請求権についてのみ判決を求める旨が明示されていたものと解すべきであり、本件遅延金損害について賠償を請求する本件訴訟には前事件の確定判決の既判力は及ばないものというべきである（最高裁昭和三五年（オ）第三五九号同三七年八月一〇日第二小法廷判決・民集一六巻八号一七二〇頁参照）。」

この平成二〇年判決は、まず不法行為に基づく損害賠償請求は損害項目が異なるにもかかわらず、訴訟物は一個であることを前提とする。この点は、従来の判例の立場を踏襲するものである。そして、本件事案では一部請求であることが明示されていなかった。しかし、判例は本件が明示の一部請求であったと認定し、後訴請求についての前訴の既判力が及ばない旨を判示している。本判決が明示的一部請求と認定した根拠は、①請求権の性質（「本件弁護士費用損害と本件遅延金損害とは、実質的な発生事由を異にする別種の損害というべきものである」）、②原告の意思（「前事件反訴において、上記不法行為に基づく損害賠償として本件弁護士費用損害という費目を特定の上請求していた」、「X_1らは、既に前事件反訴において、違法な本件仮差押命令の申立てによって本件弁護士費用損害のほかに本件買収金の受領が妨害されることによる損害が発生していることをも主張していたものということができる。」）、③後訴請求の前訴での主張の期待可能性（「前事件の係属中は本件仮差押命令及びこれに基づく本件仮差押執行が維持されていて、本件仮差押命令の申立ての違法性の有無が争われていた前事件それ自体の帰すうのみならず、本件遅延金損害の額もいまだ確定していなかったことが明らかであるから、X_1らが、前事件反訴において、本件遅延金損害の賠償を併せて請求することは期待し難いものであったというべきである。」）、④被告の後訴請求の予見可能性（「前事件反訴が提起された時点において、Yが、X_1らには本件弁護士費用損害以外に本件遅延金損害が発生していること、その損害は本件仮差押執行が継続することによって拡大する可能性があることを認識していた」）という要素の考慮に基づき、前訴は明示的一部請求であるとした。

前記昭和四二年判決及び昭和六一年判決と比べると、原告が前訴で一部請求である旨を明示したわけではない点は同一である。また、①の点においては、昭和四二年判決とは共通性を有してくるが、昭和六一年判決とは異なってくる。また、両判決は、そもそも後訴の請求可能性をまったく想定できなかった場合である。これに対して、この平成二〇年判決では、最高裁は前訴で後訴の請求可能性を想定できた旨の判断をしている。そして、それは原告の意思でもあったとする（②）。ただ、前訴でそれを主張する可能性がなかった（③）場合であり[29]、両判決とは異なる状況といえよう。

　本件判決を「明示」の解釈（明示の有無の判定）が問題となった判例と解することもできようが[30]、それだけであろうか。一部請求を残部があることを原告が認識している場合とする立場からすれば[31]、「明示」の解釈にとって、②の事由だけでも有無の判断は可能であろう。①、③、④の事由は明示の解釈にとって必要的であろうか。①は、昭和四二年判決を見る限り、既判力の遮断効から外すべく、訴訟物は異なると解する方向に傾く一つの要素となるであろう。③は、訴訟物が当事者に攻撃防御の目標を示す機能を有することを強調すれば、訴訟物は別個と考えていい方向を支える要素となってくる[32]。④は、明示が被告の防御可能性の確保にあることを前提とすれば、明示を回顧的に認めても問題は生じないことになる。逆に、原告による明示の有無は重要ではないことになる。

　そうすると、ここで挙げた①〜④の要素はどのような意義を有するのであろうか。注目すべきは、訴訟主体間の利益状況である。残部請求を認めるか否かに伴う原告側、被告側、裁判所側の利益状況とここでの考慮要素は重なってくるのである。①は矛盾抵触する判断に至らない要因と言えるし、②、③は原告側の利益考慮要因となりうる。④は、前記のように被告の利益考慮要因といえる。だとすれば、平成二〇年判決の論理構成は、まさにまず追加（残部）請求の可否が相反する訴訟主体の利害の調整により判断され、次に訴訟物の枠が決定される、こうした構成になっているように思われる。そして、それは実質的な理由から追加請求を認め、その理論構成のために一部請求論を援用した（訴訟物の枠を決めた）昭和四二年判決及び昭和六一年判決とは思考方法としては同一性を有しているとの評価が可能であろう。しかし、この思考は、「明示による訴訟物特定⇓既判力の範囲の特定」という図式において矢印の方向が逆となるものであり、前訴の訴訟過程を回顧的に考慮にいれ、訴訟物に囚われない既判力の範囲をもくろむ学説との共通性をもつことになる。しかし、以下に示すように、問題はこの思考方法にあると思われる。

四　福岡高判平成二一年七月七日判タ一三二四号二六九頁

次に、この最高裁の立場を踏襲した福岡高判平成二一年七月七日判タ一三二四号二六九頁は、以下のような概要の事案である（損害額の端数は切り捨て）。すなわち、Xは、仕事中に腰を痛めて腰部椎間板障害の診断を受け、手術を受けた。また、交通事故に遭い、頸椎及び腰椎を捻挫し、同年一二月末ころからは両上下肢の知覚障害・運動障害が見られるようになっていた。そのため、A病院で、二回にわたり除術を受け、その後、治療のためB病院に入院していた。B病院に同じく入院していたYとXは、入浴中口論になり、Yから暴力を受け（ただし、その態様には争いがある）、その後、A病院で四肢の感覚異常、手のしびれ感等の増悪等を訴えたため、入院の上、手術を受けた。Xは、C病院に治療のため通院していた。その間、Xは同病院医師の診断を受けて、身体障害者一級に認定された。そして、平成一四年一二月二六日、Yの本件暴行により頸部、腰部等の症状が悪化したとして、Yに対して、前訴を提起し、不法行為による損害賠償請求権に基づき、慰謝料九〇〇万円、弁護士費用一〇〇万円の合計一〇〇〇万円の損害賠償を請求し、前訴を提起した。平成一六年四月一四日、Yに対し、損害金四八万円（認定した精神的苦痛に対する慰謝料五〇万円と弁護士費用八万円から見舞金を控除した残額）及びこれに対する遅延損害金の支払を命じる判決が言い渡されたが、Xは、上記判決を不服として控訴するとともに、損害の内訳を〔1〕平成一三年一一月一三日から平成一六年二月一二日までの入通院治療費合計一一一万円、〔2〕入院雑費二〇万円、〔3〕装具費三万円、

〔4〕慰謝料七六三万円、〔5〕弁護士費用一〇〇万円の合計一〇〇〇万円と変更し、Yも附帯控訴をした。同控訴審は、Yに対し、損害金八〇万円（自覚症状の悪化に対する慰謝料八〇万円と弁護士費用一〇万円から一部支払われた一〇万円を控除した残額）及びこれに対する不法行為（本件暴行）の日の翌日である平成一三年一一月一四日から支払済みまで民法所定年五分の割合による遅延損害金の支払を命じる旨の判決を言い渡し、同判決は平成一六年一一月二五日の経過により確定した。その後、Xは、Yによる本件暴行によって受傷し、後遺障害が残ったと主張して、後遺障害による損害合計六八九六万円及びこれに対する平成一六年一二月八日（控訴人の主張にかかる症状固定の日）から支払済みまで民法所定の年五分の割合による遅延損害金の支払を求めた事案である。

この事案において、福岡高裁は次のように判示した。

「原審は、「一個の債権の数量的な一部についてのみ判決を求める旨を明示して訴が提起された場合には、訴訟物となるのは右債権の一部の存否のみであって、全部の存否ではなく、従って右一部の請求についての確定判決の既判力は残部の請求に及ばない」とする最判昭和三七年八月一〇日（民集一六巻八号一七二〇頁）等を踏まえた上で、一個の損害賠償請求権の一部について判決を求める旨が明示されているか否かについては、〔1〕訴状の記載及びその後の訴訟活動において当事者のその旨の明示の意思表示があるか否かのほか、〔2〕当事者が個別の損害項目を特定の上請求しつつも、他の損害の発生について前訴で主張していたか否か、〔3〕前訴で特定の上請求された損害と後訴で請求された損害とが実質的な発生事由を異にする別種の損害といえるか否か、〔4〕前訴係属中に、後訴で請求された損害の賠償を請求することが期待し難いか否か、〔5〕相手方において前訴係属中に前訴で特定された損害以外の損害発生可能性につき認識していたか否か等を総合考慮の上、実質的に判断すべきものであるとした。そして、これを前訴について見た場合、〔1〕について、Xの明示の意思表示はないところ、〔2〕につき、Xは、前訴の控訴審において、入通院治療費、入院雑費、装具費及び慰謝料の各費目の損害額を請求するのみで、後遺障害による損害を除いた一部請求であることを明示していないことはもとより、後遺障害による損害が発生していることについても全く主張していないこと、〔4〕につき、Xとしては、どんなに遅くとも平成一六年八月一一日までには、本件暴行により後遺障害が残ることを容易に予見できたものであり、前訴の控訴審の口頭弁論終結時である同年一〇月六日までの間に後遺障害による損害を併せて請求することが期待し難いものであったとはいえないこと、〔5〕につき、Yにおいても、Xに本件暴行による後遺障害が残存する可能性について認識していたとは認め難いことなどの理由により、前訴において、Xの請求する損害が不法行為（本件暴行）による損害の一部であることは明示されていなかったものと判断した。

二（1）一個の損害賠償請求権の一部について判決を求める旨が明示されているか否かについて、原審が定立した上記判断基準及び判断の仕方は正当なものとして是認できる。また、前訴についての具体的な検討過程としても、上記〔1〕及び〔2〕の前段（「後遺障害による損害を除いた一部請求であることを明示していない」という部分まで）の判断はもとより正当である。

（2）しかしながら、人身障害による損害については、治療費、雑費、休業損害、傷害慰謝料といったものと、後遺障害による逸失利益や慰謝料とでは、例えば、一般に、前者の消滅時効は事故発生時から起算されるのに対し、後者は症状固定日から起算するとされているところから、未だ症状固定に至らない場合にも、まず前者の損害を請求し、然る後、症状固定を待って後者の損害を（追加）請求するというように、両者は明らかに取扱いを異にする面がある。もとより、両者はあくまで一つの不法行為から発生した損害であるから、「実質的な発生事由を異にする別種の損害」といえるか否かについては、微妙な点はあるものの、上記のような差異を無視することはできない。

（3）ところが、原判決は、上記〔3〕につきこのような点を考慮しないまま、〔2〕の後段（「後遺障害による損害が発生していることについても全く主張していない」という部分）のほか、〔4〕及び〔5〕につき上記のような判断を導いている。……

〔4〕以上によれば、上記〔3〕について検討した形跡がないことに加えて、〔2〕の後段、〔4〕及び〔5〕のいずれについても、原審の判断は相当とはいえないことになる。
そうすると、控訴人は、前訴において、一個の債権の一部についてのみ判決を求める旨を明示していたものと認める余地があるものといわなければならない。また、仮にそこまではいえないとしても、前訴について上記のような諸事情があるにもかかわらず、本訴請求が前訴確定判決の既判力に抵触するとしてこれが許されないなどとするのは到底相当なことではない。」

本件判決は、基本的に前記平成二〇年判決の判断基準に基づきそれを事案にあてはめる形で判断を行っている。問題は原審判決と本件高裁判決は同じ思考方法に基づきながら正反対な結論となっていることである。それは、当事者双方の利益状況をどう調整していくかの価値判断に違いが存在したからにほかならないからであろう。しかし、これは既判力の法的安定性の観点からみたとき、是認できるかは疑問となってこよう。

（注）

(14)　本件判決の評釈として、高地茂世・民訴判例百選（第五版）一七四頁、金美沙・民訴判例百選（第六版）一六二頁、五十部豊久・交通事故判例百選（第二版）一五二頁、栗山忍・最判解民事篇昭和四二年度三二一頁、平井宜雄・法協八五巻七号一〇八〇頁など参照のこと。

(15)　後発後遺症と一部請求をめぐる議論に関しては、高橋宏志・重点講義民事訴訟法上（第二版補訂版）（有斐閣・二〇一三）一一五頁以下など参照。交通事故による後遺障害について示談、調停後に新訴を許した最判昭和四三年三月一五日二二巻三号五八七頁、最判昭和四三年四月一一日民集二二巻四号八六二頁も実質論に基づくものであろう。これらを契機に、後遺症につき再訴が認められるかの具体的利益考慮ファクターは何かという実質面の考慮が重要だとの見解が登場してくる。新堂幸司「紛争解決後の損害の増大とその賠償請求」ジュリ三九九号（一九六九）六二頁以下、井上治典「後遺症と裁判上の救済」ジュリ（一九七三）三一四頁以下など参照。

(16) この点の議論状況に関しては、飯塚重男「判決の既判力と後遺症」鈴木忠一＝三ヶ月章監修・新・実務民事訴訟法講座(4)（日本評論社・一九八二）一三七頁以下など参照。

(17) 新訴訟物理論二肢説（松本博之＝上野泰男・民事訴訟法（第八版）（弘文堂、二〇一五）二〇五頁）は当然別個の訴訟物と解する。不法行為に基づく損害賠償請求訴訟の訴訟物については、従前から議論のあったところであり、被侵害権利によって訴訟物を特定する見解、損害で分ける見解など様々に主張されてきた（例えば、中森宏「損害賠償請求の訴訟物」争点（新版）（前掲注（6））一八〇頁以下など参照）。近年も宇都宮遼平・訴訟物と損害賠償請求訴訟（成文堂・二〇二三）が損害費目に応じて訴訟物を分ける立場を主張している。この訴訟の場合に、上記不法行為のドグマに基づき訴訟物を包括的に一個と解する判例の立場は、盤石のものとは言えず、再考の余地があるようにも思える。

(18) 民訴法一一四条一項にいう「主文中の判断」は訴訟物についての判断とする限り、おそらく、判例としては条文から乖離することはできないというのが基本的スタンスではないかと思われる。したがって、前訴において当事者に主張することを期待できたか否かで既判力の遮断効の範囲を画くそうとする見解（高橋・前掲書（注（15））六三四頁など）と判例の訴訟物を基準とする考え方とは相容れないことになる。

(19) 飯塚・前掲論文（注（16））一四七頁、高橋・前掲書（注（15））一一五頁など参照。高橋・同頁は、後発後遺症は分かっていなかったこそ後発後遺症であり、明示されることはなく、被告側でも債務不存在確認の反訴を提起する機会もなく、原告被告間でバランスも取りようがないとして、後発後遺症の問題は一部請求とは別に独自に論ずるべきとする。その上で、一部請求の議論は、原告が全額を訴求しようと思えば、訴求できた場合に限定して考えるべきとする。

(20) 高橋・前掲書（注（15））六〇八頁、新堂・前掲書（注（2））六九五頁など。

(21) 鈴木正裕「既判力の遮断効（失権効）について」判タ六七四号（一九八八）四頁、中野貞一郎「既判力の標準時」判タ八〇五号（一九九三）二二頁（同・民事訴訟法の論点Ⅰ（判例タイムズ社・一九九四）二四三頁）、伊藤眞・民事訴訟法（第八版）（有斐閣・二〇二三）五八六頁注173）など参照。期待可能性説に対する批判はとく（エ）が重要であるが、これに対して、高橋・同六一〇頁注27で反論が試みられている。そこでは、現行の再審には、判決に既判力があることを前提とする場合とそうでない場合が入り混じっており、期待可能性がない場合は既判力がない判決無効であるとする（加波眞一教授の研究（同「再審制度と既判力の制約（判決無効）論」鈴木正裕先生古稀祝賀・民事訴訟法の史的展開（有斐閣・二〇〇二）六一一頁以下など参照）を参照して）。そして、刑事上罰すべき行為が特に悪質な場合は判決無効になりうるとして、わが国の再審制度は十分な検討をへたものではないことも考慮に入れれば、刑事上罰すべき行為の場合ですら既判力があり再審の壁があるので期待可能性による既判力の調整は実定法上無理という批判は必ずしも有効となるとは限らないと反論する。確かに、わが国の再審制度は問題があるといえるが、刑事上罰すべき行為を再審で主張するには、民訴法三三八条二項で有罪判決等が要求されていることを勘案すると、刑事上罰すべき行為は悪質であることが前提とされていると言え、そもそも判決無効となり既判力が発生していないとすることは難しいと思われる。またいかなる場合に判決が無効となるかにつき、明確な共通認識があるとは言い難い。そうすると、反論として十分とは言い難いのではなかろうか。

(22)　新堂・前掲論文（注（3））一一三頁、一三三頁、一八八頁、新堂・前掲書（注（2））七三六頁参照。

(23)　本件解説として、三上威彦・民訴判例百選（第四版）一七八頁及びそこで引用されている評釈を参照のこと。

(24)　山本弘「将来の損害の拡大・縮小または損害額の算定基準の変動と損害賠償請求訴訟」民訴雑誌四二号（一九九六）三〇頁など参照。

(25)　高橋宏志「確定判決後の追加請求」中野貞一郎先生古稀祝賀（下）・判例民事訴訟法の理論（有斐閣・一九九五）二五七頁以下参照。同・二五九頁は、損害金増額は、建物収去土地明渡を間接強制する機能を有することになると指摘する。そうであるならば、民事執行法上、間接強制の利用が立法的に拡張された今日では（平成一五年改正（平成一五年法律第一三四号）、民執一七三条）、将来の不法行為に基づく賃料相当額の損害金請求はどれほど意味を持ってくるか、疑問が生じてくる。議論状況は変わりうるのである。その意味で、本件昭和六一年判決は、今日先例としての意味は希薄なものとなっているように思われる。間接強制が利用できるとなったことは、将来の給付請求の可否の問題ともなりうるが、ここでは問題の指摘のみに止めておきたい。また、将来の不法行為に基づく損害賠償の事情変更が生じた場合の処理は、民事訴訟法一一七条の類推適用の問題も生じうるがこれも本稿では取り扱わない。

(26) 山本弘・前掲論文（注（24））三〇頁、高橋・前掲論文（注（25））二五七頁など参照。

(27) 高橋・前掲書（注（15））一〇四頁など参照。

(28) 本件評釈に、渡部美由紀・判評六〇八号一六〇頁、佐野裕史・平成二〇年重判解説一五三頁、堀野出・速報判例解説〔法セミ増刊〕四号一二五頁、堤龍弥・リマークス三九号一一八頁、小原将照・法学八二巻三号一一九頁、野村秀敏・法の支配一五三号八二頁、越山和広・民商一四〇巻一号一〇二頁、金洪周・別冊判タ二五号一七二頁（平成二〇年度主民解）などがある。

(29) 本件事案では、堤・前掲評釈（注（28））一二一頁は、原告の主張の期待可能性は存在したとの解釈も成り立ちうるとする。

(30) 例えば、伊藤・前掲書（注（21））頁注109）、堤・前掲評釈（注（28））一二一頁、堀野・前掲評釈（注（28））一二六頁など参照。

(31) 高橋・前掲書（注（15））一一五頁など参照。

(32) なお、期待可能性でもって既判力の遮断効の範囲を画する立場（一部請求全面否定説）からすれば、少なくとも前訴段階で一部であることを明示することは可能であり、期待可能性は明示の有無の判断要素ではなく、あくまで残部請求の可否の考慮要素となってくる（渡部・前掲評釈（注（28））一六三頁参照）。

四　おわりに――判例理論の評価と今後の方向性――

以上、不法行為訴訟において一部請求論を用いて後訴の可否を判断した最高裁判例を中心に概観してみた。いずれの最高裁判例も後訴の可否の判断を実質的に行ったうえで、「訴訟物の範囲＝既判力の客観的範囲」の図式を維持するために、一部請求論を用いたものとは言えよう。ただ、昭和四二年判決及び昭和六一年判決と平成二〇年判決の間には、思考方法（論理構成）の点で一線が存在するように思われる。前者の二つの判決は、追加請求（後訴請求）が前訴請求と実質的な発生事実を異にする別種の損害との認識があり、しかも原告側の救済必要性があると判断する一方で、不法行為に基づく損害賠償請求の訴訟物としては同一として評価せざるを得ない点や、民訴法一一四条一項の存在から「訴訟物の範囲＝既判力の客観的範囲」の図式の維持という点を考慮し、明示の有無により訴訟物を特定する一部請求論を活用したと評することができよう。(33)

しかし、平成二〇年判決では、むしろ前訴の訴訟過程における当事者の攻撃防御の展開を回顧的に評価し、実質的に既判力の範囲を調整しているように思われる。後訴において前訴の既判力の範囲を特定するには前訴を回顧的に見ざるをえないが、それは前訴訴訟物が何であったかの確認であり、そして、そこから攻撃防御の遮断の範囲が決まってくるものである。訴訟物と既判力の範囲を連動させる伝統的な考え方によれば、遮断の範囲は前訴終了段階で明確に決まっている。しかし、この判例の回顧的判断は訴訟物の特定を出発点としたものとは必ずしも言えないのではなかろうか。確かに、不法行為に基づく損害賠償請求訴訟では、事情変更の可能性から訴訟の結果（実効的紛争解決）を確実な形で予測することは難しく、責任の存否、損害額、逸失利益など発生事実が異なることを考慮すると、前訴訴訟過程の回顧的な評価による既判力の遮断効の範囲決定という方式になじむ事案類型ではある。しかし、それだけではなく、この平成二〇年判決には、前記平成一〇年判決の影響があるのではないかと推測は行き過ぎであろうか。前記平成一〇年判決も、前述したように、前訴の訴訟過程における攻撃防御の展開を回顧的に評価し、既判力の範囲の調整を実質的に図ったものと言えよう。ここにおいて、思考方法（論理構成）の点で「既判力の範囲の特定⇓明示（解釈）による訴訟物特定」という逆の図式が浮かび上がってくるのである。そして、それは訴訟物の枠に囚われず既判力の範囲を決定していこうという近時の遮断効論と共通してくるものがあると言えよう。(34) さらに、平成一〇年判決は、ある意味で判例自体が「明示」をキーワードとしてきた従来の理論構成を希薄化するものであると言える。信義則による残部訴求の遮断許容により、数量的一部請求における「明示」は後訴の遮断範囲という点では決定的意味を有しなくなったと言えるからである。この点は、平成二〇年判決も同様である。「明示」の意味合いが判例自身により変わってきた結果、その再考の必要性も指摘されている。(35)

だが、それでも判例理論は「明示による」訴訟物特定という構成を堅持する。この点が、近時の学説における遮断効論との違いでもある。判例が明示をメルクマールとした一部請求論の援用を維持する、その意図はどこにあるのであろうか。思うに、判例には民訴法一一四条一項の存在から「訴訟物の範囲＝既判力の客観的範囲」の図式を動かすことは民訴法の法的枠組みから乖離することになるとの躊躇があったのではなかろうか。それは、また法的安定性を配慮したことも言えよう。そうであれば、平成二〇年判決は、一般的には、一部請求論における「明示による訴訟物特定＝既判力の範囲の特定」という図式を使って、実質的に既判力の範囲を調整する方向にあるものと評することもできよう。

しかし、こうした判例の理論構成の問題は、前訴の訴訟過程における攻撃防御の展開を回顧的に評価し、既判力の範囲の調整を実質的に図った結果、「既判力の範囲の特定⇓明示による訴訟物特定」という図式に陥っている点である。前訴訴訟過程の回顧的な評価による既判力の遮断効の範囲決定という方式は、前記福岡高裁判決で顕在化したように、訴訟主体の利益状況をどう調整していくかの裁判官の価値判断に違いより結論が左右されることになる。裁判官の判断により既判力の範囲にブレが生じるのである。不法行為に基づく損害賠償請求訴訟という特殊性をどう評価するかにもよるが、こうした回顧的既判力の調整は、既判力という制度効が有するべき法的安定性の点では問題があると言えるのではなかろうか。そもそもこのような前訴訴訟過程の回顧的評価による既判力の範囲が論じられるに至った背景には、既判力の正当化根拠として手続保障理念が浸透してきた結果であると思われる。既判力の遮断効論における期待可能性説(36)も手続保障理念採用の帰結である。前訴訴訟過程の回顧的評価による既判力の範囲は後訴において評価する者の判断により異なってくることは、上記の法的安定性の観点からのみならず、不利益を被る当事者にとってもまさに不意打ちになる危険がある。こうした回顧的既判力論には疑問を禁じえない。そして、その基礎となる既判力正当化根拠たる手続保障理念の取り扱いにも疑義が生じるのである。当事者の手続保障は、判決に既判力という強い拘束力が生じることから、判決に至る訴訟過程において十分に当事者の攻撃防御の機会を保障し、また当事者の誤解等による訴訟行為の瑕疵や裁判所との認識のズレに気づき、適正な当事者行為がなされうるように、裁判所による指摘・教示にその意義があるように思われる。つまり、「当事者の手続保障⇒既判力の発生」という図式ではなく、「既判力の発生⇒当事者の手続保障の充実」という図式が、民事訴訟法の本来的な姿と思われる。したがって、既判力の範囲に関しては、既判力の法的安定性、当事者の不意打ち防止を考慮した、訴訟の開始段階から特定される「訴訟物の範囲＝既判力の客観的範囲」の図式を維持することが必要的かつ適切なように思われる。

しかし、「訴訟物の範囲＝既判力の客観的範囲」の図式では、不法行為に基づく損害賠償請求訴訟のように、逸失利益や介護費用など予測に基づく認定を必要とする場合は、事情変動の可能性がある訴訟類型では実効的な紛争処理の達成は難しいのも事実であろう。だとすれば、そのバランスをいかにとるかが重要になってくる。

不法行為による損害賠償訴訟など事情変動の可能性がある訴訟類型では、前訴の訴訟過程における攻撃防御の展開を回顧的に評価する必要があり、かつその上で既判力という制度効が有するべき法的安定性を確保できるかのバランスを考慮する必要が生じてくる。不法行為訴訟において判例が展開した一部請求論を使った既判力の範囲の調整は、前述したように、必ずしも十分ではない。そこで、法的安定性確保の観点から、不法行為に基づく損害賠償請求訴訟の訴訟物を再考することも選択肢のひとつであるが、前述の判例・通説の立場をどこまで覆せるか疑問もなくはない。また、事情変動の可能性がある訴訟類型において、訴訟の開始段階から訴訟物の範囲＝既判力の範囲の確定がなされるとするのは一つのフィクションともいえる。それゆえ、前訴の訴訟過程における攻撃防御の展開を回顧的に評価し、それを既判力範囲の決定要素の一つとする遮断効論が登場してくるのである。だが、この遮断効論の問題は、評価の立脚点がないことである。それゆえ、前記判例で顕在化したような既判力のズレが生じるのである。

では、どのように考えるべきか。考え方のひとつとして、事情変動の可能性がある不法行為訴訟などの訴訟類型では、訴訟物が一部か全部かの判断を、訴訟の開始時でもなく、また、後訴から評価的に判断するのでもなく、争点整理終了時に移すという構成はできないであろうか。審理構造が変革された現行法においては、争点整理手続後では事案解明度は高く、手続に対する当事者の信頼も形成され、「証明すべき事実」の確認が義務づけられている（民訴法一六五条、一七〇条五項、一七七条）。そして、証明すべき事実の確認は、訴訟物の確認でもある。このことは、訴訟主体間での訴訟物、争点、事実関係等についての共通認識の形成を意味してくる。(37) だとすれば、明示か否かの判断時期を争点整理終了時にずらす考え方もあるのではなかろうか。少なくとも、事情変動の可能性がある訴訟類型では、この考え方がより前記のバランスをうまくとれるように思われる。(38) この考えに基づくと、平成二〇年判決及び福岡高裁判決の事案も、争点整理段階で原告の主張の内容が確認されれば、一部請求論の援用も説得力をもってくるようになるのではなかろうか。後訴からみた回顧的判断により原告の明示の意思を推測、解釈することで、前訴における原告の現実の意思と一致しうることにはそもそも無理がある。その時点での意思でなければ、あくまでも推測でしかない。明示の有無が訴訟物の特定と考えるならば、前訴での確定が不可欠であり、かつ処分権主義に基づく原告の訴訟物特定責任を観念しない限り、一部請求における原告の明示責任は観念できないのである。問題は、原告の明示の有無の意思をいつ、どこで確定するかである。一般には、訴状段階で訴訟物の一応の特定を観念すべきこととなる。しかし、事情変更が想定され、訴え変更が柔軟に許されるわが国民事訴訟法では申立て段階での訴訟物特定は確定的なものと解する必要性は乏しいように思われる。そして、現行法による審理構造の変革がこうした考え方を後押しするように思われる。少なくとも本稿で取り上げた不法行為訴訟において、一部請求論を活用した既判力の範囲の調整よりは、訴訟物の特定時期を変更した処理の方が、法的安定性や当事者の不意打ち防止の観点からは適切なように思われる。[39]

このような考え方をとると、訴訟物の特定時期を訴訟開始時よりずらし、訴訟物と既判力との一致原則の調和を図ることにもつながってくるかもしれない。訴訟物の特定時期を訴訟開始時からずらす考え方は従来も存在した、従来の訴訟物論でも動的訴訟物論は主張されていた。[40] また、訴訟物と既判力の一致原則に対する批判も主張されている。[41] そして、訴訟手続の審理過程を考慮した両当事者による請求特定責任を観念する見解もある。[42] しかし、これらの理論には審理構造の観点は念頭にはなかったのである。審理構造の変革はこの訴訟物と既判力の関係にどのような影響を及ぼすかについての検討の必要があると考える。例外的となるが、訴訟物の特定時を争点整理終了時にずらすという考えは、ここで取り上げた不法行為訴訟においては有益と思われる。それらを踏まえた訴訟物論の検討の詳細は今後の課題としたい。

(注)

(33)　不法行為に基づく損害賠償請求訴訟では、損害項目毎に訴訟物を想定する見解なども有力であるが、処分権主義との関係で損害項目の相互流用の必要性などから訴訟物一個説が維持されているのである。この点の詳細は、中森宏「損害賠償請求の訴訟物」争点（新版）（前掲注（6））一八〇頁以下、井上治典「損害賠償請求訴訟の訴訟物」三ヶ月章ほか編・新版・民事訴訟法演習Ⅰ

（有斐閣・一九八三）一〇六頁など参照。
(34) 本書第二章第一節参照。
(35) 堀野・前掲評釈（注(28)）一二六頁など参照。
(36) 高橋・前掲書（注(23)）六〇八頁など参照。
(37) この点についての筆者の考え方については、拙著・手続集中論（成文堂・二〇一九）二四五頁以下、同・新民事訴訟法ノートⅠ（成文堂・一九九八）一〇六頁以下参照。
(38) つまり、前訴の審理過程は後訴から考慮するのではなく、前訴段階で確定すべきかと考える。この点では、手続運営の視点から一部請求論の課題を残部請求の可否ではなく、一部請求訴訟そのものとする見解（三木浩一「一部請求論について」民訴雑誌四七号四七頁（二〇〇一））と共通してくるものがあると言えよう。また、上野泰男「明示の一部請求訴訟棄却判決の既判力」法雑五五巻三・四号六九一頁、七〇八頁（二〇〇九）以下も処分権主義の観点から原告の意思の明示を重視し、そのためには手続運営の視点の必要性を主張する。
(39) ただ、こうした考え方をとっても後発後遺症事案では対応は不十分であろう。現時点では、例えば、不法行為時にすべての損害が生じるとドグマを修正し、まったく予測できなかった損害の場合には、それが顕在化したときに二次的損害として新たな訴訟物を構成していくと解することが考えられよう。もっともより詳細な検討は要する。
(40) 伊東乾「訴訟物の動態的把握」同・民事訴訟法研究（酒井書店・一九六八）二三七頁以下）。また、谷口安平・口述民事訴訟法（成文堂・一九八七）二三六頁は、通説とは反対に、遮断効の集積としての既判力を考え、そのような既判力と一致する部分だけが、前訴の訴訟物であったと考える立場（事後的、回顧的訴訟物）をとり、このような訴訟物は、前訴係属中に訴訟の指針としての役割を果たしていた訴訟物（展望的訴訟物）の一部に過ぎないとする。
(41) 例えば、小室直人「訴訟対象と既判力対象」同・訴訟物と既判力（信山社・一九九九）一頁以下など参照。
(42) 井上治典「請求の特定」井上治典ほか・これからの民事訴訟法（日本評論社・一九八四）四七頁など。

第三章　執行力と既判力

一　はじめに——考察の対象——

現在の民事訴訟法学において最も議論されている問題の一つとして、口頭弁論終結後の承継人への既判力拡張の問題を挙げることができよう(1)。この問題については、訴訟物たる権利義務が第三者に承継された場合に既判力の拡張を認める点では、学説上ほぼ異論はない。議論があるのは、例えば、特定物引渡請求や移転登記請求の訴訟の基準時後に当事者から目的物件の占有または登記が移転した場合など、訴訟物自体の承継がない場合にも、係争物の譲渡、占有または登記を受けた第三者への既判力の拡張が認められるかである。現在の通説・判例の立場は、紛争解決の実効性（権利実現）の観点（既判力の拡張制度趣旨）から、かかる第三者への既判力拡張を肯定する（失権効肯定説(2)）。しかし、かかる場合に、第三者への既判力の拡張を否定する立場（失権効否定説）も今日有力に主張されている(3)。この立場からの問題提起を受け、既判力拡張を認めるのであれば、その場合の拡張のメカニズムをどう説明するかがここ数年激しく論じられている。

この議論の中で例示された代表的事例は、以下のようなものであったと言えよう。

〔事例一〕 甲土地を所有するXが、甲土地上に建物乙を所有して土地を占有しているYに対して、土地所有権に基づく建物収去土地明渡訴訟を提起し、勝訴判決を取得した（前訴）。基準時後に、ZがYから乙建物の譲渡を受けた。その後、XがZに対して土地所有権に基づく建物収去土地明渡訴訟（後訴）を提起した場合。

（事例二） 甲土地を所有するXが、甲土地上に建物乙を所有して土地を賃借しているYに対して、賃貸借契約終了に基づく建物収去土地明渡訴訟を提起し、勝訴判決を取得した（前訴）。基準時後に、ZがYから乙建物を賃借りした。その後、XがZに対して土地所有権に基づく建物退去土地明渡訴訟（後訴）を提起した場合。

（事例三） 甲土地の所有者Xが、Yとの間で売買を仮装し、Yに甲土地についての所有権移転登記を行ったが、その後、Yに対して登記回復を求めたが拒否されたので、所有権移転登記の抹消登記請求の訴えを提起し、売買が通謀虚偽表示により無効という理由で、勝訴判決を受けた。基準時後に、ZがYから売買を原因とする甲土地の登記の移転を受けた。そこで、XがZに対して所有権移転登記の抹消登記請求の訴えを提起し（後訴）、Zが、Xの虚偽表示に対して善意であった旨を主張して、請求棄却を求めた場合（最判昭和四八・六・二一民集二七巻六号七一二頁が題材になっている）。

いずれの事例でも、Zは承継人に該当し、既判力によって確定されたX・Y間の権利関係は争えず、その判断を後訴の基礎にしなければならない点で多数説が形成されている。他方、既判力の作用の仕方を問題として、上記失権効否定説が登場してくるのである。

しかし、ここで想定されている事例は実際的であろうか。つまり、前訴勝訴原告Xが後訴を提起することは通常は想定しがたく（もっとも例えば、事例一で原告が敗訴した場合にZに対して後訴を提起することは想定可能であろうが）、むしろ、前訴判決を債務名義としてZに対して強制執行を申し立てることが通常であろう。(4) 権利実現の実効性確保という観点からすれば、Zに執行力が及ぶか、換言すれば、民執法二三条一項三号の「承継人」にZは該当するかが本来的問題である。[5] それにも関わらず、多くの論者は、執行力の拡張は既判力の拡張を当然の前提とする『既判力の拡張＝執行力の拡張』という図式に基づき、ここでの問題を考察している。確かに、既判力と執行力の及ぶ範囲は原則として共通してこよう。しかし、既判力が及ぶ場合と執行力が及ぶ場合の承継人の利益状況は著しく異なることはすでに指摘されている。[6] また、そもそも既判力と執行力は連動するものでもないとの指摘[7]もなされていた。はたして『既判力の拡張＝執行力の拡張』という図式は妥当であろうか。本章での考察の問題意識はまずこの点にある。さらに、筆者は、かつて請求異議事由の検討に際して、債務名義としての確定判決の執行力については既判力の本質論でいうところの実体法説的理解を介在させた考察を展開した。[8] そして、こうした観点から口頭弁論終結後の承継人を考察するときに、従来の議論とは異なる理論構成を展開できるのではないかと考え、本稿では、そのささやかな試論を提示することにしたい。

（注）

（1）　近時の論文だけでも、笠井正俊「登記手続を命ずる確定判決と承継人に対する判決効」上野泰男先生古稀祝賀・現代民事手続の法理（弘文堂・二〇一七）三一九頁、鶴田滋「既判力の失権効と要件事実」同三五三頁、長谷部由紀子「口頭弁論終結後の承継人の訴訟上の地位」同三七一頁、本間靖規「口頭弁論終結後の承継人に関する覚書」同三八九頁、加波眞一「口頭弁論終結後の承継人への既判力拡張論の現状」徳田和幸先生古稀祝賀・民事手続法の現代的課題と理論的解明（弘文堂・二〇一七）三八五頁、笠井正俊「口頭弁論終結後の承継人に対して判決効が作用する場面について」松本博之先生古稀祝賀・民事手続法則の展開と手続原則（弘文堂・二〇一六）五六八頁、鶴田滋「判決効拡張・訴訟承継における承継人概念」法時八八巻八号（二〇一六）二六頁、池田愛「口頭弁論終結後における『承継の要件』に関する一試論」同志社法学六六巻五号（二〇一五）一四三一頁、鶴田滋「口頭弁論終結後の承継人への既判力拡張の意味」法政研究八一巻四号（二〇一五）八二二頁、山本弘「口頭弁論終結後の承継人に対する既判力の拡張に関する覚書」伊藤眞先生古稀祝賀・民事手続の現代的使命（有斐閣・二〇一五）六八三頁、永井博史「口頭弁論終結後の承継人についての素描」栂善夫先生・遠藤賢治先生古稀祝賀・民事手続における法と実践（成文堂・二〇一四）六一三頁などがある。なお、紙幅の関係上、本稿での引用文献は網羅的ではないことをお断りしておく。

（2）高橋宏志・重点講義民事訴訟法（上）（第二版補訂版）（有斐閣・二〇一三）七〇一頁注（123）など参照。

（3）丹野達「既判力の主観的範囲についての一考察」同・民事法拾遺（二〇〇四〔初出一九九五〕）二〇七頁、高田昌宏・民訴判例百選（第三版）（二〇〇三）一九一頁、山本弘・前掲論文（注（1））六九三頁、山本克己・民訴判例百選（第五版）（二〇一五）一八五頁など。なお、失権効否定説、失権効肯定説の区分は長谷部・前掲論文（注（1））によった。

（4）こうした指摘は、すでに笠井・前掲論文（注（1））（松本古稀）（注（1））五五九頁等でなされている。権利実現を問題とする限り、執行事例が判決効拡張事例の中心となろう。

（5）坂田宏・私法判例リマークス1997（下）一四三頁は、「口頭弁論終結後の承継人の問題は、本来、執行法上の問題である……口頭弁論終結後に権利義務が変動しては強制執行によって判決の内容を実現できなくなるおそれがあり、執行力拡張の規定が必要である。したがって、この問題に限っていえば、「初めに執行力拡張ありき」なのである」とする。また新堂幸司「訴訟当事者から登記を得た者の地位」同・訴訟物と争点効（上）（有斐閣・一九八八（初出一九七一））三三八頁以下は、承継人への既判力拡張は、「後訴の本案審理において前訴判決の結果を争えない判断として前提にするというにすぎない」とし、これに対して「執行力の拡張を認めるかどうかの判断は、相手方と承継人との間の新紛争（後訴）に対する解決内容を示すことと同義である」とする。このことは、実質的な「権利実現の実効性確保」は執行の局面にあると述べていると言えるであろう。

（6）高田・前掲（注（3））一九一頁など。

（7）中野貞一郎＝下村正明・民事執行法（改訂版）（青林書院・二〇二一）一六五頁以下参照。

（8）拙稿「請求異議事由の再構成に関する覚書」前掲栂・遠藤古稀（注（1））八二九頁以下参照。

二　口頭弁論終結後の承継人への既判力拡張をめぐる議論

まず以下では、口頭弁論終結後の承継人の範囲（既判力拡張）をめぐる近時の議論を概観し、そこで執行力の拡張がどのように議論されているかを確認しておくことにしたい。

一　従来の議論とその問題点

この問題をめぐる近時の学説上の議論の出発点をなすのは、丹野達元裁判官による失権効否定説の提唱であると思われる(9)。ここから今日の議論は展開していると言えよう。

1　失権効否定説からの問題提起

議論の出発点は、❶承継人に拡張される既判力の内容は当事者（前主）に及ぶ既判力の内容と一致すれば十分で、これを越えてはならないという点、そして、❷既判力は、当事者間で、前訴の判断が後訴の訴訟物の前提（先決）問題となる場合、前訴判断と後訴の訴訟物が矛盾関係にある場合に作用するという点であった。

そして、**事例一**（係争物の譲渡の場合）においては、通説はZが承継人に該当するとして、既判力拡張を認める。その結果、「Zは、XのYに対する所有権に基づく土地返還請求権を有することを争えない」、「X・Y間の既判力によって遮断される攻撃防御方法はZとの関係についても遮断される」ことになる（既判力の消極的作用による遮断）。そして、このことは、Zは基準時におけるXの所有権の存在を争うこと（換言すれば、前訴の基準においてXが本件土地の所有者でないとの主張）ができないことを意味した。しかし、失権効否定説は、基準時におけるXの所有権の存在は前訴判決の理由中の判断にしか過ぎないとして、これは、X＝Y間で既判力の生じない事項であるとする。しかも、XのYに対する土地返還請求権と、XのZ（占有承継人）に対する土地返還請求権は、その発生原因が実体法上別個独立の請求権である。つまり、XのZ（占有承継人）に対する土地返還請求権は、ZがXの所有物を占有することによって、XのYに対する土地返還請求権とは無関係に発生する権利であり、X＝Y訴訟で既判力が生じた判断とX＝Z訴訟の訴訟物とは先決関係も矛盾関係もないことから既判力の作用する局面はないのである。したがって、ZにX＝Y訴訟の既判力を拡張することは、上記❶、❷の原則から逸脱するとするのである。

事例二（占有の移転の場合）においても、通説は、Zは自己の建物及び土地の占有権原の前提として、Yの土地占有権原を援用し得ないとする。今日の多数説とも言える紛争主体の地位の移転説は、XY間の訴訟物たる義務とZの義務が異なっても、両者は土地明渡しという土地所有権の円満なる状態への回復という共通の訴訟目的をもつ訴訟の対象であり、しかもXの救済を確実にし、訴訟経済の目的にも資することから、紛争主体の地位の移転があり、承継を認め、既判力の拡張を肯定する。(10) だが、ここでもYの土地占有権原についての判断は前訴の判決理由中の判断となっており、前訴、後訴の訴訟物が債権的請求権と物権的請求権となるので、既判力が作用する先決関係も矛盾関係もない。したがって、失権効否定説では、上記❶、❷の原則から、既判力が作用することは想定できないことになる。

事例三（登記の移転の場合）は、いわゆる形式説、実質説の議論対象となった事案（最判昭和四八・六・二一民集二七巻六号七一二頁を題材）である。通説を形成する形式説では、口頭弁論終結後に占有や登記を承継したという承継人の要件さえ満たせば、形式的に既判力の拡張を認める立場であるので、ここでもZに前訴の既判力は拡張されることになる。しかし、この事例についても、失権効否定説の立場からは、**事例三**で言えば、「（Zの義務は、）Yから義務を承継したのではなく、所有権移転登記を経由したことによって原始的に義務を負担するのである。ZがYの義務を承継することがない以上、前訴の訴訟物は、仮定上の後訴の訴訟物の先決的法律関係ではなく、前訴の既判力を後訴に及ぼしても無意味である」ということになる。[11]

2　失権効肯定説からの反論及び理論の再構成

上記事例において既判力の拡張を認めてきた従来の学説は、この失権効否定説の指摘を受けて、とくに、前訴判断と後訴の訴訟物との間に既判力が作用する関係性がない場合の既判力の拡張をどのように説明していくかという点に苦心していくことになる。従来の学説の理論構造は、既判力の拡張は訴訟物についての前訴判決の判断を第三者がもはや争えないということを意味し、承継人に該当するか否かの判断がなされれば、当然に口頭弁論終結後の承継人として既判力の拡張を受けるとの構造であった。議論の焦点は、何をもって「承継」と言えるかという点にあったと言えよう。これに対して、失権効否定説は、「訴訟物についての前訴判決の判断」をこれまでの通説・判例上理解されてきた既判力の作用枠組み（上記❶、❷原則）に当てはめると、上記の**事例一〜三**でZが承継人に該当するとしても、既判力の作用枠組みからは、前訴既判力はX・Z間の訴訟には何ら影響を与えない旨を明らかにしたものである。[12]議論の焦点は、前訴と後訴で訴訟物が異なり、また先決関係も矛盾関係もない場合に、前訴判決の既判力は後訴における第三者に作用していくか否か、また作用するとしてそのメカニズムは何かという点に移ってくることになる。

①　訴訟物の同一性擬制説

この失権効否定説にまず対応したのが越山和広教授である。越山教授は、口頭弁論終結後の承継人制度は、当事者も訴訟物も異なるがゆえに、必要な既判力の拡張制度として考えられてきた（権利実現の実効性確保）のであり、失権効否定説は、それを意味のない制度とするものであるとする。[13]このスタンスがその後の失権効否定説に対する批判の基盤となった。越山説は、この時点における学説の到達点と思われる上野説[14]に依拠しつつ、訴訟物の同一性擬制により既判力の効力（作用）の拡張の説明を試みる。そして、越山教授は、同一性擬制の限度が問題になるとし、それは第一訴訟と第二訴訟とで承継がなかったと仮定した場合に、第一訴訟の既判力が第二訴訟に及ぶ限度で擬制できるとし、そのうえで、前訴と後訴の訴訟物が、その主体の違いを別にすれば、請求の趣旨を共通にし、主体の変更は、承継人が前主から訴訟物たる権利関係と関連する実体法上の権利を承継した結果である場合には、前訴と後訴の訴訟物が同一である場合と同様に扱ってよいとする。このように、同一性擬制説は、第三者（承継人）への既判力拡張は当事者間の紛争解決の実効性確保に制度趣旨があるという点を大前提とすることから、その必要性があれば、「第三者（承継人）への既判力の拡張は当事者間での既判力の作用範囲を超えてはならない」という原則（失権効否定説の出発点）を後退させるものである。それゆえ、既判力拡張の必要性が肯定できても、拡張の理論的正当化としては不十分と思われる。また、この訴訟物の同一性擬制説に対しては、請求権の同一性擬制なる概念の必要性は示されているが、かかる概念の導入が許される理論的な根拠が明確に示されていないとの批判がある。⑮

続いて、要件事実論による分析を加え、失権効否定説に対応したのが中西正教授⑯である。中西説は、上記**事例三**の事案を題材に、X・Y訴訟の確定判決の既判力の遮断効により、ZはX・Z訴訟においてX・Y訴訟の口頭弁論終結時に甲地の所有権がXに帰属していたことを争えないという構成を、当事者間に既判力が及ぶ基準とどう関係づけるかが問題であるとする。そして、これは前訴の訴訟物が後訴の訴訟物の前提問題となる場合に準ずると解する。⑰つまり、ある物権の引渡請求権（明渡請求権や登記請求権も含む）につき確定判決による既判力が生じた場合、既判力の基準時より後にその者の占有（あるいは登記名義）の承継が生じたときは、既判力拡張（民訴一一五条一項三号）との関係では、既判力により確定された請求権（前訴の訴訟物）を前提として承継人に対する請求権（後訴の訴訟物）が発生したと見るのである。民訴法一一五条一項三号の趣旨（上記権利実現の実効性確保）による解釈で、あくまでの訴訟上のレベルで前提問題と考えるとするのである（実体法上のレベルではX・Y訴訟の訴訟物はX・Z訴訟の訴訟物の前提問題ではない）。この立場は、実質的には、訴訟上の観点から、訴訟物同一性擬制を認めることと同じとの評価もなされている。[18] そうすると、民訴法一一五条一項三号の趣旨だけでは、訴訟上のレベルと実体法上のレベルとで訴訟物の捉え方を区別することが許される理論的根拠がやはり不十分となるのではなかろうか。その後も、鶴田滋教授[19]が、前訴の訴訟物が、仮に前訴口頭弁論終結後に承継の事実がなかったならば、前主との関係で提起されるはずであった後訴の訴訟物と同一であるか、矛盾または先決関係にある場合には、前訴確定判決の既判力が現実の後訴に作用するとする。[20]

②　理由中の判断への拘束説

他方、失権効否定説の指摘を受け、前訴判決の理由中の判断の拘束力が問題となるとの認識から、争点効の承継人への拡張を認めることによって、既判力拡張制度の趣旨を維持しようとする立場[21]がある。さらに、最近の学説では、永井博史教授が、承継人に対する既判力の拡張と言われるものは伝統的な既判力理論から乖離していることを認め、そのうえで、遮断効の性質を直截的に把握して、民訴法一一五条一項三号が規定する承継人に対して及ぶ確定判決の効力は、既判力そのものではなく、信義則を基盤とする制度的効力たる「既判力類似の効力」であるとして、信義則により、既判力拡張制度の趣旨を維持する立場[22]を主張する。

また、松本博之教授[23]は、前訴判決の既判力が後訴の承継人に及ぶのは、承継人が前主の実体適格を承継したことによるとする。松本説も、基本的には従前の議論と同様に、まず「承継」に該当するか（実体適格の承継があるか）を判断し、該当すれば、民訴法一一五条一項三号に基づき当然に既判力拡張があるとする。しかし、松本説では、例えば、事例一において前訴の既判力はXのYに対する所有権に基づく建物収去土地明渡請求権の存在だけでなく、Yが土地の占有権限を有しないことにも既判力が生じ、さらにこの既判力は実体適格（Yの義務帰属主体性を基礎づけるYの占有）を承継したZに拡張され、XのZに対する所有権に基づく建物収去土地明渡請求の先決関係として作用するとする。つまり、Yが占有権限を有していなかったという裁判所の判断の既判力が及ぶ場合、Zは前訴当時Xに土地の所有権がなかったことを主張して、Xの建物収去土地明渡請求権を争うことも、Xの建物収去土地明渡請求権の存在を確定する前訴判決の既判力の失権効によって遮断される。前訴確定判決の既判力はXへの土地所有権の帰属を確定するものではないが、Zが前訴当時Xに所有権がなかったと主張することは、Yと同様に、後訴に拡張される既判力の失権効によって遮断されるとする。松本説は、既判力の考え方がわが国の伝統的考え方と異なってくるが（既判力の客観的範囲の拡張）、その実質は、既判力の拘束力を訴訟物（例えば、物権的請求権の存否）の判断だけでなく、その基礎となる所有権ないし占有権限の存否まで拘束力を認めることで承継人への既判力拡張を認めることから、伝統的既判力理論からは理由中の判断に既判力を認めたものと言えよう。

他方、長谷部由紀子教授(24)は、承継人に対する失権効拡張の正当化根拠については、前主が前訴において訴訟物たる権利関係に最も強い利害関係を有しており、しかも当事者としての地位を保障されて訴訟を追行しているので、その結果として前訴判決の内容的正当性が高いという認識に基づき(25)、**事例一**のように、Yが前訴でXの土地所有及びYの建物所有及びXによる賃貸借契約の解除について十分争ったにも関わらず敗訴した場合には、後訴でZがこれを争えないのはやむをえないとの立論を展開された。手続保障に既判力拡張の根拠を見出すのであるが(26)、この拡張も前訴判決の理由中の判断の拘束力を認めるものにつながってくると思われる。いずれせよ、前訴判決の理由中の判断の拘束力を認めるこうした立場は一般化しているわけでもなく、上記の伝統的立場とはそもそも相いれない。

二　既判力拡張の議論に関する評価

以上の失権効肯定説の議論展開を概観すると、現在、訴訟物の同一性を擬制する立場が多数を形成しつつある。しかし、訴訟物の同一性擬制説については、訴訟物の同一性が擬制できる意味が問われなければならない。例えば、上野説による同一性擬制の構造は、**事例一**では、Yが前訴の被告適格を基礎づけていた法的地位（建物所有による土地占有）を後訴のZが（その一部でも）承継することが前提となる。Zは、口頭弁論終結後に建物所有権の承継取得により土地の占有という（後訴の）被告適格を基礎づける法的地位を得るので、前訴と後訴の訴訟物の同一性が擬制できるという構造である。「被告適格を基礎づけていた法的地位」と訴訟法的構成になっているが、実質は、「建物所有による土地占有」という実体適格の承継と思われ、この承継取得により依存関係の成立をみる。しかし、依存関係の成立には、その前提となる法律関係（法的地位）が実体法的に確定しているのが前提とならざるを得ない。つまり、前訴判決により確定された訴訟物たる法律関係は実体法上も存在することが必要となるのである。**事例一**では、XのYに対する土地明渡請求権の存在が実体法上も存在することが前提となり、Yに対するその実体法上の請求権の構成要件の一部たる建物所有による土地の占有がZに移転することで、前訴と後訴の訴訟物の同一性が擬制できることになる。(27) したがって、現時点の議論では、前訴と後訴で訴訟物が異なる場合に、前訴判決の既判力はどのように後訴に作用していくかという点について訴訟法説的理解に立脚し、それを維持するとするならば、理論的には、失権効否定説の立場が優位であろう。

このように、**事例一**から**事例三**における承継人への既判力拡張については、失権効否定説が適切であると思われる。そうすると、既判力が拡張される承継人の範囲は、基本的には訴訟物たる権利義務の承継がある場合に限定されることになる。しかし、「既判力の範囲＝執行力の範囲」という従前の支配的考え方では、前訴（当事者間の訴訟）で勝訴した当事者の権利実現（紛争解決）の可能性が確実に確保できないことになる（後述及び後掲（注（31））参照）。ただが、権利実現（紛争解決）の実効性確保のためには、第三者への既判力の拡張が不可欠であろうか。先に述べたように、権利実現は主に執行の局面の問題である。そうであれば、既判力の拡張を認めなくとも、執行力の拡張を認めることができれば、権利実現（紛争解決）の実効性確保は達成されることになる。そして、執行力の拡張の場合には債権者と債務者との間で成立した債務名義によって承継人に強制執行ができるかがポイントとなる。強制執行によって実現される給付請求権は、債務名義に表示された給付請求権である。この給付請求権の実現を求めることができる効力が執行力となる。したがって、常に給付請求権が観念されることになる[28]。ところが、承継人に対する執行の場合、債権者と債務者との間での給付請求権と債権者と承継人との間での給付請求権は同一ではない。ここから、執行力拡張の理論的根拠が問題となってくる（そこでは、給付請求権の実現を求めることができる効力が執行力となると解する以上は、既判力拡張の場合よりも執行力拡張の場合の方がまさに給付請求権の同一性の擬制という操作が必要的になってくるように思われる）[29]。しかし、このように、既判力と執行力は前提が異なるものの、執行力拡張は既判力拡張を前提するのが通説の立場である。そこで、考察ポイントは執行力の拡張は既判力の拡張を前提とするべきか否か、つまり、「既判力の範囲＝執行力の範囲」という従前の支配的考え方の再検討にあると思われる。以下では、この点につき検討することにする。

（注）

（9） それ以前の議論状況に関しては、上野泰男「既判力の主観的範囲に関する一考察」関法四一巻三号（一九九一）三五九頁以下、菱田雄郷「口頭弁論終結後の承継人に対する既判力の作用」法学七四巻六号（二〇一一）一七三頁以下など参照。

（10） 新堂・前掲論文（注（5））三〇四頁、三〇六頁が大昭和一一年九月二六日民集一五巻二〇号一七四一頁をベースに展開する見解である。他に、新堂幸司・新民事訴訟法（第六版）（弘文堂・二〇一九）七〇四頁、高橋・前掲書（注（2））六九〇頁以下など参照。この立場は、訴訟承継の場合と口頭弁論終結後の承継人への既判力拡張をパラレルに考える。

（11） 山本克己・前掲百選（注（3））一八五頁、山本弘・前掲論文（注（1））六九三頁以下など。

（12） この点を明らかにするのが、加波・前掲論文（注（1））三九一頁以下参照。

(13) 越山和広「既判力の主観的範囲―口頭弁論終結後の承継人」新堂幸司監修・実務民事訴訟講座(3)（二〇一三）三〇一頁（三一〇頁）、同「口頭弁論終結後の承継人への既判力」香法二二巻一号（二〇〇二）四七頁（五四頁以下）など。

(14) 上野・前掲論文（注（9））四一七頁。上野説によれば、（事例二）でいえば、前訴・後訴の両請求とも土地の明渡請求権であるという点で共通性を有し、建物所有権の承継取得による土地の占有という被告適格を基礎づける法的地位は、まさにこの明渡請求に関わるから、（XZ請求権は）XのYに対する請求権と同一性を擬制される請求権であると解することができるとするのである。つまり、同一性擬制説では民訴法一一五条一項三号の既判力拡張の効力内容に前訴（当事者間）の訴訟物と後訴（当事者一方と承継人（第三者）との間）の訴訟物の同一性を擬制する効力を含めることで、かかる場合に承継人への既判力の拡張を認めるのである。

(15) 菱田・前掲論文（注（9））一九〇頁参照。もっとも、菱田・同一九六頁は、上野説を継承・発展させる作業を必要とする旨を述べ、この立場に親和的である。また、山本弘・前掲論文（注（1））六九三頁以下は、要件事実論から主張構造を分析し、前訴の既判力によって確定された権利義務が後訴の攻撃防御方法を構成しないとして既判力の拡張を否定し、同一性擬制説は「既判力による実体法の書き換え」であるとする（同・七〇〇頁以下、七〇一頁注（21）参照）。そして、この書き換えは理由中の判断に既判力を認めることになり、それを認めない民訴法の原則に反するものとする（同七〇五頁）。適切な批判である。

(16) 中西正「既判力・執行力の主観的範囲の拡張についての覚え書き」伊藤滋夫先生喜寿記念（青林書院・二〇〇九）六二〇頁以下。

(17) 中西・前掲論文（注（16））六二四頁以下。

(18) 加波・前掲論文（注（1））三九三頁（注（13））参照。この立場も、山本弘教授が指摘する「実体法の書き換え」（前掲（注（15））参照）となっていると言えよう。

(19) 鶴田・前掲論文（法政研究）（注（1））八三二頁。

(20) 鶴田・前掲論文（上野古稀）（注（1））三五六頁以下参照。基本的には、訴訟物の同一擬制説とほぼ同様となろうか（加波・

前掲論文（注（1））三九三頁（注（13））。なお、加波・同四〇四頁以下も訴訟物の同一性擬制説をとる。

(21) 園尾隆司編・注解民事訴訟法（Ⅱ）（青林書院・二〇〇〇）四八八頁以下〔稲葉一人〕。なお、新堂・前掲書（注（5））三四八頁も争点効の拡張を主張していた。

(22) 永井・前掲論文（注（1））六三四頁以下。

(23) 松本博之「口頭弁論終結後の承継人への既判力の拡張に関する一考察」同・民事訴訟法の立法史と解釈学（信山社・二〇一五（初出：二〇一二））三七七頁以下参照。

(24) 長谷部・前掲論文（注（1））三八〇頁以下参照。

(25) 高橋・前掲書（注（2））六九一頁、吉村徳重「既判力の第三者への拡張」新堂幸司ほか編・講座民事訴訟⑥（弘文堂・一九八五）一三九頁以下など参照。

(26) 手続保障による正当化の問題については、鈴木正裕＝青山善充編・注釈民事訴訟法（4）（有斐閣・一九九七）四〇七頁〔伊藤眞〕など参照。手続保障による理論構成では、いかなる場合にどのように既判力が生じるかが明確でなく、制度効としての既判力の法的安定性を無視するものとなろう。

(27) つまり、永井・前掲論文（注（1））六三三頁、池田・前掲論文（注（1））四二頁以下などで指摘されているように、訴訟物の同一性擬制説の立場を維持するには、実体法説理解の介在がその理論構成の点では必要となる。山本弘・前掲論文（注（1））七〇四頁も近時の既判力拡張論は「既判力による実体法の書き換え」により前訴勝訴当事者の法的地位の安定を図ろうとするものであると批判する所以である。

(28) 中野＝下村・前掲書（注（7））一六四頁、吉村徳重「執行力の主観的範囲と執行文」同・民事判決効の理論（下）（信山社・二〇一〇（初出：一九八一））一一二頁、一一六頁以下など参照。

(29) 兼子一・新修・民事訴訟法体系（補訂版）（酒井書店・一九六九）三五一頁、新堂・前掲書（注（10））七三四頁（注（1））、松本博之・民事執行保全法（弘文堂・二〇一一）一〇四頁、加波・前掲論文（注（1））三九七頁以下、笠井・前掲論文（松本古稀）（注（1））五五七頁など。

三　執行力と既判力との関係

まず、執行力の不可争性は既判力により請求権の存在が確定されていることにその根拠を求めるとする上記通説について検討してみよう。この立場からの失権効否定説に対する批判は、承継人に対する既判力の拡張を否定しつつ、執行力の拡張は認めるという帰結は十分な理由づけがないとする。[30]そのうえで、承継人に執行力が拡張され強制執行される場合、失権効否定説に立つと執行には既判力は生じないことになるので、承継人は、強制執行の根拠となっている債権者の請求権の存在を否定して、それを理由に請求異議訴訟で強制執行を争うことができることとなり、不当とされている。[31]しかし、確定判決に対する請求異議の訴えでは債務名義に表示された給付請求権の基準時後の実体的変動が異議事由となることから、[32]前訴で確定された基準時における債権者の給付請求権の存在を前提とするが、それを否定するという判断は論理上生じえない。また、上記の議論から示されるように、訴訟法説の立場からの既判力の拡張には、十分な理論的根拠づけができない。そうすると、執行力拡張の場合の「執行力の不可争性は、既判力により請求権の存在が確定されていることにその根拠を求める」こと自体が問題のではなかろうか。しかし、この既判力の拡張が執行力の拡張の前提とするのが立法趣旨というのが根拠とされている。つまり、大正民訴法改正において、「旧民訴法二〇一条の新設に併せて、執行力の主観的範囲に関する規定が新設された。これは、新設された既判力の主観的範囲規定により既判力が及ぶとされた者に執行力も及ぶという意味であり、既判力の主観的範囲と執行力の主観的範囲は一致させる旨を規定するものである」とされている。[33]まずこのことから検証してみよう。

一　執行力拡張の立法史概観

現行の既判力の承継人への拡張規定（旧民訴二〇一条一項、現行一一五条一項三号）は、大正民事訴訟法改正により新設されたものである。(34) 明治民訴法においては、同法五一九条が執行力の拡張を認めるだけであった。(35) 同法五一九条は、執行力の人的範囲の拡張について、債権者に関しては一般承継人と特定承継人を対象としたが、債務者については一般承継人のみを対象とする旨が規定されていた。その結果、債務者の特定承継人に対する執行力の拡張は否定されていた（既判力の拡張は一般承継人のみに認められていた）。

大正民訴法改正作業の当初は、ドイツ法に依拠した当事者恒定主義の採用と、それに対応する形での規定が提案された（明治三六年の民事訴訟法改正案（旧法典調査会案）二八五条）。そこでは、確定判決の既判力は、当事者のほか、権利拘束（訴訟係属）発生後の当事者の承継人及び当事者又はその承継人のために、請求の目的物を占有する者に及ぶとされた。これを受け、執行力の人的範囲も旧法典調査会案六四四条により明治民訴五一九条の修正がされたとされる。

旧法典調査会案六四四条

「執行正本ハ債権者ノ承継人ノ為メ又ハ第二八五条ノ規定ニ依リ判決ノ効力ガ及ブベキ債務者ノ承継人若クハ請求ノ目的物ノ占有者ニ対シテ之ヲ付与スルコトヲ得―句読点、筆者（以下同様）―」

その後、立法過程では、当事者恒定主義の採用の有無が中心的に議論されたと思われる。(36) しかし、「民事訴訟法改正起草委員会決議案（第一案）」（大正五年九月～大正九年一〇月）で当事者恒定主義の採用は否定され、第三者の訴訟参加規定が置かれた（同六七条、六八条）。そして、同三一七条で、確定判決の効力は口頭弁論終結後の承継人に及ぶこととされ、当事者及び承継人のために請求の目的物を占有する者への拡張は時期の制約がなくなった。これにより、債務者の特定承継人にも既判力が及ぶことになった。ただ、この変更は「既判力がどの範囲の者に及ぶのかという、既判力の主観的範囲自体に関する変更を意味していない」とされる[37]。この段階での議論は立法資料からは明らかでない。その後の議論は、「目的物の所持者（占有者から所持者へ変更）」についての議論が中心となっている[38]。そして、旧民訴法二〇一条一項（現行一一五条一項三号）が成立することになる[39]。これを受け、旧民訴法四九七条ノ二が新設される。同二〇一条が既判力の人的範囲を、同四九七条ノ二が執行力の人的範囲を定めるものとされた。

旧民訴法四九七条ノ二（執行力の主観的範囲）

「一　判決ガ其判決ニ表示シタル当事者以外ノ者ニ対シ効力ヲ有ス可キトキハ、其者ニ対シ又ハ其者ノ為メニモ之ヲ執行スルコトヲ得。但第六十四条ノ規定ニ依ル参加人ニ付テハ此限に在ラズ。

二　前項ノ場合ニ於テ、執行力アル正本ノ付与ニ付テハ、第五百十九条乃至第五百二十一条ノ規定ヲ準用スル」

この規定が新設されたことを根拠に、「執行力の拡張は既判力の拡張を前提とする」との命題が成立したというのが今日の通説である。しかし、この点に関する立法議論は、立法資料から見出せなかった。

他方、立法に参与した委員の著述から、民訴法四九七条ノ二は、既判力が拡張して及ぶ者に対して強制執行ができる趣旨を明示するものとみなされている[40]。その評価の根拠としてまず挙げられた加藤正治・改正民事訴訟法案概説（有斐閣・一九三七）六二頁以下では、旧民訴法二〇一条の解説の中で、以下のように記述している。

「従来は判決は確定しても請求の目的物を他人に渡し所持せしむるというと、直ぐ強制執行が出来なくなって困るという状態に在る。仍て新法は承継人に対しては無論だし、又は目的物を所持して居る者に対しても確定判決は効力があると云うことにして、強制執行が出来ることにした」

しかし、これは、立法過程からも伺えるように、「目的物の所持者」に対する強制執行が可能となった点に力点が置かれ、確定判決の主観的範囲としての記述であることから、強制執行の可能性（執行力拡張）が実際的問題として先にあり、既判力がそれに重なるようにも読み得る。(41)

しかし、同じく立法に参与した山内確三郎・民事訴訟法の改正（法律新報社・一九三〇）三一九頁は、「判決の既判力の及ぶべき範囲内に在る者に対しては其の判決は同時に執行力を有しなければならない」と明示する。ここから、立法参与者の間では、かかる認識があったとの推定も可能とは思われる。しかし、山内・同書三一六頁以下で、明治民訴法五一九条により執行力が債権者の承継人及び債務者の一般承継人に対して生じることから、既判力もこの範囲内において存するという解釈が問題であるとして、その解決のために、旧民訴法二〇一条の規定が設けられ、債務者の特定承継人に対しても既判力が生ずるものとしたとする。その上で、目的物の所持者に対しての既判力拡張は権利濫用の弊を除くためとして、その例として、「一の賃借人に対して不動産の明渡しを命ずる判決の執行を免れむが為、之れを第三者に占拠せしむるの実例は不動産の所有者を窮迫せしめて居る。……執行の目的を達すること能はざるの事例比々で而かも是れは旧法の不備の結果であり、而して救うべからざる弊害を為して居る。」と指摘する。これらも執行の局面での問題を想定しており、執行力が及ぶことが前提である。しかし、既判力を及ぼすことで執行も可能という解釈を採る。こうした解釈をとる要因として推定されるのが「旧民訴法五一九条一項」の存在である。というのは、旧民訴法五一九条一項は、以下のように規定し、明治民訴法と同様の規定となっている（山内・同書三二〇頁は立法の遺漏としている）。

旧民訴法五一九条（承継執行文の付与）

「一　執行力アル正本ハ判決ニ表示シタル債権者ノ承継人ノ為ニ之フ付与シ又ハ判決ニ表示シタル債務者ノ一般ノ承継人ニ対シ之ヲ付与スルコトヲ得。但其承継ガ裁判所ニ於テ明白ナルトキ又ハ証明書ヲ以テ之ヲ証明スルトキニ限ル。」

このことが執行力拡張の局面が問題であっても、既判力の拡張規定でそれに対応せざるをえないという状況を生じせしめたと考えることもできよう。上記、加藤博士等の立法参与者が直截的に既判力とは表現せず、確定判決の効力と表現したのはこうした背景を意識していたのかもしれない。そして、それが「執行力の拡張は既判力の拡張を前提とする」との命題が成立したとする今日の通説に繋がってくると推察される。(42) しかし、このことは逆に、十分な立法議論がなされていなかったことの証左と思われる。つまり、既判力と執行力の関係については、大正民訴法改正により明確な形で「執行力の拡張は既判力の拡張を前提とする」との命題が成立したと断言する明確な証明はないとも言えそうである。

大正民訴法施行後、判例は、大決昭和五年四月二四日民集九巻六号四一五頁（Yが土地賃借人Xとの間の裁判上の和解によってXに対してY所有の家屋を収去して土地を明け渡す義務を負ったが、Zが当該家屋をYから譲りうけたので、XからZに対して承継執行文の付与の申立てがあった事案（事例一類似）で、大審院は、ZはYの係争地の占有を承継したとしてAの口頭弁論終結後の承継人であるとし、承継執行文を付与すべきとしたものである）において、執行力の拡張を認めた。学説はこの判例を旧民訴法二〇一条の特定承継人に関するリーディング・ケースとするが、裁判上の和解の効力につき既判力を全面的に肯定することが前提となる。この点が議論となる場合には（現在では議論となっている）、既判力を論じる意味合いは乏しい。この事案は、裁判上の和解の執行力の拡張を問題とするものであったといえよう。また、最判昭和二六年四月一三日民集五巻五号二四二頁は、和解調書の効力は旧民訴二〇三条、二〇一条により債務者の特定承継人に及ぶことから、旧民訴法五一九条一項は特定承継人を含む趣旨に修正して解釈しなければならないとした。これも執行力の拡張を問題とするために、既判力の拡張規定を持ち出す形になっていると評し得る。

その後、昭和五四年の民事執行法制定により、民執法二三条で執行力の人的範囲が明文化され、かつ同二七条二項で承継執行文付与についての規定がなされた。これにより、大正民訴法での整合性なき諸規定が整理・修正されることになった。そして、旧民訴法四九七条ノ二の削除は、旧民訴法二〇一条一項（現行一一五条一項三号）における承継人と民執法二三条の承継人との範囲が一致すべきとする要請は条文上の根拠を失い、むしろ、現行法上では後退しているように思われる(43)。そもそも、執行力が生じる債務名義には、既判力が生じないものがあるのは周知のことである。既判力の生じない債務名義（執行証書）の場合に、承継人に対して、「執行力の拡張は既判力の拡張を前提とする」という命題が妥当するかは疑問である。厳格に解すれば、この命題は、確定判決を債務名義とする場合にしか成り立たない。しかし、なぜ確定判決の場合にのみ「執行力の拡張は既判力の拡張を前提とする」とするのかの説得的説明はないのが現状である。

二　確定判決における執行力の本質

以上のように、「執行力の拡張は既判力の拡張を前提とする」とする命題は立法（過程）で確立したとは言い切れないと思われる。それでは、執行力の拡張はどのように根拠づけられるであろうか。それを検討するためには執行力の本質について整理し、次に、債務名義（とくに確定判決）と執行力の関係をどう把握するかに関して論じることにしたい。

1　執行力の基盤

まず、執行力が付与される債務名義とはどのようなものか。債務名義とは、強制執行によって実現されるべき請求権の存在と範囲、その当事者並びに責任財産（執行対象財産）の範囲を表示した、公の格式文書とされる。そして、債務名義は、これに基づく国家機関による強制執行の実体的基礎を確保する。したがって、債務名義は、(a)国家権力を発動して債務者の生活圏に強制的に介入することが一般に是認される程度に高度な蓋然性をもって執行債権の存在と内容を確証する文書であって、かつ(b)債務者がその成立過程に主体的に関与する機会を保障された文書であることが要請されてくる。(44)執行力は、この債務名義に表示された給付請求権について強制執行による実現可能性を付与した効力であり、他面で、執行機関に対して債務名義に表示された給付請求権の強制執行の実体的正当性を保障する効力となる。(45)

では、なぜ債務名義に表示された給付請求権に執行力は付与されるか。執行力の根拠につき、当該債務名義に基づいて強制執行を認めた法律に求めるのが通説(46)である。国家の権力作用により債権者の権利実現（利益享受）を図る執行に法律上の根拠が必要なのは当然であるが、より重要なのは何故法が債務名義を特定してそれに執行力を認めたかであろう。自力救済を禁止し、代わりに国家機関による権利保護を実現するとする執行制度の枠組みからは、国家による権力作用の発動（執行の実施）を要求でき、その発動の正当化が必要である。この発動要求が執行力の効力であることから、発動の正当化には執行力の基盤が関わる。そして、執行が債務者の生活圏内への国家作用の発動である以上、債務名義に表示された給付請求権の存在が実体法上も確証されていることが発動正当化のためには不可欠のように思われる。(47)確かに、この確証は、裁判所による判決から裁判機関が関与しない当事者の合意による権利処分まで多様であるが、債務者に対する債権者の実体的な給付請求権の存在（又は合意）が確証され、その実現必要性が承認されている点では共通してくる。ここに、法が当該債務名義に執行力を認めた根拠があると言えよう。つまり、確定判決の場合には、執行力の基盤となるのは債務名義に表示された給付請求権の実体的存在ということになる。そして、実体法上の給付請求権の存在が給付判決により確定し（債務名義の成立⇒執行力）、執行力を有した確定給付判決は、執行文の付与によりそれが公証され、その執行文の付された確定給付判決に基づき、強制執行は実施される（民執二五条一項）。したがって、執行力は、債務名義に付与され、執行文付与により起動するのを原則とする。

他方、担保権実行では、担保権の存在を証明する文書の提出により競売手続が開始される（民執一八一条一項、一九〇条一項、一九三条一項）。つまり、担保権実行における執行力は、換価権が内存する担保権の存在を証明する文書の提出により起動すると言えよう（なお、令和五年の執行法改正（令和五年法律第五三号）により、不動産担保権の実行において登記事項証明書の提出は必要なく、申立てのみで手続の開始ができるようになる（改正民執一八一条一項一号参照）。改正の是非は別として、登記に事実上の公信力を認めた形になり、この点についての本稿の記述は再考を迫られることになるが、執行力が基本的に実体法上の抵当権に内在する換価権に基づく点は変わりはないと思われる）。担保権の実行は、実体法上の担保権に内存する換価権に基づくものと解され(48)、より実体的である。したがって、担保権実行における執行力の基盤も換価権が内存する担保権の実体的存在となる。つまり、強制執行と担保権実行が民事執行として統一された現行民執法では、執行力の基盤は実体権の存在に求めることが適切と思われる。

さらに、このことの証左として請求異議の訴えの構造を挙げることができよう。請求異議の訴えは、この執行力の基礎に変動が生じ、執行力を認めることができなくなった場合に、その執行の不許を目的とする訴えである。それゆえ、請求異議事由となるのは、執行力の基礎となった実体法上の給付請求権の存在または内容に変動を及ぼす事由で、しかも、確定判決の場合、その事由は基準時後に初めて生じた事由である(49)。確定判決の請求異議事由が基準時後における実体法上の給付請求権の存在または内容についての変動であるならば、確定判決では基準時において給付請求権が実体的に存在していることが前提となる(50)。

2　確定判決の執行力の本質

では、確定給付判決の執行力発生の基盤となる実体法上の給付請求権の確証（債務名義の成立）とは何を意味してくるのか。既判力の本質論についての訴訟法説によれば、既判力で確定されるのは訴訟物たる給付請求権の存否の判断を争うことができないということだけで、実体法上の給付請求権の存否については何ら確定していないとする。確定判決の効力としての執行力も既判力の存在を前提として同様に判断すると、上記の強制執行の基礎は存在せず、その正当性もないことになる。それでは、自力救済を禁止し、国家機関による強制執行での権利実現が正当化されない。そうすると、給付請求に対する確定判決は、少なくとも執行の局面では、債権者の債務者に対する給付請求権の存在を実体法上も確証していなければならないことになる。問題は、その確証の度合いであるが、執行力の基盤となる債権者の債務者に対する実体法上の給付請求権が強制執行を正当化できる程度に実体法上も存在すると確定するものでなければならない。自由心証主義に基づく民事訴訟における裁判官の確信は、合理的な疑いを差しはさむことができないほどの高度の蓋然性があればいいとするのが今日の一般的理解である(51)。そして、このことは判決後の執行を見据えて、国家権力を発動して債務者の生活圏に強制的に介入することの正当性保障としても要求される(52)。したがって、執行力の基盤としては実体的権利関係存在についての高度の蓋然性があればいいということになる。

給付確定判決は効力として執行力と既判力を有するが、上述したように、両者の本質は異なる。給付確定判決の執行力は、後の強制執行を想定したものである以上、給付請求権が高度の蓋然性をもって実体的に存在することが判決により確証されていることを前提とする。それゆえ、執行力の局面では、理論上、給付請求権の存在を確証した確定判決には実体的効果が生じることにならざるを得ない。執行力の不可争性はこの点に存することになろう。

(注)

(30)　例えば、丹野・前掲書（注（3））二三二頁。

(31) このことを強調するのが松本・前掲論文(注(23))三七二頁以下、笠井・前掲論文(松本古稀)(注(1))五六三頁、加波・前掲論文(注(3))三九七頁以下などである。

(32) この点に関しては、拙稿・栂＝遠藤古稀(前掲注(1))八四三頁以下参照。例えば、既判力の拡張が執行力拡張の前提となる立場では、占有等の承継人は請求異議訴訟で前主から正当に占有権原等を主張することが妨げられず、前訴被告は目的物の返還義務等を負ってなかったとして請求異議訴訟認容判決を受け、それにより執行力が排除されるので、既判力拡張を前提としない執行力拡張は意味がない旨の主張がなされている。しかし、請求異議の訴えでは、前訴被告は目的物の返還義務等を負ってなかったという判断は生じえないのである。後述する本稿の立場では、占有等の承継人は前訴被告の目的物の返還義務をその実体的効果の通用力により尊重しなければならないことになり、ただ基準時後に債務名義に表示された給付請求権の存在又は内容に関する実体的変動を異議事由として主張できるにすぎないのである。確定判決の請求異議事由の制限は既判力でなく、執行力の保護を目的とした制度との見解も主張されており(*Weinzierl*, Die Präklusion von Gestaltungsrechten durch 767 Abs.2 ZPO unter besonderer Berücksichtigung der materiellen Rechtskraft,Heidelberg 1997,S.150ff.)、その点に関しては、本稿の立場では基本的に賛同できる。

(33) 加波・前掲論文(注(1))三八八頁(注5)。

(34) その詳細は、上野泰男「民事訴訟法大正改正の経過と既判力の主観的範囲」鈴木正裕先生古稀祝賀・民事訴訟法の史的展開(有斐閣・二〇〇二)六九三頁以下、小山昇「口頭弁論終結後の承継人の基準に関する学説の展開」同・判決効の研究〔小山昇著作集 第二巻〕(信山社・一九九〇:初出(一九八一))一八〇頁以下参照。

(35) 明治民訴法に既判力の人的範囲の規定が置かれなかったのは、執行力には「実際の必要」があったが、既判力にはなかったからだとされている(小山・前掲論文(注(34))一八九頁)。上野・前掲論文(注(34))七〇一頁は、このことを念頭に大正改正で既判力の人的範囲に関する規定が置かれたのは、「実際上の必要はあまりなかったが、外国法、特にドイツ法を参照して、既判力の主観的範囲に関する規定が新設されることになったとみて、大きな誤りはない」とする。

(36) その後の立法過程については、上野・前掲論文（注(34)）七〇五頁以下参照。なお、同七〇二頁以下では、旧法典調査会案の二八五条についての意見照会の結果、消極的意見が強かった旨が指摘されている。

(37) 上野・前掲論文（注(34)）七一三頁参照。

(38) 上野・前掲論文（注(34)）七二〇頁以下など参照。なお、「目的物の所持者」に対する既判力と執行力の関係を考察するものとして、青木哲「請求の目的物の所持者に対する判決効について」松本古稀（前掲注(1)）五七一頁以下がある。

(39) 成立時の状況については、小山・前掲論文（注(34)）二〇一頁以下など参照。既判力と執行力の関係でこの時点での言及はほとんどない。確認できたところでは、この関係での言及としては、成立時における貴族院特別委員会審議で政府委員（池田寅二郎）から、口頭弁論終結後にその物の権利を譲り受けた場合には、判決は及ぶが、譲り受けた者の自己の固有の権利に基づき債権者に抗弁がある場合には、執行に対する異議の訴えを提起することになるとする言及がある（小山・前掲論文（注(34)）二〇四頁）。これは、執行力の拡張を想定したものと思われる。

(40) 小山・前掲論文（注(34)）二〇四頁以下。

(41) また、小山論文で同様に参照されていた長島毅＝森田豊次郎・改正民事訴訟法解釈（一九三〇）四六七頁が「判決ガ之ニ表示セラレタル当事者以外ノ者ノ為ニ効力ヲ有スル場合ニ於テハ、此等ノ者ハ、其ノ判決ニ基キテ強制執行ヲ為シ得ベク、又判決ガ之ニ表示シタル当事者以外ノ者ニ対シ効力ヲ有スル場合ニ於テハ其ノ判決ハ此等ノ者ニ対シ執行シ得ザルベカラズ、」と記述していたことも同様と思われる。

(42) 兼子・前掲書（注(29)）三五一頁が「執行力も判決主文について認められ、その主観的範囲も、既判力に準じるのが原則である」と記述するのは、既判力の人的範囲と執行力の範囲は原則的に一致するが、例外もあり得ることを示すものである。これは、かかる規定の相違を意識したものとも言いうるかもしれない。

(43) 中野＝下村・前掲書（注(7)）一六五頁以下など参照。

(44) 竹下守夫・民事執行における実体法と手続法（有斐閣・一九九〇）五四頁、一七五頁など参照。債務名義としての確定判決は、この(a)、(b)の要請に最も適合したものであると言える。

(45) 拙著・民事執行・保全法概論（第二版）（成文堂・二〇一三）二二頁、山木戸克己・民事執行・保全法講義（補訂二版）（有斐閣・一九九九）五四頁など。

(46) 中野＝下村・前掲書（注（7））一六四頁、上野泰男「執行力の主観的範囲」青山善充＝伊藤眞編・〔ジュリスト増刊〕民事訴訟法の争点（第三版）（一九九八）二五〇頁など。これに対抗するのが、竹下教授による「実体権の存在の『判断』が執行機関の行動準則としてこれに対する通用力が執行力の本体」とする立場である（竹下守夫・民事訴訟法の論点（有斐閣・一九八六）六〇頁以下）。債務名義には実体権の存在の判断を含まないものもあることから、批判されている（中野＝下村・前掲書（注（7））一六四頁）。

(47) それは、竹下・前掲論文（注（46））四七頁以下で主張されている「民事執行の実体的正当性」と言え、この実体法上の給付請求権の存在がその実体的正当性要件の中心となる。

(48) 中野＝下村・前掲書（注（7））三四四頁以下など参照。

(49) 拙稿・前掲論文（注（8））八四三頁以下参照。

(50) そうであるからこそ、民執法三五条一項では「債務名義に係る請求権の存在又は内容について」異議のある債務者が請求異議の訴えを提起できると規定するのである。

(51) 最判昭和五〇年一〇月二四日民集二九巻九号一四一七頁参照。

(52) 丹野達「執行力の客観的範囲」同・前掲書（注（3））二五七頁は、判決が確定した場合には、既判力により事実認定を争えないことになるので、その対象となる実体的権利の存在の確率はいわば一〇〇％まで引き上げられるとする（再審が認められるので九八％とも）。

四　おわりに――承継事例における執行力の作用――

一　訴訟物承継の場合の執行力の作用

執行力が上記のような本質を有するとすると、執行力はどのように作用し、拡張するのか。例えば、XのYに対する売買代金請求訴訟（前訴）で勝訴したXから基準時後にZが当該代金債権を譲り受け、その後、ZがX＝Y間の確定判決を債務名義としてYに対して強制執行を申し立てた場合でみてみよう。本稿の立場からは、執行力の局面では、確定判決は給付請求権の存在を確証することによりいわば実体的効果を有すると評価することになるので、前訴確定判決により、XのYに対する売買代金請求権は実体法上存在するものとして扱われることになる。執行力はその請求権を基盤として生じるので、それは、執行力の付着した実体法上の売買代金請求権と言えよう。したがって、Zは、Xから前訴訴訟物たる債権の譲渡を受けたということにより執行力の付着したYに対する実体法上の売買代金請求権を取得したことになり、X＝Y間の確定判決を債務名義として、Yに対して強制執行をなしうるということになる。なお、この場合、執行対象物は特定されていない。Zは、承継執行文の付与を求め、強制執行はYの責任財産を対象にして申し立てることになる。

では、債務者側の承継執行の場合はどうであろうか。上記の事例でZがYの債務を引き受けた場合を考えてみよう。XがX＝Y間の確定判決を債務名義としてZに対して強制執行を申し立てた場合、この場合に執行力の拡張を認めることは債務名義の形成プロセスに関与する機会がなかった第三者に対する強制執行を許容する効果を有することになる。それゆえ、執行力拡張の根拠づけは債権者の承継執行の場合より重要となる。しかし、この場合も、Zは、X＝Y間の確定判決により、執行力の付着したXに対するYの実体法上の売買代金支払義務を引き受けたことになる。したがって、Xは、X＝Y間の確定判決を債務名義として、承継執行文の付与を受け、Zに強制執行をなしうることになる。

二　係争物の承継人への執行力拡張

これに対して、前訴の訴訟物ではなく、基準時後の「係争物の承継人」（**事例一**の係争物を譲渡された者、**事例二**における係争物の占有を譲り受けた者、**事例三**の登記の移転を受けた者）の場合はどうであろうか。上記の債務者側の承継執行の場合と同様の状況が生じるが、ここでは、前訴と後訴で訴訟物が異なる場合であり、かつ訴訟物たる権利・法律関係自体の承継でない点で、債務名義の形成プロセスに関与する機会がなかった第三者に対する強制執行を許容する効果を認める根拠づけはより重要になる。従前の議論は、執行力（既判力）が及ぶことを前提に、強制執行によって実現される給付請求権が債務名義表示の給付請求権と異なることから実現される請求権が成立しない場合（例えば、固有の抗弁が成立する場合）に、どのような手続によって強制執行が是認されなくなるかに集中してきた。いわゆる「権利確認説」と「起訴責任転換説」の争いである。(53)しかし、問題は、確定判決の場合に、基準時後の係争物の承継人に、なぜ執行力が及ぶかであり、その作用の理論的構造を明らかにして、手続の問題を論じるべきではなかろうか。

ここで考慮すべきは、基準時後の係争物の承継人への確定判決の執行力拡張を論じる場合には、「特定物に対する」強制執行が問題であるという点である。通常、金銭執行では、債務者の責任財産が対象となり、執行力発生時点では執行対象物は特定されていない。その意味で、執行力は「対人的に」及ぶことになる。他方、非金銭執行（特定物執行）では、執行力発生時点ですでに執行対象物は特定されている。つまり、執行力は対人的にも「対物的にも」及ぶことを認める必要が出てくる。

そうすると、**事例一**の場合を検討してみると、まずX勝訴の確定判決によりX＝Y間にXの所有権に基づく甲土地の明渡請求権（又は建物収去土地明渡請求権）が実体的に存在することが確証されたことになる。単なる甲土地の明渡執行であれば、甲土地をZが譲り受けたとすると、Zへの執行力の拡張はX＝Y間の訴訟物たる権利義務関係の移転ではないので、X＝Y間の権利義務に執行力が付着しているとの説明だけでは不十分である。しかし、この場合、Xの所有権に基づく甲土地の明渡請求権が実体的に存在することを確証した確定判決は、明渡請求権の対象が甲土地であると特定されている以上、その実体的権利（確証）の通用力として、特定されている係争物たる甲土地にも執行力が付着している（及ぶ）との構成をとることができるのではなかろうか。他方、**事例一**では、甲土地上のYの建物所有はX所有の甲土地を侵害していることになるので、土地明渡義務貫徹のために、Yは執行法上建物を収去する義務も併せて負うことになる（訴訟物を建物収去土地明渡請求権一個とすると実体的義務を負うことになろう）。そうすると、**事例一**においてもY所有の建物に確定判決により確証された実体的権利の通用力として執行力が及ぶということができよう。**事例一**では、この執行力の付着したY所有の建物をZは譲り受けたことになる。Xとしては、あたかも抵当権が担保目的物たる特定不動産に追求効を有すると同様に、Zに対しても執行力が及び、X＝Y間の債務名義により、承継執行文の付与を受け、強制執行をなしうると解せうるのである(54)。

事例二も基本的には同様である。ただ、**事例二**の前訴確定判決で確定されたのは、債権的請求権である。それに基づき、承継執行ができるかが問題となる。実体法説的理解を介在させることは、債権的請求権の場合はあくまでも相対的効力しか有しない点をどう評価するかが問題となる。相対的効力しか有しない以上、第三者への執行力の拡張は肯定できない。しかし、**事例二**のように、背後に所有権という物権が控えている場合には、**事例一**と同様に解することができそうでもある(55)。

事例三については、承継執行を認めるか否かについては、議論のあるところである。登記手続請求の判決は登記申請の意思表示を命ずるものであり、その確定により意思表示がなされたものとみなされるので、執行の余地はないという立場[56]と、権利実現の目的は勝訴原告の実質的な登記名義の取得にあるのであるから、判決確定と登記官による登記実行との間に登記請求権の承継が可能である以上、執行の承継をまったく否定してしまうことは合理的でないとする立場[57]がある。確かに、登記所での登記申請は行政庁に係る事柄であり、強制執行の範囲ではない。しかし、登記義務の執行方法が意思表示の擬制によりなされるのは、確定判決の内容実現を間接強制より簡便な方法により行うためとされる。[58]また、一般承継の場合には、承継執行が認められている。[59]さらに、承継執行制度は債権者側の承継人について新たな債務名義の取得と債務者側の執行遷延による不当な利益の修得による当事者間の衡平の侵害回避という点にその制度趣旨を有する。これらの点を考慮すると、承継執行を認めるべき余地は残ると思われる。そうだとすると、この場合の執行力拡張はどのように根拠づけられるか。本稿の立場では、**事例三**の前訴確定判決において、XのYに対する甲土地の抹消登記手続請求権の存在に実体法的効果が認められる。その通用力として、甲土地の登記抹消義務に執行力が生じるので、甲土地を所有したZはその所有権登記の抹消という不利益を甘受すべきことになる。[60]したがって、Xは承継執行文を受け、その旨の登記申請をすることができると考える。[61]

なお、Zに固有の抗弁（善意の第三者）がある場合の処理であるが、固有の抗弁は債務名義に表示されたXのYに対する甲土地の抹消登記手続請求権の存在についての基準時後の実体的変動又はそれと同視できると言えるので、請求異議の訴えでZは主張し、争うことになろう。

これらの事案（**事例一～三**）では、実務的には、占有移転禁止の仮処分や処分禁止の仮処分の執行を経ていれば、当事者恒定効により、基準時後に係争物の占有等をなした第三者に対する執行文の付与を本案の債務名義に受けることができる（民保六二条、六三条）。したがって、仮処分をなさなかった場合には、執行力の拡張を否定できるとの立論も可能である。しかし、保証金等の費用コストの問題や事案の状況等から仮処分を債権者側（原告側）に常に求めることは困難である。それゆえに、債権者の既得的地位の保障（権利実現の実効性確保）を目的とする承継執行が存在するとも言え、執行力の拡張を論じる意味は残ろう。

以上、本稿では、まず、既判力の第三者（承継人）への拡張（民訴一一五条一項三号）について失権効否定説の立場が適切であるとの立場をとる。そのうえで、民訴法一一五条一項三号の制度趣旨と言われる権利実現（紛争解決）の実効性（既判力の正当化根拠としての手続保障理念はこの承継人への既判力拡張正当化の局面では、承継人の手続への関与がない以上、まったく論じられる余地はない。確かに、承継人に前訴当事者による代替的手続保障があったとの主張があるが、この主張は、手続保障を当事者自らが主張・立証を適正に行う機会を保障することと解するならば、ほとんど意味はない）は、既判力制度の中ではなく、執行段階で実現される問題である旨を主張した。そして、確定判決における執行力の拡張（作用）について論じてきた。執行力の拡張は既判力の拡張を前提とする命題に疑義を呈し、そのうえで、少なくとも確定判決の執行力の拡張の根拠づけに関しては、既判力の本質論でいう実体法説的理解の介在が不可欠であることを展開した。そして、とくに非金銭執行である特定物執行においては、第三者による特定物の譲渡、占有等は、その特定物に執行力が付着する形（抵当権の追及効との比較から）で行われるとの理論構成を展開した。この立場は、現在の民事訴訟法学において、過去の遺物でしかない実体法説的理解の介在を説くことは奇異にしか思われないであろう。しかし、判決効論ないし既判力論における個々の問題の解釈においては、実体法説的理解の介在させる局面も他にあるのではないか[62]。本稿は、かかる問題意識の提示でもある。

（注）

（53）議論の詳細は、笠井・前掲論文（上野古稀）（注（1））三一九頁以下及びそこで挙げられている文献など参照。

（54）このように、本稿の立場では、確定判決の債務名義の場合には、そこに表示された給付請求権が実体的にも存在が確証され、その結果としての実体的効果の通用力が及ぶか否かが承継執行を認めるポイントとなる。執行法上「承継人」に該当するか否かは、例えば、所有権に基づく引渡請求権の場合には、基準時後に前主からの占有移転等の具体的事実があれば、その移転等を受けた第三者が承継人とみなされることになる。

(55) この点は、既判力拡張で議論されてきた物権的請求権と債権的請求権の違いについての議論が参考になろう。加波・前掲論文(注(1))四〇一頁以下など参照。

(56) 中野＝下村・前掲書(注(7))一三四頁以下など。

(57) 新堂・前掲書(注(5))三四二頁、丹野達「判決後の承継人」判タ二九四号(一九七三)七四頁以下など。

(58) 中野＝下村・前掲書(注(7))八七二頁、笠井・前掲論文(上野古稀)(注(1))三二五頁など参照。

(59) 中野＝下村・前掲書(注(7))八七七頁など参照。

(60) 丹野・前掲書(注(3))二六六頁からは、それは執行力の客観的範囲の問題ということになる。

(61) 笠井・前掲論文(上野古稀)(注(1))三一九頁以下(三二七頁)は、二重譲渡の場合には、対抗問題に対する実体法上の規律から、承継執行を否定する立場が多数であるとする。本稿の立場も同様になる。

(62) 例えば、既判力の作用する局面とされる「矛盾関係」の成立は、実体法説理解の介在があって初めて説明できるのはないかと思われる(なお、中村英郎・民事訴訟法(成文堂・一九八七)三六三頁は、矛盾関係の場合の作用は既判力そのものの効力ではなく、前訴確定判決と二律背反の関係にある請求を排除する効力とする)。

第四章　二重起訴禁止原則と相殺の抗弁
――最高裁判例の展開と評価――

一　はじめに――問題の所在――

本章は、民訴法一四二条の適用範囲をめぐる問題、その中でもとくに、民訴法一四二条と相殺の抗弁との関係について考察を加えるものである。(1) この問題は、相殺の抗弁が提出されれば、相殺の自働債権が審理対象となり、その判断が判決の理由中でなされた場合にも既判力が生じる（民訴一一四条二項）ことに起因する。つまり、相殺の抗弁とその自働債権についての別訴が並行する場合には、既判力の抵触と審理の重複を避けるために、二重起訴禁止原則（民訴法一四二条。重複訴訟禁止原則という表現が近時では多く使われているが、本稿では条文の文言に即して二重起訴禁止原則という表現を使用する）の類推適用があるかとの問題である。複数の最高裁判例も登場しているが、民事訴訟法学において未だ決着のついてない問題でもある。本章は、この関係において、最判令和二年九月一一日民集七四巻六号一六九三頁（以下「⑤判決」という。）を契機に、とくに相殺の抗弁と二重起訴禁止原則の関係についての最高裁判例の展開を検討するものである。

後に詳述するが、判例は、民訴法一四二条と相殺の抗弁の関係に関して以下のような展開を辿っている。まずリーディング・ケースとなったのが、①最判平成三年一二月一七日民集四五巻九号一四三五頁（以下「①判決」という。）である。この判例において、最高裁は、一般法理として、二重起訴禁止原則の趣旨を既判力ある判断の矛盾・抵触の防止に重点を置き、相殺の抗弁の提出につき絶対的不適用説を採用した。すなわち、既判力ある判断の矛盾・抵触の可能性がある限り、たとえ併合審理がなされていたとしても、相殺の抗弁に民訴法一四二条が類推適用され、相殺の抗弁の提出を不適法としたのである。

しかし、その後、この①判決の法理には「揺らぎ」が生じている。まず、一部請求と相殺の抗弁の関係を取り扱った②最高裁平成一〇年六月三〇日判決民集五二巻四号一二二五頁（以下「②判決」という。）は、一部請求の残部をもって別訴の請求債権と相殺することは訴訟物が異なり既判力の抵触がないことを理由に、従来の民訴法一四二条の理解に基づき相殺の抗弁の提出を認めた。さらに、この②判決においては、相殺の抗弁の簡易迅速な決済機能・担保的機能をとくに取り上げ、その適法性が強調されたのであった。次に、本訴及び反訴が係属中に、反訴請求債権を自働債権とし、本訴請求債権を受働債権として相殺の抗弁を提出した事案において、③最判平成一八年四月一四日民集六〇巻四号一四九七頁（以下「③判決」という。）は、反訴が予備的反訴に変更するとの解釈を行い、相殺の抗弁提出の適法性を認めた。そして、③判決とは反対形相となる事案（本訴請求債権を自働債権とし、反訴請求債権を受働債権として相殺の抗弁を提出した事案）において、④最判平成二七年一二月一四日民集六九巻八号二二九五頁（以下「④判決」という。）は、民法五〇八条の適用可能な事案であることから「本訴において訴訟物となっている債権の全部又は一部が時効により消滅したと判断されることを条件として、反訴において、当該債権のうち時効により消滅した部分を自働債権として相殺の抗弁を主張することは許される」として、相殺の抗弁の提出を適法としたのであった。

絶対的不適用説を採用した①判決後、①判決を引用しつつも、最高裁は、相次いで相殺の抗弁提出の適法性が肯定している（②、③、④判決）。そして、本稿で中心的に取り上げる⑤判決において、最高裁は、③判決の同様の事案で、同時履行関係にある本訴・反訴債権につき、④判決同様に本訴債権を自働債権として反訴債権を受動債権とする相殺の抗弁を適法と認めた。③〜⑤判決は本訴と反訴が併合審理されている場合における相殺の抗弁の適法性が問題になっている。③、④判決では①判決が引用されているが、この⑤判決では、①判決の引用もない。そうすると、上記の諸判決の整合性、各判決の正当化の理論構成は妥当か、またその特質は何かが、これまでの議論の中で問題となると思われる。本稿では、これらの点を⑤判決を中心にして考察していくことにしたい。

(注)

(1) この問題に関する文献は多い。さしあたり、高田裕成ほか編・注釈民事訴訟法 第三巻（有斐閣・二〇二二）二七一頁以下〔本間靖規〕掲載の文献参照のこと。本稿は⑤判決を中心に考察するものである。相殺の抗弁と民訴法一四二条に関係についていくつかの注目すべき最高裁判例（本文で挙げた①判決〜④判決）が公刊されていることから、それらも併せて整理し、検討する判例研究でもある。本稿では、この形で、令和二年最高裁判決を中心的に検討した（本稿記述のうち特に③判決、④判決に関する部分は、④判決に関する著者の評釈（早稲田大学法務研究論叢第二号（二〇一七）二三九頁）の記述と重なる部分がある）。なお、本稿での引用文献は網羅的ではない。

二　二重起訴禁止原則をめぐる議論状況

まず、考察の前提として二重起訴禁止原則についての一般的理解について確認しておくことにしたい。訴訟（前訴）が提起された後に、同一当事者間で同一の訴訟（別訴）が他の裁判所に提起されると、事件について判断する裁判所（裁判体）が異なることから、同一の事件にもかかわらず、前訴と別訴で矛盾、抵触する判断が生じる可能性が出てくる。法的安定性を旨とする国家制度としての民事訴訟において、矛盾・抵触する判決は回避されねばならない。そこで、民事訴訟法が採った対応は、別訴を遮断することで矛盾、抵触する判断の可能性を回避することであった。そして、民事訴訟法は、前訴が終了し、判決が確定した後に同一事件について別訴（後訴）が提起された場合には、後訴に対して前訴判決の既判力で対応する旨を規律する（民訴一一四条）。しかし、同一の訴えが提起されるのは、前訴の終了後だけではない。前訴がまだ係属中の段階においても、同一事件について訴え（別訴）が提起されることが起こりうる。この訴訟係属中の場合につき、民事訴訟法は、「当事者は更に訴えを提起することができない」との規律を定めることで対応する（民訴一四二条）。つまり、すでに同一当事者間で裁判所に係属する訴訟については、「訴訟係属の効果として」、同一当事者・同一訴訟物の別訴を提起すること自体が禁じられるのである。したがって、当該別訴は不適法却下とされることになる。この規律が「二重起訴禁止の原則」といわれるものである。

この「二重起訴禁止の原則」の制度趣旨として、今日、一般的には、次の三つが挙げられ、多元的な根拠論が展開されている。(1)矛盾（抵触）する判決の回避、(2)審理の重複による無駄の回避（訴訟経済）、(3)被告の応訴負担である。[2] このいずれを強調するかで、以下に示すように、適用範囲の解釈が異なってくる。二重起訴禁止原則が訴訟係属の効果である以上、前訴の同一当事者及び同一訴訟物の別訴提起は本案前に即座に却下されるのが本来的趣旨である。その意味では、既判力制度との連動性を考慮に入れるならば、二重起訴禁止原則は法的安定性が重視されてきた（(1)の制度趣旨に重点を置くもの）と思われる。[3] しかし、今日の議論は、以下のこの制度の適用要件の理解に表れるように、(2)、(3)を制度趣旨に加えることで訴訟物概念を相対化し、紛争解決理念が優先されてきている。

そして、二重起訴禁止の規律は、二重に起訴された各事件が同一である場合に適用される。但し、事件が併合される場合にはこの限りではないとするのが、学説の一般的理解であった。この二重起訴禁止原則の適用要件である

「事件の同一性」は、「当事者の同一性」と「事件対象の同一性」により判断されることになるとするのが従来の考え方であった。「事件対象の同一性」については、従来、「事件対象の同一性＝訴訟物の同一性」として理解されてきた。当事者が同一で、訴訟物自体が同一の場合に二重起訴禁止に触れることに争いはない。それゆえ、どの訴訟物理論をとるかで、その範囲に差が生じてきた。二重起訴禁止原則が訴訟物理論の試金石として議論されてきた所以である。しかし、今日では、訴訟物の同一性はなくとも、事件の同一性を認める以下のような見解（主な見解のみ）が登場している（学説上は訴訟物概念の相対化への移行の契機となった）。これらの見解は、「事件の重複」（いわば「審理手続の重複」）から二重起訴禁止原則の適用範囲を考える方向にあり、それゆえ、上記制度趣旨の(2)、(3)の制度趣旨に力点をおいた考察といえよう。すなわち、(a)別訴の事実関係や裁判資料が同一である場合には二重起訴の禁止に触れるとする見解、[4] (b)主要な争点が共通の場合にも二重起訴の禁止に触れるとする見解、[5] (c)訴訟物たる権利関係の基礎となる社会生活関係が同一である場合には二重起訴の禁止に触れるとする見解、[6] (d)後訴原告の利益をも加えた比較衡量により判断すべきとの見解[7]などである。

　なお、これらの見解では、二重起訴禁止原則の適用範囲が従前より広くなることから、その効果として、訴えの却下だけでなく、反訴強制、弁論併合強制、手続の中止などが唱えられている。つまり、こうした立場は、二重起訴禁止原則の適用範囲を拡張することで、二つの訴えを併合審理することを指向していると言え、その意味では複数の事件を一挙に解決すること、換言すれば、紛争解決の一回性を重視することになると言えよう。しかし、この理解では、二重起訴禁止原則は訴訟係属の効果であるとする本来的意義は後退することになるし、現行の条文から離れた解釈になるように思われる。

　本章は、二重起訴禁止原則は、既判力制度と連動性の下、訴訟係属の効果として位置づけられ、法的安定性を志向した規律であるとする伝統的な立場に基本的に立脚して、相殺の抗弁と二重起訴禁止原則の関係をめぐる判例・

学説を分析し、そのあるべき処理を考察するものである。

（注）

（2）　兼子一・新修民事訴訟法体系（増補版）（酒井書店・一九六五）一七四頁など。他方、ドイツ民訴法の代表的体系書である *Rosenberg/Schwab/Gottwald*, Zivilprozessrecht, 18. Aufl. 2018., S. 591. は、訴訟経済と矛盾する判決の回避をあげる。また、オーストリア民訴法の体系書では、*Rechberger/Simotta*, Zivilprozessrecht, 9. Aufl.（2017）, S.424. が相違する判決の回避されることから、これは法秩序の統一と法的安定性に資するとする。同じく *Fasching*, Zivilprozeßrecht, 2. Aufl.（1990）, S. 604. もまた、矛盾する判決の回避と訴訟経済を挙げる。共通するのは矛盾した判決の回避であり、これが制度趣旨の中心となっている。この制度趣旨に対して、三木浩一「重複訴訟論の研究」法学研究（慶大）六八巻一二号（一九九六）一一五頁以下は、既判力の抵触は再審によって解決策が図られているので、根拠にならないとする。この立場では、重起訴禁止原則と既判力との間には必然的な関係はないとし、二重起訴禁止原則の目的は訴訟係属が生じたことによる重複審理の回避を目的とする旨が主張されている（三木・同一四〇頁以下など）。既判力の矛盾抵触は本訴と別訴が同時に確定するという仮象問題でしかないと批判である。これに対して、高橋宏志・重点講義 民事訴訟法 上（第二版補訂版）（有斐閣・二〇一三）一二五頁（注（2））は、再審のコストを考慮すれば、再審による処理に至る前に混乱の芽を摘み取っておくというのが重複訴訟禁止の趣旨として、既判力の抵触の恐れが根拠にならないとするのは行き過ぎかもしれないとする。従来、二重起訴禁止という規律は訴訟係属の効果と考え、訴訟要件と位置づけられている。比較法的にはこの理解が通常である（ドイツ民訴二六一条三項一号、オーストリア民訴二三二条一項、スイス民訴五九条二項d号など）。二重起訴禁止原則は、既判力と同様に、重複する同一の訴えについての判断が異なることを裁判制度として回避する点に、つまり、法的安定性の確保に意味があると言える。

（3）　二重起訴禁止原則は訴訟係属の効果として訴え却下に導くものである。訴えを門前払いにするという強い効果があることから、裁判を受ける権利（訴権）の制約につながることを意識する必要が出てくる。その意味で、法的安定性の強調は当然であるし、その適用は限定的であるべきであると考える。

(4) 住吉博「重複訴訟禁止原則の再構成」法学新報七七巻四〜六号（一九七〇）一一八頁以下。

(5) 新堂幸司・新民事訴訟法（第六版）（弘文堂・二〇一九）二二四頁。

(6) 伊藤眞・民事訴訟法（第七版）（有斐閣・二〇二〇）二三五頁。

(7) 三木・前掲論文（注（2））一一五頁以下参照。

三　二重起訴禁止原則と相殺の抗弁をめぐる従前の議論

一　学説の展開

相殺の抗弁の主張に対する二重起訴禁止原則の適用問題については、相殺の抗弁に既判力が生じる結果、矛盾抵触する判断が発生する可能性があることから問題となってきた。従前は、相殺の抗弁は、抗弁でしかなく、民訴法一四二条の規定する「訴え」ではないことから（そもそも、二重起訴禁止の効果は訴訟係属の効果として捉えられていたことから、相殺の抗弁の提出により訴訟係属の効果が生じることはないとの理解であった）、適用外とする立場が有力であった。しかし、矛盾抵触する判断回避だけでなく、審理の重複回避も重視されてくると、民訴法一四二条の「類推適用」という形での議論となった。とくに、上記した「事件の重複」から二重起訴禁止原則の適用範囲を拡張する立場は、類推適用を認める傾向にある。近時はこの立場が学説上多数説を形成しつつあると言えよう。この立場では、矛盾抵触する判断と審理の重複の可能性（❶矛盾抵触する判断（と審理の重複）の可能性の観点）が二つの訴訟の同一手続での審理化をもたらすことになる。しかし、この問題の議論は、以下に示すように、収束していない。

その背景には、相殺の抗弁の特色がある。まず審理上の特色として、相殺の抗弁は、抗弁であっても通常は予備的抗弁となり、さらに抗弁である以上、時機に後れた攻撃防御方法として却下され、審理されない可能性がある。また、民訴法一一四条二項で既判力が生じるとしても「対抗した額」にしか生じない。つまり、相殺の抗弁が提出された場合の矛盾抵触する判断の可能性は、同一当事者間で同一訴訟物の別訴が提起された場合よりは低くなるのである（❷判断の流動性⬇同一別訴提起の場合と比べての矛盾抵触の可能性の低下＝❶の後退）。また、他方で、相殺の実体的特色がある。つまり、相殺は実体法上便利さ（簡易決済機能）と公平さ（担保的機能）にその制度趣旨があることから、とくに当事者は相殺の担保的機能や簡易決済機能に合理的期待を有しており、この期待の保護が実体法上要請される以上、相殺の抗弁が提出された場合には訴訟上もこの防御権が保障される必要が生じると考えるのである（❸相殺の機能保障の必要性⬇防御権の保障）。このように、相殺の抗弁の場合には、基本形である「同一当事者間での同一訴訟物の別訴提起」とは状況が異なり、❷、❸の観点をどう評価するかで学説上は対立が生じ、未だその対立は残っているのである。学説は、一般には、別訴において訴訟物となっている債権を自働債権として相殺の抗弁が提出された場合（別訴先行型）とすでに提出された相殺の抗弁の自働債権となっている債権を訴訟物として別訴が提起された場合（抗弁先行型）に分けて考察される場合が多いが、(8)こうした区分は、とくに❶〜❸の観点に関する考慮が異なることに起因していると言えよう。学説は、大別して以下の三つに分かれる。

従前の多数説は、類型を問わず、「類推適用否定説」をとる。(9)類推適用否定説はまさに上記❷、❸の相殺の抗弁の特色を意識する。すなわち、その根拠としては、相殺の抗弁は攻撃防御方法であり、しかも予備的抗弁となる、それゆえ、訴えと異なり判決で必ず取り上げて応答してくれるわけでない点（❷の観点）が挙げられた。また、この説は、❷重視に伴う紛争解決への期待の後退は、同一当事者間での争いであることから、裁判所の適切な訴訟指揮による弁論の併合などで回避でき、実務上生じることはないとして類推適用は認めない。そして、この説は、相殺の担保的機能や簡易決済機能を重視し、その合理的期待の保護が必要である点も挙げてきた（❸の観点）。この保護は、訴訟的には防御権の保護として位置づけられている。

これに対して、近時有力に主張され、多数説を形成しつつあるのが、「類推適用肯定説」である。[10] この説は、相殺の抗弁の機能としては自働債権貫徹機能があり、相殺の抗弁は反訴に類似する点、そして、相殺の抗弁には既判力も認められることから、既判力の抵触、訴訟経済、相手方の負担をその根拠とする。既判力の矛盾・抵触の可能性が存するかぎり、「同一当事者間での同一訴訟物の別訴提起」と同様に考慮すべきということになるのであろう。また、類推適用を認めないと自動債権の存否について重複審理がなされ、訴訟経済上の浪費であるし、相殺の担保的機能という利益と反対債権についての債務名義取得という利益の二重享受が許されてしまうとの指摘もある。[11] この類推適用肯定説は、相殺の抗弁の自働債権貫徹機能の存在が否定できない以上、❶の観点は考慮せざるを得ないとし、❷の観点は後退すると考えるのであろう。❸の観点については、訴訟外での相殺は可能であるから、訴訟法上の問題である相殺の抗弁の処理においては後退せざるを得ないとするのであろうか。[12] しかし、この説に対しては、相殺の抗弁についての判断の流動性（❷の観点）に対する反論が十分でないと批判もある。そこで、「折衷説」が唱えられてくる。折衷説は、上記の類型区分による状況の相違（類推適用肯定説でも否定説でもこの区分の意義は小さい）を考慮して、区分状況において上記❶、❷、❸の観点のいずれを尊重すべきかを判断して、類推適用の有無を決める。

これには主に次の二つの考え方がある。第一の見解は、抗弁先行型では類推適用肯定説をとると実体法上認められた相殺権の剥奪を奪い、相手方の無資力の危険が押しつけられてしまう点、自働債権についての債務名義取得利益の保障を挙げ、類推適用を否定し（❷の観点重視）、別訴先行型では、自働債権は後訴では防御方法にとどまるが、前訴では訴訟物であり、既判力での確定の可能性が確実であること（❶の観点重視）を理由に類推適用を認めるとする見解である。[13] 逆に、別訴先行型では、本訴で相殺の抗弁の審理に至らなかった場合、時効中断の利益の喪失や訴えの取下げに対する相手方の同意の未必性などを理由に（❷の観点重視）類推適用を否定し、抗弁先行型では担保的期待の実現か別訴による債務名義取得かの選択が容易であることから（❸の観点後退）、別訴の提起を認めない見解もある。[14]

しかし、この折衷説でも既判力の抵触回避は、抗弁の先行・後行を問わず生じるものであり、相殺の抗弁についての判断の流動性を正当化できず、理論的にも一貫性がないとの批判がある。いずれにせよ、学説の議論は未だ収束していない。

二 判例の展開

1 最高裁昭和六三年判決

この関係において最高裁が初めて判断した判例として、最判昭和六三年三月一五日民集四二巻三号一七〇頁[15]（以下「昭和六三年判決」という。）がある。この事案は、地位保全の仮処分と賃金仮払の仮処分が命じられ、強制執行により仮払金の支払がなされたが、控訴審において仮処分が取り消されたことから、解雇無効確認及び未払賃金の支払を求める本案訴訟（本訴）係属中の段階において、仮処分債務者（使用者）から当該仮払金の返還を求めて訴訟（別訴）が提起された事案である。この別訴において、仮処分債権者（労働者）が本訴で主張している賃金債権を自働債権として仮払金返還請求権との相殺の抗弁を提出した。最高裁は、以下のように判示して、この相殺の抗弁を不適法とした。

「本件受働債権の給付請求権は、仮払仮処分の取消という訴訟法上の事実に基づいて発生し、本来、民訴法一九八条二項の原状回復請求権に類するものであり、右のように別訴で現に訴求中の本件自働債権をもってする上告人らの相殺の抗弁の提出を許容すべきものとすれば、右債権の存否につき審理が重複して訴訟上の不経済が生じ、本件受働債権の右性質をも没却することは避け難いばかりでなく、確定判決により本件自働債権の存否が判断されると、相殺をもって対抗した額の不存在につき同法一九九条二項による既判力を生じ、ひいては本件本案訴訟における別の裁判所の判断と抵触して法的安定性を害する可能性もにわかに否定することはできず、重複起訴の禁止を定めた同法二三一条の法意に反することとなるし、他方、本件自働債権の性質及び右本案訴訟の経緯等に照らし、この債権の行使のため本案訴訟の追行に併せて本件訴訟での抗弁の提出をも許容しなければ上告人らにとって酷に失するともいえないことなどに鑑みると、上告人らにおいて右相殺の抗弁を提出することは許されないものと解するのが相当である。」

この昭和六三年判決は、最高裁が初めて別訴先行型において類推適用肯定説（相殺不適法説）を採った事案であると解されている。この昭和六三年判決では、審理の重複する訴訟不経済と既判力ある判断の抵触を不適法の根拠として挙げているが、「本件自働債権の性質及び右本案訴訟の経緯等に照らし、この債権の行使のため本案訴訟の追行に併せて本件訴訟での抗弁の提出をも許容しなければ上告人らにとって酷に失するともいえないことなどに鑑みると」とする判示の方にウェートが置かれていたと思われる。つまり、相殺の抗弁を認めれば、実体法上の賃金債権の存否をめぐり、解雇の有効性等の複雑な争点が現状回復訴訟（別訴）に取り込まれることになる点や仮処分の暫定的判断に本案の訴訟物の判断が入ってくることになる点など特殊事情の存在が相殺の抗弁の不適法を導いたのであり、その意味で事例判決であるとの評価が一般的であった(16)。この判例の特色は、相殺を許容することによって生じる不都合とそれを不適法とすることにより生じる不都合を比較して判断している点にあり、学説で挙げられた上記の観点とは異なる。そうすると、この判例は類推適用肯定説（相殺不適法説）を採った事案と評価されるが、それは結果論にすぎず、むしろ、相殺の抗弁の許容に関して利益衡量による判断であったと思われる(17)。換言すれば、この判決では、矛盾抵触する判断の回避という点よりも、相殺を認めることの弊害（手続上の負担）などを考慮した相殺の必要性の判断に重点が置かれているように思われる。

2　リーディング・ケースとしての最高裁平成三年判決（①判決）

しかし、その後、リーディング・ケースとなる最判平成三年一二月一七日民集四五巻九号一四三五頁（①判決）[18]が登場する。この事案は（すでに多くの文献で取り上げられているので概略のみ示す）、原告Xが被告Yに対して継続的取引契約に基づく残代金等の支払いを求めた事件（本訴）である。Yは、第一審において、X＝Y間での業務委託契約に関しXの背任行為により損害を被り、損害賠償請求権を取得したとして、これと対等額で相殺する旨の抗弁を提出したが、裁判所は自働債権の発生の立証がないとしてX勝訴（一部認容）の判決を言い渡した。Yが控訴した。他方、本訴の係属前に、YはXに対して売買代金等請求事件を提起し（別訴）、第一審はY勝訴（一部認容）の判決を下し、Xが控訴していた。本訴の控訴審において、Yは別訴で認容された売買代金債権を自働債権としてXの請求債権と対等額で相殺する旨の抗弁を追加主張した。抗弁提出当時、本訴と別訴は控訴審において併合審理されていた。しかし、その後弁論は分離されたが、同一期日に並行して審理されていた。原審はYの相殺の抗弁は民訴法一四二条が類推適用されるとして、Yの相殺の抗弁は理由ないなどとして、控訴を棄却し、Yが上告した。この事案において、最高裁は、以下のように、別訴先行型において、一般法理として相殺の抗弁を不適法として許されないとした。

「民訴法二三一条（⇒現一四二条）が重複起訴を禁止する理由は、審理の重複による無駄を避けるためと複数の判決において互いに矛盾した既判力ある判断がされるのを防止するためであるが、相殺の抗弁が提出された自働債権の存在又は不存在の判断が相殺をもって対抗した額について既判力を有するとされていること（同法一九九条二項⇒現一一四条二項）、相殺の抗弁の場合にも自働債権の存否について矛盾する判決が生じ法的安定性を害しないようにする必要があるけれども理論上も実際上もこれを防止することが困難であること、等の点を考えると、同法二三一条（⇒現一四二条）の趣旨は、同一債権について重複して訴えが係属した場合のみならず、既に係属中の別訴において訴訟物となっている債権を他の訴訟において自働債権として相殺の抗弁を提出する場合にも同様に妥当するものであり、このことは右抗弁が控訴審の段階で初めて主張され、両事件が併合審理された場合についても同様である。」

この①判決は、二重起訴禁止原則の趣旨として、「審理の重複による無駄を避けるため」と「矛盾した既判力ある判断の防止」を挙げているが、併合審理の場合にも二重起訴禁止原則を認めることから、既判力ある判断の矛盾・抵触の防止に重点が置かれ、(19) 絶対的な相殺不適法説（類推適用肯定説）を採用したものである。つまり、弁論の併合がなされていようが、既判力ある判断の矛盾・抵触の可能性がある限り（換言すれば、弁論分離の可能性がある限り）、相殺の抗弁に二重起訴禁止原則（民訴法一四二条）が類推適用され、相殺の抗弁の提出は不適法とするのである。この判決の背景には、類推適用肯定説の論拠の一つである相殺の担保的機能という利益と反対債権についての債務名義取得という利益の二重享受は許されないという考えが存するとの指摘もある。

学説では、相殺の抗弁と二重起訴禁止原則との関係につき別訴先行型と抗弁先行型に類型化して考察する傾向にあるが（上述）、この①判決の理論構成からは類型に関係なく、既判力ある判断の矛盾・抵触の可能性の有無で判断する形（上記❶の観点のみを考慮）である。また、手続状況からの類型化、つまり、本訴と別訴の弁論が併合され同一手続で審理されている場合（同一手続型）と別々に係属している場合（弁論分離型）に分けて考察する立場もあるが（本訴・反訴の併合審理は同一手続型）、この分類も①判決の論理ではあまり意味を有しない（①判決では事件は弁論併合後に弁論分離された事案で、同一手続型から弁論分離型に変わった事案である）。その意味で、専ら訴訟法的な思考に基づく判決であると言えよう。

この①判決には、類推適用否定説などから激しい批判が展開されることになった。[20] その主たる批判点としては、(i)既判力の矛盾抵触を強調する点、(ii)相殺の担保的機能無視の点、(iii)弁論併合状態を不適法とした点、などがある。

その後、東京高判平成四・五・二七判時一四二四号五六頁、東京地判平成四・一〇・九金法一三五九号一四一頁、東京高判平成四・六・三〇判時一四五七号一一九頁、東京高判平成五・九・二九判タ八六四号二六三頁、東京高判平成五・一二・二二判タ八四二号一七〇頁、大阪地判平成八・一一・二六判タ九一一号二一八頁などが①判決を引用し、同じ論拠に基づき相殺の抗弁の適法性を判断している。近時も大阪高判平成二八・一二・一六 L07120810、東京地判平成三〇・二・二八 LLI/DB：L07330879、東京地判平成二九・八・八 LLI/DB：L07233078、東京地判令和二・二・一四 LLI/DB：L07531540、東京地判令和二・九・二五 LLI/DB：L07531856、などが①判決を引用している。

抗弁先行型については、最高裁の判例はない。下級審判例は分かれている。審理の重複と既判力の抵触を理由に類推適用を肯定した大阪地判平成八・一・二六判時一五七〇号八五頁、東京高判平成八・四・八判タ九三七号二六二頁、[21] 東京地判平成一四・一一・一五 LLI/DB：L05730849、東京地判平成二七・七・二八 LEX/DB25541740 などがある。しかし、その後、下記の最高裁判例の動向から、①判決の立場にはゆらぎが生じているとするのが学説の大勢である。

3　最高裁平成三年判決（①判決）のゆらぎ❶⇒最高裁平成一〇年判決（②判決）

(イ)　事案の概要と判決要旨

その先駆けとなったのが、最判平成一〇年六月三〇日民集五二巻四号一二二五頁（②判決）[22]である。これは、二つの訴訟が無関係かつ同時並行的に係属している事案で、一部請求の残部部分を自働債権として別訴請求債権に対する相殺の抗弁を提出した事案である。以下のように、判示した。

「一　民訴法一四二条（旧民訴法二三一条）が係属中の事件について重複して訴えを提起することを禁じているのは、審理の重複による無駄を避けるとともに、同一の請求について異なる判決がされ、既判力の矛盾抵触が生ずることを防止する点にある。そうすると、自働債権の成立又は不成立の判断が相殺をもって対抗した額について既判力を有する相殺の抗弁についても、その趣旨を及ぼすべきことは当然であって、既に係属中の別訴において訴訟物となっている債権を自働債権として他の訴訟において相殺の抗弁を主張することが許されないことは、原審の判示するとおりである（前記平成三年一二月一七日第三小法廷判決参照）。

二　しかしながら、他面、一個の債権の一部であっても、そのことを明示して訴えが提起された場合には、訴訟物となるのは右債権のうち当該一部のみに限られ、その確定判決の既判力も右一部のみについて生じ、残部の債権に及ばないことは、当裁判所の判例とするところである（最高裁昭和三五年（オ）第三五九号同三七年八月一〇日第二小法廷判決・民集一六巻八号一七二〇頁参照）。この理は相殺の抗弁についても同様に当てはまるところであって、一個の債権の一部をもってする相殺の主張も、それ自体は当然に許容されるところである。

三　もっとも、一個の債権が訴訟上分割して行使された場合には、実質的な争点が共通であるため、ある程度審理の重複が生ずることは避け難く、応訴を強いられる被告や裁判所に少なからぬ負担をかける上、債権の一部と残部とで異なる判決がされ、事実上の判断の抵触が生ずる可能性もないではない。そうすると、右二のように一個の債権の一部について訴えの提起ないし相殺の主張を許容した場合に、その残部について、訴えを提起し、あるいは、これをもって他の債権との相殺を主張することができるかについては、別途に検討を要するところであり、残部請求等が当然に許容されることになるものとはいえない。

しかし、こと相殺の抗弁に関しては、訴えの提起と異なり、相手方の提訴を契機として防御の手段として提出されるものであり、相手方の訴求する債権と簡易迅速かつ確実な決済を図るという機能を有するものであるから、一個の債権の残部をもって他の債権との相殺を主張することは、債権の発生事由、一部請求がされるに至った経緯、その後の審理経過等にかんがみ、債権の分割行使による相殺の主張が訴訟上の権利の濫用に当たるなど特段の事情の存する場合を除いて、正当な防御権の行使として許容されるものと解すべきである。

したがって、一個の債権の一部についてのみ判決を求める旨を明示して訴えが提起された場合において、当該債権の残部を自働債権として他の訴訟において相殺の抗弁を主張することは、債権の分割行使をすることが訴訟上の権利の濫用に当たるなど特段の事情の存しない限り、許されるものと解するのが相当である」

(ロ) 最高裁平成一〇年判決（②判決）の位置づけと評価

この②判決は、判示一部分で、①平成三年判決を引用しつつ、一部請求の残部については、訴訟物は別として（つまり、既判力は生じない）、民訴法一四二条の類推適用を否定した[23]。この判示部分は、上記❶の観点から既判力ある判断の矛盾・抵触可能性を類推適用可否の判断基準とする①判決とは整合しており、かつ一部請求における訴訟物に関する判例の把握に基づいたものである。

しかし、この②判決では、判示二部分で、数量的一部請求訴訟で敗訴した原告による後訴の残部請求を信義則でもって遮断した最判平成一〇年六月一二日民集五二巻四号一一四七頁を意識してか、「……もっとも、一個の債権が訴訟上分割して行使された場合には、実質的な争点が共通であるため、ある程度審理の重複が生ずることは避け難く、応訴を強いられる被告や裁判所に少なからぬ負担をかける上、債権の一部と残部とで異なる判決がされ、事実上の判断の抵触が生じる可能性がないわけでない。そうすると、……残部について……相殺を主張することがで

きるかについては、別途検討を要する」として、民訴法一四二条の類推適用の可能性に言及していた。(24)

ところが、判示後段（判示三部分）において「……しかし、こと相殺の抗弁に関しては、訴えの提起と異なり、相手方の提訴を契機として防御の手段として提出されるものであり、相手方の訴求する債権と簡易迅速かつ確実な決済を図るという機能を有するものであるから、一個の債権の残部をもって他の債権との相殺を主張することは、債権の発生事由、一部請求がされるに至った経緯、その後の審理経過等にかんがみ、債権の分割行使による相殺の主張が訴訟上の権利の濫用に当たるなど特段の事情の存する場合を除いて、正当な防御権の行使として許容される」として、相殺の簡易決済機能・担保機能を強調、重視する上記類推適用否定説とほぼ同様の論理を示した。このことは、②判決においては、相殺の合理的期待を保護するという今日の実体法秩序（上記❸観点）が尊重された判断と言えそうである。(25)また、この判示からは、相殺の抗弁の適法性を原則として認めつつ、その主張が訴訟上の権能の濫用に該当する場合には、適法性を否定する余地を求めている。こうした思考は、前記昭和六三年判決と通じる所があるように思われる。

4　最高裁平成三年判決（①判決）のゆらぎ❷⇓最高裁平成一八年判決（③判決）

(イ)　事案の概要と判決要旨

次に登場したのが、本訴と反訴が係属中に、反訴請求債権を自働債権とし、本訴請求債権を受働債権として相殺の抗弁を主張することの可否を判断した最判平成一八年四月一四日民集六〇巻四号一四九七頁（③判決(26)）である。

事案は、簡略化すると、（本訴）原告Xが建築業者Aに賃貸用マンションの新築工事を注文したが、完成した建物に瑕疵があるとして、瑕疵修補に代わる損害賠償請求訴訟を提起し（本訴）、これに対して、Aが請負契約に基づく報酬残代金の支払いを求め、反訴を提起した事案である。第一審係属中にAが死亡し、Yらがその地位を承継した。

Yらは、本訴において、報酬残代金債権（本訴請求債権）を受働債権とする相殺の抗弁を提出した。原審、原々審とも相殺は適法であること前提に、相殺の結果、本訴債権を認定し、反訴債権は全額消滅したとして請求を棄却した。Yらが上告。最高裁は、相殺の適法性が問題されたわけではないが、上告理由の判断の前提として、相殺の適法性を判断し、以下のように、判示した。

「係属中の別訴において訴訟物となっている債権を自働債権として他の訴訟において相殺の抗弁を主張することは、重複起訴を禁じた民訴法一四二条の趣旨に反し、許されない（最高裁昭和六二年（オ）第一三八五号平成三年一二月一七日第三小法廷判決・民集四五巻九号一四三五頁）。

しかし、本訴及び反訴が係属中に、反訴請求債権を自働債権とし、本訴請求債権を受働債権として相殺の抗弁を主張することは禁じられないと解するのが相当である。この場合においては、反訴原告において異なる意思表示をしない限り、反訴は、反訴請求債権につき本訴において相殺の自働債権として既判力ある判断が示された場合にはその部分については反訴請求としない趣旨の予備的反訴に変更されることになるものと解するのが相当であって、このように解すれば、重複起訴の問題は生じないことになるからである。そして、上記の訴えの変更は、本訴、反訴を通じた審判の対象に変更を生ずるものではなく、反訴被告の利益を損なうものでもないから、書面によることを要せず、反訴被告の同意も要しないというべきである。

本件については、前記事実関係及び訴訟の経過に照らしても、上告人らが本件相殺を抗弁として主張したことについて、上記と異なる意思表示をしたことはうかがわれないので、本件反訴は、上記のような内容の予備的反訴に変更されたものと解するのが相当である」

(ロ) 最高裁平成一八年判決（③判決）の位置づけと評価

(a) ③判決は本訴と反訴が併合審理されている状況での判断である。この③判決も①判決を引用する。③判決の事案では、反訴が適法なされた場合であることから、本訴・反訴の両請求の弁論は併合されているが、理論的には、弁論分離の可能性がある。それゆえ、既判力ある判断の矛盾・抵触可能性を類推適用可否の判断基準とする①判決に基づけば、この事案でも民訴法一四二条の類推適用（相殺の抗弁不適法）が認められることになる。しかし、③判決は、「この場合においては、反訴原告において異なる意思表示をしない限り、反訴は、反訴請求債権につき本訴において相殺の自働債権として既判力ある判断が示された場合にはその部分については反訴請求としない趣旨の予備的反訴に変更されることになるものと解するのが相当であって、このように解すれば、重複起訴の問題は生じないことになるからである。そして、上記の訴えの変更は、本訴、反訴を通じた審判の対象に変更を生ずるものではなく、反訴被告の利益を損なうものでもないから、書面によることを要せず、反訴被告の同意も要しないというべきである。」として、弁論分離の可能性を消すことで①判決を維持しつつ、本訴及び反訴が係属中に、反訴請求債権を自働債権とし、本訴請求債権を受働債権とした相殺の抗弁を適法とした。

相殺の抗弁を適法とした③判決の結論自体についての批判はほとんどないが、その理論構成については学説側から強く批判がなされた。その批判は、相互に関連してくるが、主に次の三点を挙げることができよう。

(b)　まず、「反訴請求債権につき本訴において相殺の自働債権として既判力ある判断が示された場合にはその部分については反訴請求としない趣旨の予備的反訴に変更される」という理論構成が問題とされ、予備的反訴への変更の必要性と妥当性の観点から批判されている。民訴法一四二条類推適用肯定説（相殺不適法説）においても、反訴が提起されている場合など同一手続内で請求が併合されている場合には、相殺の抗弁は適法とされていた（前述）。それにもかかわらず、①判決を引用しての予備的反訴への変更は、既判力抵触の回避を図り、①判決との整合性をとったという点で評釈の多くは一致している。つまり、予備的反訴への変更により、単純反訴の手続の場合と異なり、弁論の分離可能性が消え、それにより①判決との理論的整合性が確保され、二重起訴禁止原則が及ばないことになるのである。しかし、その背後には、③判決事案では請負代金請求権と瑕疵修補に代わる損害賠償請求権という同時履行の関係にある権利が訴訟の場に挙げられた事案であることから、単純反訴の場合には相殺の抗弁は不適法とされ、反訴原告の債権は消滅しないことになり、同時履行の関係が残る。それよりも、適法とする構成をとり、反訴原告の提出した相殺の抗弁を優先させ、簡易決済機能を重視する方（❸の観点）が事案の紛争解決の観点からも適切と判断されたのではなかろうか（後述⑤判決参照）。そうすると、実質的には相殺の合理的期待の保護を重視した判断と言えそうである。

(c) 次に、予備的反訴への変更の妥当性については、まず③判決での予備的反訴は相殺の抗弁に既判力ある判断が示されたことを解除条件とするもので、本訴請求の却下又は棄却を解除条件とする反訴という本来型の予備的反訴とは異なるものである。このような予備的反訴自体は条件成就の有無を訴訟手続内で判断することができ、手続不安定さももたらさないのであれば、許容される余地はあるとされている。[27] しかし、この予備的反訴構成は、相殺の合理的期待があるという状況は変わらない逆の場合[28]（本訴請求債権を自働債権とし、反訴請求債権を受働債権として相殺の抗弁を主張する場合）や別訴提起後弁論が併合され、相殺の抗弁が提出された場合には採れない。例えば、本訴請求債権を自働債権とし、反訴請求債権を受働債権として相殺の抗弁を主張する場合については、③判決後、大阪地判平成一八年七月七日判タ一二四八号三一四頁があり、相殺の抗弁を不適法とした。同判決は、「本訴及び反訴が係属中に、本訴請求債権を自働債権とし、反訴請求債権を受働債権とし相殺の抗弁を主張する場合においては、重複起訴の問題が生じないようにするためには、本訴について、本訴請求債権につき反訴において相殺の自働債権として既判力ある判断が示された場合にはその部分については本訴請求としない趣旨の条件付き訴えの取下げがされることになるとみるほかないが、本訴の取下げにこのような条件を付すことは、性質上許されないと解すべきである。」とした。その後も下級審では、上記大阪地裁平成一八年判決と同様に、本訴請求債権を自働債権とする相殺は不適法という判断が続いた。東京地判平成二〇・一・二五 LLI/DB L06330316。東京地判平成二四・九・二八 LEX/DB 25497129、東京地判平成二五・二・二二 LLI/DB L06830244、東京地判平成二六・一〇・二七 LEX/DB 25505291、東京地判平成二八・二・二四 LEX/DB 25535642、東京地判令和二・九・二五 LLI/DB L07531856 などである。

このように、反訴請求債権を自働債権として相殺する場合と本訴請求債権を自働債権として相殺する場合とで処理が異なる結果、当事者間での不均衡が生じることになる。(29) しかも、③判決の事案のような請求間に同時履行の関係がある場合には、どちらが本訴原告になるかは偶然性に支配される。その偶然性により、相殺の抗弁の適法性の有無が決まる理論構成は不適切であろう。

(d)　第三に、「反訴原告において異なる意思表示をしない限り」と限定することで、予備的反訴への変更が当事者の合理的意思とする点である。この事件では、被告はかかる申立てをしてない。そのような場合に、予備的反訴があると扱うことは処分権主義違反のおそれの指摘(30)や、反訴原告が異なる意思表示をすれば、①判決の立場に立つ限り、相殺の抗弁は不適法となるので、そのような意思表示は無益ないし無意味となる指摘(31)がなされている。(32) 当事者の合理的意思との解釈は難しい。

以上の点を考慮すれば、③判決の予備的反訴への変更という理論構成は、無理がある構成と言わざるを得ない。しかし、この③判決以降、下級審判決はこの判決の理論構成を当然の前提として事件処理を行ってきた。例えば、東京地判平成二九・八・八 LLI/DB L07233078、東京地判令和二・一二・九 LLI/DB L07532705 などがある。

5　最高裁平成三年判決（①判決）のゆらぎ❸⇓最高裁平成二七年判決（④判決）

(イ)　事案の概要と判決要旨

そして、次に登場したのが最判平成二七年一二月一四日民集六九巻八号二二九五頁（④判決(33)）である。この④判決の事案は、本訴請求債権を自働債権とし、反訴請求債権を受働債権として相殺の抗弁を提出した事案で、③判決とは反対形相となる事案である。この④判決の事案の概要は、以下のようなものであった。

本件本訴は、Xが、貸金業者であるYとの間で、平成八年六月五日から平成二一年一一月二四日までの間、継続的な金銭消費貸借取引（以下「本件取引」という。）について、平成八年六月五日から平成一二年七月一七日までの取引（以下「第一取引」という。）と平成一四年四月一五日から平成二一年一一月二四日までの取引（以下「第二取引」という。）を一連のものとみて、各弁済金のうち利息制限法（平成一八年法律第一一五号による改正前のもの）一条一項所定の制限を超えて利息として支払った部分を元本に充当すると過払金が発生しているなどと主張して、Yに対し、不当利得返還請求権に基づき、上記過払金の返還等を求めた。これに対して、Yは、Xに対し、第二取引に基づく貸金の返還等を求める反訴を提起した事案である。

Yは、本件本訴において、本件取引は一連のものではなく、第一取引に基づくXの過払金の返還請求権は時効により消滅したと主張し、消滅時効を援用した。これに対し、Xは、本件本訴において上記過払金の返還請求権が時効により消滅したと判断される場合には、本件反訴において、予備的に同請求権を自働債権とし、第二取引に基づくYの貸金債権を受働債権として対当額で相殺すると主張した事案である、

この④判決の事案は、③判決とは反対形相となる事案であるがゆえに、③判決の予備的反訴的構成が採れないし、かつ①判決を前提とする場合には、論理的には本訴請求債権を自働債権とする相殺の抗弁を不適法とする帰結となろう。しかし、④判決では、最高裁は、以下のように、本訴請求が時効により消滅したと判断されることを条件として、反訴債権に対して本訴債権をもって相殺の抗弁を適法とした。

「係属中の別訴において訴訟物となっている債権を自働債権として他の訴訟において相殺の抗弁を主張することは、重複起訴を禁じた民訴法一四二条の趣旨に反し、許されない（最高裁昭和六二年（オ）第一三八五号平成三年一二月一七日第三小法廷判決・民集四五巻九号一四三五頁参照）。

しかし、本訴において訴訟物となっている債権の全部又は一部が時効により消滅したと判断されることを条件として、反訴において、当該債権のうち時効により消滅した部分を自働債権として相殺の抗弁を主張することは許されると解するのが相当である。その理由は、次のとおりである。

時効により消滅し、履行の請求ができなくなった債権であっても、その消滅以前に相殺に適するようになっていた場合には、これを自働債権として相殺をすることができるところ、本訴において訴訟物となっている債権の全部又は一部が時効により消滅したと判断される場合には、その判断を前提に、同時に審判される反訴において、当該債権のうち時効により消滅した部分を自働債権とする相殺の抗弁につき判断をしても、当該債権の存否に係る本訴における判断と矛盾抵触することはなく、審理が重複することもない。したがって、反訴において上記相殺の抗弁を主張することは、重複起訴を禁じた民訴法一四二条の趣旨に反するものとはいえない。このように解することは、民法五〇八条が、時効により消滅した債権であっても、一定の場合にはこれを自働債権として相殺をすることができるとして、公平の見地から当事者の相殺に対する期待を保護することとした趣旨にもかなうものである。」

(ロ)　最高裁平成二七年判決（④判決）の位置づけと評価

(a)　以上のように、④判決では、本訴請求が時効により消滅したと判断されることを条件として、反訴債権に対して本訴債権をもって相殺の抗弁を適法とした。④判決が付した条件は、前掲大阪地裁平成一八年判決のような、本訴の訴訟係属を左右する条件付き訴えの取下げとならない点に特色がある。つまり、民法五〇八条の適用可能な事案であることにより、まず本訴請求の判断がなされることになり、その後、反訴請求につき相殺の抗弁が検討される構造になっている。その結果、「当該債権の存否に係る本訴における判断と矛盾抵触することはなく、審理が重複することもない」と判示しているのである。

すでに述べたように、①、③判決でいう既判力ある判断の矛盾抵触・審理の重複の回避は、弁論の分離可能性がないことを前提とする論理構成である。④判決も①判決を引用しており（①判決、つまり、相殺の抗弁は不適法であることが前提となっている）、かつ「同時に審判される反訴において」と判示していることから、同一の方向と思われるが[34]、理論的に、④判決では弁論の不可分離性についての説明がない。これをいかに肯定できるかが、判例理論上は問題となる。

(b) この点に関して、本件本訴請求と反訴請求が審理対象事実及び審理内容において極めて密接に関連する（表裏の関係にある）事案であり、両者をさらに分離することが実際上およそ考えられない事案であるとの説明[35]や既判力の矛盾抵触を招来する関係にある場合には、弁論分離は訴訟指揮裁量権の濫用踰越として違法とする立場からの説明[36]がなされているが、いずれもこの事案では、③判決と異なる弁論の不可分離性の理由づけとなっている。

前者の弁論不可分離性の根拠を請求の密接な関連性に求める立場（④判決を事例判決と位置づけることになる）では、本訴と反訴が表裏の関係にある事案では、弁論をさらに分離することは確かに不適切であると言える根拠にはなる。しかし、訴訟物が別個である以上、併合審理が強く要請されると言えても、併合審理（弁論分離不可）を法的に義務づける根拠はない（論者も「実際上」という表現を使っている）。後者の立場は、既判力の矛盾抵触を招来する関係にある場合には、弁論不可分離性を法的義務化する。そして、類似必要的共同訴訟との同質性を根拠とする[37]。既判力が他の共同訴訟人にも及ぶ関係から要請される合一確定の場合と単に既判力の矛盾抵触を招来する関係にある場合は統一的判断の要請という点で親近性があるかもしれないが、相殺の予備的抗弁性を考えると類似必要的共同訴訟における合一確定との同質性には疑問がないわけではない。また、この立場は、弁論分離を訴訟指揮裁量権の濫用踰越として違法とする立場である。この点の考察において参考になると思われる判例として、裁判所の訴訟指揮権の問題で民訴法一五三条の弁論再開に関する裁判所の裁量権を制限した最判昭和五六年九月二四日民集三五巻六号一〇八八頁がある。この判例は、当事者権の侵害に関わる問題として裁量権の逸脱を問題としたものである。これに対して、当事者権の侵害もないのに、この立場のように、既判力の矛盾抵触が生じる可能性を問題として弁論を分離しないことを同様に裁量権の濫用踰越とまで言えるかという点も疑問はなくはない。

また、実体法的側面から手続上の弁論の分離禁止（併合審理強制）を基礎づける解釈が成り立ちうる旨指摘する立場もある。[38] しかし、実体法的側面とは、請求の実体的要件の関連性を意味するのか（これであれば、事案の密接な関係性で説明する上記の立場と共通してくるか）、それとも民法五〇八条による時効消滅を条件とした債権の相殺可能性を意味するのか不明である。したがって、この立場も④判決事案は、実際上弁論の分離をしないで審理することが強く望まれている事案と言いうるにすぎず、手続的に解釈として併合審理強制（弁論分離不可）が義務づけられると言えるか疑問はなくはない（なお、この点については後述する令和二年判決についての記述を参照のこと）。

他方、④判決は、民法五〇八条の適用が自働債権の時効消滅の判断が前提とする形であるので、いわば条件的審理が要請されており、「予備的併合」状態にあることから、弁論分離禁止の場合に属するとの見解[39]もある。後述する弁論分離禁止が認められる類型に該当することになり、理論的に、④判決における弁論の不可分離性を肯定する理由づけとしては上記の見解の中では最も適切と評価できよう。しかし、本訴・反訴の併合審理がなされている手続において相殺の抗弁が不適法であること（①判決支持）を前提としているのであれば、問題があることは後述参照。

(c)　次に、以上のことを踏まえた上で、この事案における相殺の抗弁に関する当事者利益などの状況からは④判決をどのように評価することができるかを検討する。

④判決事案で相殺の抗弁を認めなかった場合、時効の成立が認められれば、第一取引に関する本訴部分は請求棄却される。そして、被告の反訴が認容されれば、本訴原告としては請求異議の訴えにより民法五〇八条に基づく相殺の抗弁を主張することになる。つまり、本訴原告は起訴負担を負い、執行停止の仮処分をし、時効完成前に両債権が相殺適状にあったことは主張・立証する必要が生じる。その負担は、相殺が同一手続内で審理される場合と比べ、多大となる。(40) 本訴被告にとっても同一手続内で処理される方が経済的である。当事者利益の観点からも、④判決事案では相殺の抗弁を認める方向に傾く。そうであれば、この事案も本訴原告の「相殺の合理的期待を保護すべき場合」と言えそうである。

他方、本訴請求が時効で消滅せず、認められる場合には、時効消滅を条件とする④判決の立場（その論理構成から）では、本訴請求を自働債権とする反訴請求に対する相殺の抗弁は不適法となろう。(41) しかし、この帰結は、当事者利益の点からは、疑問が生じる。当事者からみれば、本訴請求で反訴請求と相殺しようとする場合と、民法五〇八条適用が可能な場合に当事者が相殺の抗弁を主張する場合とは、相殺の合理的期待があり、その保護（担保的利益）を享受しようとする点では共通であるからである。民法五〇八条適用の有無により帰結が変わる④判決の論理構成には疑問が残るのである。しかし、④判決では、「このように解することは、民法五〇八条が、時効により消滅した債権であっても、一定の場合にはこれを自働債権として相殺をすることができるとして、公平の見地から当事者の相殺に対する期待を保護することとした趣旨にもかなうものである」とすることからして、④判決は、むしろ、当事者の相殺に対する合理的期待の保護を重視したものと評価できる余地もある。(42) そのように解すると、「本訴において訴訟物となっている債権の全部又は一部が時効により消滅したと判断されることを条件として」、当事者による相殺の抗弁の主張を認めるとする④判決の論理構成は、「相殺の合理的期待を保護すべき場合には」、当事者による相殺の抗弁を認めるとする論理構成に読み替えうるかもしれない。

以上のように、④判決を見てくると、②判決、③判決及び④判決は、実質的に「相殺の合理的期待を保護すべき場合に」、相殺の抗弁の適法性を認めたもの（民訴法一四二条類推適用否定）という点で、共通性を有するとの評価が可能であるように思われる。

6　最高裁平成三年判決（①判決）のゆらぎ❹⇒最高裁令和二年判決（⑤判決）

こうした状況において近時登場したのが、最判令和二年九月一一日民集七四巻六号一六九三頁(43)（⑤判決）である。この事案は、本訴請求債権と反訴請求債権が、同一の請負契約に基づく請負代金債権と瑕疵修補に代わる損害賠償債権であり、同時履行の関係にある事案で、本訴請求債権を自働債権とし、反訴請求債権を受働債権として相殺の抗弁を提出した事案である。これは本訴と反訴の関係における相殺の抗弁としては、④判決と同じ形相であり、③判決とは反対形相となる事案であるが、ほぼ同様の請負契約をめぐる紛争である。

(イ)　事案の概要と判決要旨

⑤判決事案の概要は、以下のようなものであった。

Yは、平成二五年九月、建築物の設計、施工等を営むXとの間で、請負代金額を七五〇万円として自宅建物の増築工事の請負契約を締結した。Yは、その後、同年一一月までの間に、Xに対し、上記工事の追加変更工事を発注した（以下、追加変更工事を含めた契約を「本件請負契約」という。）。Xは、平成二五年一二月までに、上記増築工事及び追加変更工事を完成させ、完成した自宅建物の増築部分をYに引き渡した。

Xは、平成二六年三月、Yに対して請負代金を請求する本訴を提起し、Yは、同年六月、瑕疵修補に代わる損害賠償を請求する反訴を提起した。そして、Xは、同年八月八日の第一審口頭弁論期日において、Yに対し、本訴請求に係る請負代金債権を自働債権とし、反訴請求に係る瑕疵修補に代わる損害賠償債権を受働債権として、対当額で相殺する旨の意思表示をし（以下「本件相殺」という。）、これを反訴請求についての抗弁（以下「本件相殺の抗弁」という。）として主張した。原審は、本件相殺の抗弁について、次のとおり判断した。

「係属中の別訴において訴訟物となっている債権を自働債権として他の訴訟において相殺の抗弁を主張することは許されず、このことは、別訴が併合審理された場合であっても、既判力が抵触する可能性がある以上、異なることはない。本訴原告が、反訴において、本訴における請求債権を自働債権として相殺の抗弁を主張する場合にも、本訴と反訴の弁論を分離することは禁止されていないから、同様に許されないというべきである。したがって、Yが本件相殺の抗弁を主張することは、重複起訴を禁じた民訴法一四二条の趣旨に反し、許されない。」

しかし、最高裁は、以下のように、本訴・反訴の債権債務関係においては、相殺による清算的調整を図るべき要請が強いことを根拠に、反訴債権に対して本訴債権を自働債権とする相殺の抗弁を適法とし、原判決を破棄し、自判した。

「請負契約における注文者の請負代金支払義務と請負人の目的物引渡義務とは対価的牽連関係に立つものであるところ、瑕疵ある目的物の引渡しを受けた注文者が請負人に対して取得する瑕疵修補に代わる損害賠償債権は、上記の法律関係を前提とするものであって、実質的、経済的には、請負代金を減額し、請負契約の当事者が相互に負う義務につきその間に等価関係をもたらす機能を有するものである。しかも、請負人の注文者に対する請負代金債権と注文者の請負人に対する瑕疵修補に代わる損害賠償債権は、同一の原因関係に基づく金銭債権である。このような関係に着目すると、上記両債権は、同時履行の関係にあるとはいえ、相互に現実の履行をさせなければならない特別の利益があるものとはいえず、両債権の間で相殺を認めても、相手方に不利益を与えることはなく、むしろ、相殺による清算的調整を図ることが当事者双方の便宜と公平にかない、法律関係を簡明にするものであるといえる（最高裁昭和五二年（オ）第一

三〇六号、第一三〇七号同五三年九月二一日第一小法廷判決・裁判集民事一二五号八五頁参照)。

上記のような請負代金債権と瑕疵修補に代わる損害賠償債権の関係に鑑みると、上記両債権の一方を本訴請求債権とし、他方を反訴請求債権とする本訴及び反訴が係属している場合に、本訴原告から、反訴において、上記本訴請求債権を自働債権とし、上記反訴請求債権を受働債権とする相殺の抗弁が主張されたときは、上記相殺による清算的調整を図るべき要請が強いものといえる。それにもかかわらず、これらの本訴と反訴の弁論を分離すると、上記本訴請求債権の存否等に係る判断に矛盾抵触が生ずるおそれがあり、また、審理の重複によって訴訟上の不経済が生ずるため、このようなときには、両者の弁論を分離することは許されないというべきである。そして、本訴及び反訴が併合して審理判断される限り、上記相殺の抗弁について判断をしても、上記のおそれ等はないのであるから、上記相殺の抗弁を主張することは、重複起訴を禁じた民訴法一四二条の趣旨に反するものとはいえない。

したがって、請負契約に基づく請負代金債権と同契約の目的物の瑕疵修補に代わる損害賠償債権の一方を本訴請求債権とし、他方を反訴請求債権とする本訴及び反訴が係属中に、本訴原告が、反訴において、上記本訴請求債権を自働債権とし、上記反訴請求債権を受働債権とする相殺の抗弁を主張することは許されると解するのが相当である。

以上によれば、本件相殺の抗弁を主張することは許されないとした原審の判断には、判決に影響を及ぼすことが明らかな法令の違反がある。論旨は理由がある。そして、請負代金債権を自働債権として瑕疵修補に代わる損害賠償債権と相殺する旨の意思表示をした場合、注文者は、請負人に対する相殺後の請負残代金債務について、相殺の意思表示をした日の翌日から履行遅滞による責任を負うと解される（最高裁平成五年（オ）第二一八七号、同九年（オ）第七四九号同年七月一五日第三小法廷判決・民集五一巻六号二五八一頁参照)。以上説示したところによれば、本訴請求は、本件相殺後の請負残代金五六二万一八〇〇円及びこれに対する本件相殺の意思表示をした日の翌日である平成二六年八月九日から支払済みまで年六分の割合による遅延損害金の支払を求める限度で理由があるからこれを認容し、その余の本訴請求及び反訴請求はいずれも理由がないからこれを棄却すべきである。したがって、原判決を主文第1項のとおり変更することとする。」

(ロ) 最高裁令和二年判決(⑤判決)の理論構成

⑤判決は、本訴と反訴の関係において、本訴債権(請負契約に基づく請負代金債権)を自働債権として反訴債権(請負目的物の瑕疵修補に代わる損害賠償債権)を受働債権とする反訴請求に対する相殺の抗弁は、民訴法一四二条の二重起訴禁止原則に抵触せず(類推適用なし)、適法としたものである。相殺の抗弁と民訴法一四二条の関係については、リーディング・ケースとされている①判決が、既判力の矛盾・抵触の回避の観点から民訴法一四二条が類推適用され、相殺の抗弁は不適法となるとした。学説は請求が併合されている場合には、既判力の矛盾・抵触の可能性がほとんどないことから民訴法一四二条類推適用肯定説でも相殺の抗弁を適法としていたが、この①判決は弁論の分離可能性がある限り、既判力の矛盾・抵触の可能性が残り、このことから二つの請求が併合される場合にも相殺の抗弁は不適法とする。⑤判決は、本訴と反訴の併合審理がなされている場合に、本訴請求債権と反訴請求債権が相殺の必要性が高い特殊な関係にあるときは、弁論分離禁止が導かれるとして、その結果として相殺の抗弁を適法としたものである。まず、この⑤判決の理論構成をもう少し詳細にみてみよう。

(1) 最高裁令和二年判決(⑤判決)の理論構成の特色

⑤判決では、まず「請負契約における注文者の請負代金支払義務と請負人の目的物引渡義務とは対価的牽連関係に立つものであるところ、瑕疵ある目的物の引渡しを受けた注文者が請負人に対して取得する瑕疵修補に代わる損害賠償債権は、上記の法律関係を前提とする」として、請負人の注文者に対する請負代金債権と注文者の請負人に対する瑕疵修補に代わる損害賠償債権は、同時履行の関係にあるとの理解を出発点とする。

そのうえで、(イ)「(瑕疵修補に代わる損害賠償債権は)実質的、経済的には、請負代金を減額し、請負契約の当事者が相互に負う義務につきその間に等価関係をもたらす機能を有するものである」。そして、(ロ)両債権は「同一の原因関係に基づく金銭債権である」ことから、(ハ)「両債権は、同時履行の関係にあるとはいえ、相互に現実の履行をさせなければならない特別の利益があるものとはいえず」、(ニ)「両債権の間で相殺を認めても、相手方に不利益を与えることはなく」、むしろ、「相殺による清算的調整を図ることが当事者双方の便宜と公平にかない、法律関係を簡明にするものであるといえる」として、両債権は、相殺の抗弁による清算的調整を図ることが想定された「特殊な関係」にあるとする。この説示は、同時履行の関係にある場合には一般に相殺は許されないとする判例の立場（大判昭和一三・三・一民集一七巻三一八頁。こうした場合に相殺を認めることは相手方の抗弁権を理由なく失わせることになる点がその理由とされる）に対して、本件の本訴請求債権と反訴請求債権の関係性は、その原則の例外に該当する関係性がある旨を述べている。

この特殊な関係性として、まず(イ)で瑕疵修補に代わる損害賠償債権が減額請求機能を有する点が挙げられている。これは、（両債権は同時履行関係にあるが）瑕疵修補に代わる損害賠償債権は本来の履行を求めるというより、両債権の相殺によって代金減額の効果が実現できる関係性を指摘したものと思われる。つまり、両債権は同時履行関係であっても相殺による清算的調整が予定されていることを示唆したものと思われる。さらに、(ロ)で両債権は原因を同一とする金銭債権である点を指摘する。これは、同種の目的を有し、対立する債権が存在することを挙げ、相殺適状を示唆するものであり、(ハ)(ニ)では(イ)の関係も踏まえて、相殺を行ったとしても当事者間で支障がないことを指摘する。これらは、両債権の関係性から相殺による調整が要請され、その調整による支障がないことを意味すると思われる。

さらに、⑤判決では、(ホ)「請負代金債権を自働債権として瑕疵修補に代わる損害賠償債権と相殺する旨の意思表示をした場合、注文者は、請負人に対する相殺後の請負残代金債務について、相殺の意思表示をした日の翌日から履行遅滞による責任を負うと解される」としている。つまり、両債権は同時履行の関係に立つため、相手方から履行の提供を受けるまでは履行遅滞の責任を負わないが、相殺の意思表示がされれば、相殺後の残債務について、意思表示をした日の翌日から履行遅滞の責任を負うのである。(ホ)で、⑤判決事案で請負人Xの相殺の提出が許されないとすると、注文主Yは履行遅滞責任を負わず、遅延損害金の支払いを免れることになり、この事案は相殺の抗弁を許容する必要性が高い事案であることを意味している。(44)

(2) 最高裁令和二年判決（⑤判決）の理論構成の分析

① 最高裁令和二年判決（⑤判決）の理論構成の疑問点

この⑤判決の理論構成は、この事案おいて、本訴請求債権と反訴請求債権は同時履行の関係にある債権関係ではあるが、前記(イ)～(ホ)の観点（契約当事者間の対価関係の維持、発生原因の共通性から契約当事者間の公平維持、相殺による清算的調整を図ることによる当事者双方の便宜と公平及び法律関係の簡明化から）から「特殊な関係」にあり、(A)債権間での相殺による清算的調整を図るべき要請（相殺の担保的機能・簡易決済機能の保障⬇相殺期待権の保護（防御権保障））が強いとの認識がまず成立し、こうした場合には、(B)弁論の分離禁止が強制される（分離禁止の義務づけ）ことになる（「本訴と反訴の弁論を分離すると、上記本訴請求債権の存否等に係る判断に矛盾抵触が生ずるおそれがあり、また、審理の重複によって訴訟上の不経済が生ずるため、このようなときには、両者の弁論を分離することは許されないというべきである。」）とする。その結果、(C)相殺の抗弁の主張を許しても、民訴法一四二条の趣旨に反しないとの理論構成をとる。結論的には、(B)の弁論の分離禁止から矛盾抵触する判断が回避され、(C)相殺の抗弁を許容するという構成である。(45) つまり、「(A)相殺による清算的調整を図るべき要請が強い債権関係の存在⇓(B)弁論の分離禁止⇓(C)相殺の抗弁の許容」という論理構成(A)⇓(B)⇓(C)をとる。(46) この点のみ見れば、⑤判決は、③平成一八年判決、④平成二七年判決と同様に、弁論の分離可能性がないことを前提に相殺の抗弁を適法とした論理構成をとると言えそうである。つまり、⑤判決が論理構造の中間に「Ⓑ弁論の分離禁止」を加えた意味は、①平成三年判決の論理を維持した点にあるように通常は考えることになろう。したがって、③、④判決、そして⑤判決が弁論分離禁止を経由して相殺の抗弁を認めたのは、いわば①判決の呪縛から「弁論の分離禁止」が強く意識された結果であると言えるかもしれない。その意味では、①判決がベースとなる思考方法ともいえる。しかし、⑤判決では①判決は引用されていない。この意味をどう捉えるか（疑問点一）という点が問題になろう。

他方、⑤判決におけるⒶの説示はどう解するべきであろうか。⑤判決は、上述したように、Ⓐの観点につき、本訴請求債権と反訴請求債権とが同一の請負契約に基づく請負代金債権と瑕疵修補に代わる損害賠償債権であり、同時履行の関係にあるが、相殺により清算的調整を図ることが強く要請される特殊な関係にある（最判昭和五三・九・二一集民一二五号八五頁参照）とし、この「実体法上の特殊な関係性」から、弁論分離禁止を導き出している。しかし、本件判決では、相殺を認めることが要請される「実体法上の特殊な関係性」があれば、それがなぜ弁論分離禁止に結びつくのか（疑問点二）についての十分な説明がない。(47) この弁論分離禁止の根拠づけの点において、同じ本訴と反訴の併合事案にもかかわらず、⑤判決と③、④判決との相違が生じていると言えよう。しかし、この根拠づけは正当化できるか（疑問点三）、これらの点が⑤判決の評価に直結してくるかと思われる。

以下では、ここで掲げた疑問点について考察を加える形で、⑤判決の論理分析と評価を行うことにする。

② 最高裁令和二年判決（⑤判決）の論理分析

まず、⑤判決では①判決の引用がないことは何を意味するかという疑問点一についてであるが、この点につき、⑤判決は①判決の絶対的不適法説に一定の例外を認めたものと理解する立場がある。(48) 他方で、⑤判決が民訴法一四二条類推適用の問題ではなく、弁論分離（反訴手続）の規律の問題として相殺の抗弁を処理したとの理解もある。(49) 前者の理解によれば、⑤判決は①判決を前提としたものと考えることになろう。したがって、②〜④判決も同様に

①の例外と位置づけることが可能であろう。そうであれば、①判決を引用したとしても、前者の理解は可能となる。そうすると、①判決を引用しない⑤判決では後者の理解が妥当してくるように思えるが、判例の論理構成(A)⇒(B)⇒(C)では、①判決の弁論分離禁止(B)をメルクマールとするならば、反訴手続における本訴債権を自働債権とする相殺は許容できないことが前提になる。ところが、(A)が⑤判決の論理構成の出発点となる限り、(A)は相殺の抗弁の許容を前提とすることになると思われる点が問題となってくる。しかし、それは、①判決の理論構成（相殺の抗弁不適法説）と乖離してくるからである。そこで、相殺を許容した場合に別訴の弁論の分離を禁止できるときには、相殺を許容すると読み替えることができるとする立場[50]が登場してくる。あくまで弁論分離禁止(B)がメルクマールになり、弁論分離（反訴手続）の規律の問題として⑤判決は相殺の抗弁を処理したと考えるのである。この点において、引用はないが、①判決の理論的存在意義は残ることになる。

次に、疑問点二、三が生じる⑤判決における(A)の説示はどう解するべきであろうか。⑤判決の判示からは、(A)の認識から上記類推適用否定説と同様に、直截的に相殺の抗弁を許容する方向（「(A)相殺による清算的調整を図るべき要請が強い債権関係の存在⇒(C)相殺の抗弁の許容」）もあったと思われる。しかし、⑤判決はこの理論構成(A)⇒(C)を採らなかった。むしろ、(A)の認識は(B)の弁論分離禁止を導き出す前提ないし根拠として位置づけている。そこで、相殺を認めることが要請される強い「実体法上の特殊な関係性」があれば、それがなぜ弁論分離禁止に結びつくのかという疑問（疑問点2）が生じてくるのである。

このことを弁論分離禁止の新たな一例との評価[51]もありうるが（結果的にはそのように言えるかもしれないが）、なぜそう言えるのか、十分な根拠づけはない。確かに、(A)の点は、相殺の機能保障（相殺の担保的機能・簡易決済機能の保障）が期待されるとは言えそうである[52]。しかし、相殺の簡易決済機能・担保的機能保障という強い実体的要請があることがあることは、相殺の抗弁許容の十分条件と言えようが、弁論分離禁止という規律の十分条件となるかについては答えてはいない。この点については、本訴請求に対して反訴が提起され、手続が併合されているという点をも考慮することが必要的かもしれない。つまり、相殺の抗弁許容の必要性が、併合審理が原則である本訴・反訴手続であるという点と相まって、審理の重複や判決の矛盾抵触の回避が強く要請される結果、弁論分離禁止という規律（相殺の抗弁許容の必要性と本訴・反訴の併合手続であることが要件となって、弁論分離禁止が認められる構造）になったとも考えられる。換言すれば、⑤判決は相殺の簡易決済機能・担保的機能保障という実体法的要請と審理の重複や判決の矛盾抵触の回避という訴訟法的要請との調和を図ったものと考えるのである。[53]この考えでは、Ⓐの認識が直接Ⓑの弁論分離禁止を導き出すわけではないことになる。実体法的要請だけで弁論分離禁止を導きだすことを正当化するより、本訴・反訴が併合されていることからの訴訟法的要請が加味されることで弁論分離禁止を導きだすということになる。この点に⑤判決で①判決が引用されていないことの意味が存すると解することもできようか。

しかし、このように考えたとしても、そもそもこの実体法的要請がどの程度強ければ、本訴・反訴手続における弁論分離禁止という規律を導き出しうるかという問題[54]も生じる。さらに、次の問題は弁論分離禁止についてのこのような正当化が、従来弁論分離禁止を認めてきた場合と整合性を有するかである（疑問点３）。そこで、以下では、従前の裁判官による弁論の併合・分離の規律をめぐる議論を参考にして、この弁論分離禁止の規律についての問題を考察していく。

(ハ)　最高裁令和二年判決（⑤判決）の評価——弁論分離禁止の理論構成——

(1)　反訴に伴った併合審理と弁論の分離

弁論の分離は、裁判所の裁量に委ねるのが民事訴訟法の採った規律である（民訴一五二条）。③、④判決に続き、⑤判決は、その判旨からも反訴による併合審理における裁判所の弁論分離権限を否定したものであると言える。反訴は、相関連する事件について併合審理し、訴訟経済に資するとともに矛盾抵触することのないよう解決することにその手続的意義がある。[55] 反訴が適法である場合には、本訴との併合審理するのが通常であり、反訴は本訴と訴訟資料を共通することになるので、矛盾抵触した判断は通常生じない。だが、裁判所の裁量により弁論の分離は可能である（民訴一五二条）。この分離可能性がある限り、矛盾抵触した判断の可能性があり、相殺の抗弁は二重起訴禁止原則に抵触してくるとする考えが①判決以降の判例理論の根幹にある。したがって、①判決以降の判例理論では、相殺の抗弁が不適法であることを前提としつつ、矛盾抵触した判断の可能性がなくなる「弁論分離可能性がないこと（＝裁判所の弁論分離権限否定）」が相殺の抗弁許容のメルクマールであったと言えよう。そして、それは弁論の分離は裁判所の裁量であるというルールの例外にもなる。判例理論は、少なくとも本訴・反訴が併合審理された③～⑤判決においては、前述したように、この例外を事例的に認めてきたとも言える。結局、本章で取り上げた最高裁判例における相殺の抗弁と二重起訴禁止原則との関係では、弁論の分離禁止（併合強制）が認められるか否かがポイントとなっている。そして、留意しなければならないのは、本訴・反訴手続では、反訴が許容されて本訴との併合審理となる点に特質がある点である。反訴が許容され、本訴と反訴が審判の統一を重視し、併合される以上、原則として分離は許されないというのが従来の伝統的立場である。[56] したがって、従来はその例外として弁論を分離すべき場合はいかなる場合かが問題であったと言える。ここで取り上げた相殺の抗弁と二重起訴禁止原則との関係では、逆に、この弁論分離可能性の否定される（弁論分離禁止という）例外は、いかなる場合に認められているのかが問題となっている。従前の議論では、当事者や請求が多数で訴訟が複雑化する場合など円滑な訴訟の進行の妨げになる場合に弁論は分離すべきということになっていた。[57] 弁論の分離禁止を義務づけるためには、このことに該当しないことが前提となる。そこで、問題は、裁判所の裁量で分離が可能であることから、この併合審理状態を維持すべき必要性があるかである。そして、⑤判決のとった弁論分離禁止の根拠は、つまり、「相殺による清算的調整の要請が強い本訴債権と反訴債権の実体法上の関係性」は、併合審理を維持する必要性を有するのか（疑問点

3)。これが、⑤判決の評価のための考察対象になる。そこで、その前提として、従前の弁論分離禁止をめぐる議論を概観することにする。

(2)　弁論分離禁止をめぐる議論

①　類型化による弁論分離禁止

この点に関して、従来の議論において、訴訟手続上一般的に弁論の分離が禁止されると解釈されていたのは、以下の場合にであったとされる[58]。(a)必要的共同訴訟（民訴四〇条）、独立当事者参加（民訴四七条）、(b)同時審判の申出訴訟（民訴四一条）、(c)同一目的の形成訴訟（離婚請求訴訟の本訴・反訴）、(d)本訴と反訴が同一の権利を目的とする（訴訟物同一）場合（債務不存在確認訴訟と同一債務の履行を求める給付訴訟の場合）、(e)先決関係の存在する場合（所有権確認と所有権に基づく明渡請求）、(f)予備的併合・選択的併合の場合、(g)複数の請求の基本的法律関係が共通の場合（所有権に基づく引渡請求と所有権侵害に基づく損害賠償請求）などである。すなわち、反訴手続と関連してくるのは(c)〜(g)と言えよう。(a)は合一確定の要請から矛盾抵触した判断の回避が必要的であり、(b)は二重敗訴防止のため矛盾抵触した判断の回避が必要的となる。(a)(b)はその制度趣旨から矛盾判断の回避の必要があり、法が弁論分離を禁止する場合である。(c)は形成訴訟が対世効を有する法律関係の形成であることから、必ず合一の判決を要する場合と言えよう。これらは、「制度趣旨からの分離禁止」と言える。

他方、(e)は、一つの請求とそれが認められることを条件に、それを前提に認められる関係にある他の請求を併合する場合である。講学上、このような併合形態を重畳的併合という[59]。なお、これらの場合における弁論分離禁止は、解釈による関連併合論から弁論分離禁止を導き出したとの説明もある[60]。これは、条文上の根拠がある上記(a)、(b)以外に、条文上の根拠はなくとも一方の請求が他方の論理的先決関係にあるや、複数の請求の基本的法律関係が共通する場合(g)には、判断の矛盾抵触を防止し、審理の重複を避けるために弁論の分離を許さないとの見解[61]である。上記のように、訴訟上の観点から分離を禁止するという点に変わりはない。請求間に条件が付される(f)予備的併合・選択的併合も含めて、こうした請求の併合形態は、請求間に条件が付された場合であるので(g)については所有権が認められることが請求の前提となり、条件関係に類するとしてよいであろう)、審理の分離ができない形態である。その趣旨は反訴手続が係属しているか否かにかかわらず、これらの請求併合形態の特質上、条件成就の判断を前提として他の請求が審理・判断されることが手続上要請されていることから併合審理が必要的とされる場合である(④判決については、すでに述べたように、民法五〇八条の適用が自働債権の時効消滅の判断が前提とする形であるので、いわば条件的審理が要請されており、この弁論分離禁止の場合に属するとの評価は可能であろう)。「条件関係上の分離禁止」と言える。

(d)の例とされる債務不存在確認訴訟と同一債務の履行を求める給付訴訟の場合には、今日の通説の考え方では、実質的に当事者、訴訟物が同一とあるとするので、二重起訴になる場合である。(d)の関係から債務不存在確認訴訟と同一債務の履行を求める給付訴訟が本訴・反訴関係になり、併合された場合には、債務不存在確認訴訟は確認の利益がなく、却下されるとするのが判例である(最判平成一六・三・二五民集五八巻三号七五三頁参照)。したがって、この場合には矛盾抵触判断の生じる余地はない。

ここで挙げられた弁論分離禁止となるとされる類型の内、(a)(b)(c)(f)については一般に認められている。他は、議論があるが、いずれもその制度に伴った手続上の必要から分離が要請されている場合と言える。③判決も④判決も、判例の理論構成からは(その是非は別として)、併合された請求が条件関係にあることから分離が禁止されるケースと位置づけることはできよう。本稿で検討対象とした⑤判決の場合はどうか。⑤判決がとった、前記のように、「(A)相殺による清算的調整を図るべき要請が強い債権関係の存在⇓(B)弁論の分離禁止」という論理構成それ自体からは、実体法上の要請から生じる分離禁止と言うことができよう。したがって、⑤判決における弁論分離禁止の規律は訴訟法上の必要から生じる上記の制度趣旨の関係上の分離禁止でもなく、また条件関係上の分離禁止と類似のものとは言い難く、これらと整合性があるとも言えない。従来の弁論分離禁止を認める理論からは⑤判決の論理構成は、説明できないのである。⑤判決は新たな分離禁止類型を認めたという考えが生じる所以である。しかし、この考えは上記のような類型に対応した根拠づけが明らかでなく、即座に採用することを許容していいのであろうか。

②　利益衡量による弁論分離禁止

さらに、前記のような類型化ではなく、利益衡量により一般的に弁論分離禁止を導き出す立場がある。つまり、弁論の併合・分離は裁判官の裁量であるがまったくの自由裁量ではないとし、以下の要素を総合的に考慮して判断すべきとの見解である。(62) 考慮要素となるのは、(イ)請求ないし事件又は当事者の関係性ないし同一性、(ロ)裁判の矛盾抵触の回避や一回的紛争の必要性、(ハ)弁論や証拠調べを同時又は別々に行うことによる便宜、(ニ)訴訟の進行度合い、弁論の終結、判決の時期及びその内容の見通し、(ホ)当事者の意思、などである。反訴手続において併合審理を原則とするのは利益衡量の結果であると思われることから、さらにこれと同様の利益衡量で弁論分離を禁止するのは、理論構成として疑問である。⑤判決の調査官解説(63)では、この立場を考慮し、「本件のように、特殊な関係にあり、両者の相殺の抗弁が主張されている場合については、本訴反訴を分離してしまうと、その結果、審理の重複や判決の矛盾抵触が生じてしまうため、一つの訴訟手続で審理・判決することが強く要請されている」と解することができ、弁論分離が禁止され、その反面として相殺の抗弁が許容されるとの解釈を採ることができるとする。しかし、この利益衡量に基づく弁論分離は、事件を分離するか併合するかについて主に訴訟手続上の考慮要素により判断するものである。すでに、反訴が有効となり併合審理がなされている状況、つまり、利益衡量が行われた後に併合された事件をさらに利益衡量による弁論分離禁止とする方法は基準となりうるか疑問である。また、⑤判決は、実体的関係から相殺の抗弁の許容の必要性が強く、それを貫徹するために手続上の弁論分離を導いており、ここで述べた利益衡量とは考慮要素が異なっているように思われる。

③ 本訴・反訴手続の規律としての弁論分離禁止

前記のように、手続要請から分離禁止する例は一般に認められてきた。学説上は、さらに、前記と異なる基準で、本訴・反訴手続における手続規律として弁論分離を禁止する立場が存する。まず、本訴と主要な争点を共通にする反訴については、原則として審理の重複や裁判の不統一を避けるために、弁論の分離及び一部判決をすべきでないとの立場[64]がある。主要な争点が共通の場合には、二重起訴禁止原則の適用があるとする立場からの立論である。この立場は、請求の趣旨が異なる場合には、二重起訴の効果として併合審理を行う方向[65]（反訴・併合強制をとること）を前提とする。この立場では、本訴・反訴手続で相殺の抗弁が提出されれば、争点は共通になり、二重起訴に該当し、その効果として弁論分離禁止となるとの構成と思われるが、⑤判決事案では本訴・反訴の基本的事実関係は共通しているので、争点は共通してくる可能性が高く、弁論分離禁止となれば、二重起訴該当の余地はない形になるかと思われる。しかし、この立場は、適正、迅速かつ公正な審理を行うことを目的として法定されている裁判所の裁量権限を二重に否定することにつながることになり、また、争点の共通は手続の初めから必ず生じるわけでもなく、流動的であるので、基準としては回顧的にしか機能してこないように思われるので、疑問はなくはない。

また、既判力の抵触の可能性があれば、相殺の抗弁が提出された訴訟と同一債権を訴求している訴訟とが併合されている場合には、弁論分離は許されないとの立場も主張されている[66]。この立場は、相殺の抗弁が不適法であることを前提としていない立論であると言え、相殺の抗弁は不適法としつつ、反訴手続における弁論分離禁止の規律を持ち出すものではない。その点では評価できよう。しかし、既判力抵触回避のために、弁論分離禁止を持ち出すことは①判決の論理を実質的に前提としたものであると言えよう。

さらに、同様の方向で、反訴手続で請求相互間の関係性を根拠として分離の可能性を否定するのは行き過ぎであると否定しつつ、訴訟物を同じくする場合、別訴を提起すれば二重起訴となる場合など、関連性が強い場合を中心として裁判所の分離権限が制約される場合と解するべきとする立場もある。[67] そして、この関係性の存する一例として本件⑤判決を位置づける。[68] しかし、この立場では、どの程度の強い関係性があれば、かかる制約が生じるかが問題となってくることになり、基準が明確とは言い難い。なお、この立場では、別訴を提起すれば二重起訴となる場合などをその例として挙げる。したがって、相殺の抗弁が民訴法一四二条の類推適用を受けることを前提に、[69] つまり、相殺の抗弁は不適法としつつ、反訴手続における弁論分離禁止の規律を持ち出す。⑤判決の位置づけ問題と共通性を有してくる。しかし。弁論分離禁止ならば、相殺の抗弁は適法に変わるとすると、なぜ不適法から適法に変わるのかが明確でなく、理論構成としては⑤判決と同じく疑問はなくはない。

(注)

(8)　近時は、さらに同一手続型と非同一手続型に分ける立場もある。従来は二つの訴訟が併合されている同一手続型では相殺の抗弁は適法との理解が共通であった。

(9)　中野貞一郎「相殺の抗弁（下）」判タ八九三号（一九九六）八頁以下、栗原良扶「相殺の抗弁と重複訴訟の禁止」大阪学院法学研究七号（一九八二）八五頁以下、兼子一ほか・条解　民事訴訟法（第二版）（弘文堂・二〇一一）八二三頁以下〔竹下守夫＝上原敏夫〕、松本博之＝上野泰男・民事訴訟法（第八版）（弘文堂・二〇一五）三五四頁以下など。

(10)　伊藤・前掲書（注（6））二三八頁、河野正憲・民事訴訟法（有斐閣・二〇〇九）三〇四頁、梅本吉彦「相殺の抗弁と二重訴訟の禁止」新実務民訴一（日本評論社・一九八一）三八一頁など。

(11)　梅本・前掲論文（注（10））三八五頁など参照。

(12)　河野正憲・当事者行為の法的構造（弘文堂・一九八八）一一九頁などは、請求異議の訴えにより相殺による防御権は保護される旨主張するが、起訴負担が大きく（松本博之・平成三年評釈（後掲注（18））九四頁など）、時期の問題もあり、保護には不十分である。

（13）上田徹一郎・民事訴訟法（第七版）（法学書院・二〇一一）一四九頁以下、流矢大士「二重起訴と相殺の抗弁」伊東乾教授古稀記念・民事訴訟の理論と実践（慶應通信・一九九一）四六五頁以下など。

（14）高橋・前掲書（注（2））一四三頁以下、中野貞一郎＝酒井一・民商一〇七巻二号（一九九二）二五六頁〔酒井〕など。

（15）本件判決の評釈等として小山昇・判タ六七六号（一九八八）五一頁、石川明・法学研究（慶大）六二巻三号（一九八九）一一六頁、住吉博・民商一〇〇巻三号（一九八九）四八一頁、篠原勝美・最判解民事篇昭和六三年度（一九八九）一〇一頁、野村秀敏・判タ七〇五号（一九八九）一五頁、小笠原昭夫・昭和六三年度重判解説（一九八九）一三〇頁、松浦馨・リマークス一号（一九九〇）二四八頁、河野正憲・判時一三二五号（一九八九）二〇六頁、萩屋昌志・法学五三巻四号（一九八九）四六八頁、梅本吉彦・民訴判例百選Ⅰ（新法対応補正版）（一九九八）一六二頁、山田文・執行・保全判例百選（第三版）（二〇二〇）一八四頁、上原敏夫・法学教室三四八号（二〇〇九）四一頁などがある。

（16）梅本・前掲解説（注（15））一六二頁など。

（17）調査官解説（篠原・前掲解説（注（15））一四一頁）では、本判決は、一般論を避け、抗弁後行型において相殺の抗弁を不許とする裁判例の大勢に従いつつ、被告の利益ないし一種の訴訟上の信義則の見地も考慮し、相殺不許の結論を導いたものであろうとする。しかし、本件判決は、その判旨内容からは、相殺の抗弁の提出を適法とすることを前提に、当該事案において相殺の必要性（機能に対する期待の確保）とその提出による訴訟審理への影響（相殺権行使の濫用になるか否かを含めて）を利益衡量により判断したとも評価できるのではなかろうか。

（18）本件判決の評釈等として、中野貞一郎＝酒井一・民商一〇七巻二号（一九九二）二四一頁、加藤哲夫・法セ四五一号（一九九二）一三八頁、高田昌宏・法教一四二号（一九九二）九八頁、山本克己・平成三年度重判解説（一九九二）一二二頁、吉村徳重・リマークス六号（一九九三）一二四頁、三木浩一・法学研究（慶大）六六巻三号（一九九三）一三一頁、荒木隆男・亜法二九巻二号（一九九四）二一七頁、河野信夫・最判解民事篇平成三年度五一一頁、松本博之・民訴判例百選（第三版）（二〇〇三）九二頁、本間靖規・民訴判例百選（第四版）（二〇一〇）八二頁、内海弘俊・民訴判例百選（第五版）（二〇一五）九二頁、同（第六版）（二〇二三）七四頁など。

(19) 河野・前掲解説（注（18））五一六頁など。

(20) 詳細は、さしあたり山本弘「二重訴訟の範囲と効果」伊藤眞＝山本和彦編・民事訴訟法の争点（有斐閣・二〇〇九）九二頁（とくに九四頁以下）、八田卓也「相殺の抗弁と民訴法一四二条」法教三八五号（二〇一二）四頁以下など参照。

(21) この判決の評釈として、本間靖規・リマークス一六号（一九九八）一二七頁、佐藤陽一・判タ九七八号（一九九八）一八二頁がある。

(22) 本判決の評釈として、河邉義典・最判解民事篇平成一〇年度（下）六四二頁、上野泰男・平成一〇年度重判解説（一九九九）一二二頁、越山和広・法教二一九号（一九九九）一二八頁、高橋宏志・リマークス一九号（一九九九）一二七頁、坂田宏・民商一二一巻一号（一九九九）六二頁、酒井一・判時一六六七号（一九九九）一九二頁、村上正敏・判タ一〇〇五号（一九九九）二一四頁、石渡哲・法学研究（慶大）七三巻一〇号（二〇〇〇）一五三頁、小林学・法学新報一〇六巻一一＝一二号（二〇〇〇）二八三頁、三木浩一・民訴判例百選（第三版）九六頁、八田卓也・法セ五四九号（二〇〇〇）一〇九頁、本間靖規・民訴判例百選（第四版）八二頁、内海弘俊・民訴判例百選（第五版）九二頁、内山衛次・民訴判例百選（第六版）七八頁などがある。

(23) 前掲東京高判平成四年五月二七日は、一部請求の残部を相殺の抗弁として主張した事案であったが、別訴において反対債権の総額を訴求していたが、相殺に供した額を差し引いて、一部請求となった事案であったことを鑑みて、①判決を引用して、審理の重複を重視して、相殺の抗弁を不適法とした。つまり、相殺の担保的機能よりも既判力の抵触防止を重視して、民訴一四二条の類推適用を認めていた（本件評釈として、畑瑞穂・平成四年度重判解説（一九九三）一五二頁がある）。

(24) 一部請求論が関わることになるが（一部請求論に関する筆者の立場は、第二章参照）、紛争解決の一回性（効率性）や被告の応訴負担など、裁判所及び被告の立場が重視される一部請求全面否定説では、残部債権での相殺の抗弁は提出できないことになろう。

(25) ②判決でもって①判決の実質的変更があったとの指摘もあった（高橋・前掲評釈（注（22））一三四頁など。

(26) 本判決の評釈として、三木浩一・平成一八年度重判解説（二〇〇七）一二七頁、二羽和彦・リマークス三五号（二〇〇七）一一二頁、我妻学・金商一二六三号（二〇〇七）一四頁、徳田和幸・判時一九七四（二〇〇七）一九〇頁、酒井一・民商一三八巻三号（二〇〇八）三三四頁、渡辺森児・法学研究（慶大）八〇巻四号（二〇〇八）一六〇頁、安見ゆかり・青法四八巻三号（二〇〇八）一八八頁、和田吉弘・法セ六三七号（二〇〇八）一一七頁、増森珠美・最判解民事篇平成一八年度（上）五二五頁、杉本和士・早法八三巻二号（二〇〇八）一四三頁、河野正憲・判タ一三二一号（二〇一〇）五頁などがある。

(27) 徳田・前掲評釈（注（26））一九三頁など参照。酒井・前掲評釈（注（26））三四二頁は、本来的な予備的反訴が適法とされるのは、反訴が原告の本訴提起に対して行われる一種の防御的提訴であるから、正当化されるのであって、手続の安定だけが根拠とされるわけではないとする。

(28) この場合、本訴請求が予備的請求だけという構成はありえないし、また反訴で相殺の抗弁が審理される場合には取下げをという構成は訴訟係属を左右する条件付けとなり、これもありえない（この点につき・山本・後掲平成二七年評釈（注（33））二八頁など参照）。

(29) 松本＝上野・前掲書（注（9））三五七頁、渡辺・前掲評釈（注（26））一六九頁など参照。なお、増森・前掲最判民解説五三五頁（注（26））は、本訴を自働債権とする相殺を認めない構成の正当化根拠として、本訴被告には相殺の抗弁と反訴の選択できる立場にあるが、本訴原告は自ら訴えを提起したのであり、その中で自己の権利主張をすれば足りるとする点を挙げる。しかし、この言説は相殺の抗弁の機能を無視するものであり、③判決の事件では反訴を選択のうえで、相殺の抗弁を提出しており、根拠にはなっていない。

(30) 松本＝上野・前掲書（注（9））三五七頁など。

(31) 徳田・前掲評釈（注（26））一九三頁など。なお。酒井・前掲評釈（注（26））三四二頁は、本来的な予備的反訴が適法とされるのは、反訴が原告の本訴提起に対して行われる一種の防御的提訴であることから、正当化されるのであって、手続の安定だけが根拠とされるわけでないとする。

（32）酒井・前掲評釈（注（26））三四四頁は、予備的反訴と単純反訴の場合の反訴原告の利益状況を考慮し、単純反訴を維持した場合には、①判決の立場から相殺の抗弁は不適法とされ、本訴と反訴間では同時履行の関係が残る。その結果、損害賠償債務に対する遅延損害金が発生しないことになり、単純反訴を維持した方が反訴原告としては有利になるとし、③判決のいう反訴原告の合理的意思の推定は難しいとする。

（33）本件評釈として、我妻学・リマークス五三号（二〇一六）一一〇頁、内田義厚・新判例解説 Watch Vol. 19,（二〇一六）一五七頁、山本弘・金法二〇四九号（二〇一六）二六頁、宮川聡・甲南法務研究一二号（二〇一六）一一三頁、上田竹志・法セミ七三八号（二〇一六）一二四頁、今津綾子・法教四三〇号（二〇一六）一四四頁、林昭一・ジュリ一五〇五号（二〇一七）一四〇頁、河野正憲・法政論集二七一号（二〇一七）一一五七頁、加藤新太郎・NBL一一一一号（二〇一七）一七五頁、福地絵里・曹時七〇巻二号（二〇一八）一二九一頁、同・最判解民事篇平成二七年度（下）五九一頁、などがある。また、畑宏樹「相殺の抗弁と重複起訴の禁止」明治学院法学研究一〇一巻（二〇一六）一七五頁、堀清史「重複訴訟の制限と相殺の抗弁についての判例の変遷」徳田和幸先生古稀祝賀論文集・民事手続法の現代的課題と理論的解明（弘文堂・二〇一七）一六三頁、勅使川原和彦「本訴・反訴の請求債権による相殺に関する判例法理」上野泰男先生古稀祝賀論文集・現代民事手続の法理（弘文堂・二〇一七）二八五頁以下も本件につき言及する。

（34）山本・本件評釈（注（33））二九頁は、本件は本訴と反訴の弁論の不可分離性を立論の当然の前提としている旨指摘する。

（35）内田・本件解説（注（33））一一五九頁。また、加藤・前掲評釈（注（33））七八頁は同一の金銭消費貸借取引経過という事実関係が審理の対象とされていることから、手続裁量として弁論分離を禁止する場合とする。

（36）山本・本件評釈（注（33））二八、二九頁。なお、前掲平成一八年最高裁評釈（注（26））の多くが併合審理強制の立場に立つ（例えば、徳田・前掲評釈（注（26））一九三頁、酒井・前掲評釈（注（26））三四五頁など）

(37) 山本・本件評釈（注（33））二七頁、同・争点（前掲注（20））九七頁参照。

(38) 今津・本件解説（注（33））一四四頁。

(39) 勅使川原・前掲論文（注（33））二九八頁。この事案において問題となった第一取引と第二取引を一連の取引とするか分断するとするか（分断すると解せば時効認められる）で本訴・反訴の具体的内容が判断される事案であることから、つまり、本訴請求と反訴請求が非両立の関係にあることで弁論の分離禁止が生じると考える我妻・前掲評釈（注（33））一一三頁や、基礎となる債権の存否の判断の一回化が保障されている事案では弁論分離が導かれるとの林・前掲評釈（注（33））一四一頁は、この立場と同方向と位置づけられるかもしれない。

(40) 宮川・前掲評釈（注（33））一二三頁。

(41) 山本・前掲（注（33））二九頁参照。

(42) 畑・前掲論文（注（33））一八九頁、内田・前掲解説（注（33））一五九頁以下も同様に解する。民法五〇八条の趣旨が相殺の合理的期待の保護にある点は、最判平成二五年二月二八日民集六七巻二号三四三頁が判示するところであり、近時の民法学説でも有力である（議論については、さしあたり、大木満「相殺適状の意義について─民法五〇五条一項と民法五〇八条との関係─」早法九一巻三号（二〇一六）一二頁以下など参照）。

(43) 本件評釈として、園田賢治・法セミ七九二号（二〇二〇）一〇九頁、堀清史・法教四八六号（二〇二一）一四五頁、杉本和士・ジュリ一五五七号（二〇二一）九四頁、三木浩一・法学研究（慶大）九四巻五号（二〇二一）九三頁、加藤新太郎・NBL一一九一号七一頁、家原尚秀・ジュリ一五六一号九三頁、潮見佳男・金法二一六九頁、河野正憲・法政論集二九一号（二〇二一）一〇三頁、宇都宮遼平・早論六号（二〇二一）二五三頁、八田卓也・リマークス六四（二〇二二〈上〉）一一四頁、瀬川駿・法学研究（一橋）二一巻一（二〇二二）号一四三頁などがある。宮川聡「相殺の抗弁と重複起訴の禁止─判例の分析を中心に─」甲南法務研究一八巻（二〇二二）七七頁以下も⑤判決を契機としたものである。

(44) 家原尚秀・曹時七四巻一二号（二〇二二）二五七頁（⑤判決解説）。

(45) 八田・前掲評釈（注（43））一一六頁以下。⑤判決の趣旨は、相殺を許容した場合に別訴と本訴の弁論分離を禁止できるときには、相殺を許容した点にあるとの指摘（八田・前掲評釈（注（43））一一七頁）は、この点を示唆したものと思われる。続けて、同・一一七頁は、本件判決は弁論の分離禁止と相殺の許容がセットになる学説を認めたものと評価できるとする。

(46) この構成をとることは、その反対形象である③判決でも該当してくると思われる。そうすると、③判決の意義はほとんどなくなったと評価してもいいかと思われる。杉本・前掲評釈（注（43））九五頁、八田・前掲評釈（注（43））一一七頁など参照。

(47) 潮見・前掲評釈（注（43））二五頁は、最判平成九・二・一四民集五一巻二号三三七頁が瑕疵修補に代わる損害賠償債権と報酬債権全額との同時履行を認めた理由は、相互の債権の間に存在している関係が「清算的調整」の機能に尽きるものではないことを示しており、この観点からみたときに、請負人からの相殺を安易に許容してよいか、疑問が残るとする。

(48) 三木・前掲評釈（注（43））一〇九頁、一一一頁など。

(49) 杉本・前掲解説（注（43））九五頁は、⑤判決は二重起訴禁止の規律から弁論の分離に関する規律へと移行させることで、硬直的な①判決の先例拘束性を回避しつつ、実体法の要請を維持したものと評しうるとする。八田・前掲評釈（注（43））一一六頁は、判断の矛盾抵触等の可能性が弁論分離の違法性を導き、それにより訴求と相殺の抗弁の平行が許容されるとする学説（適法説）の主張を最高裁として正面から認めた点に⑤判決の意義があるとする。

(50) 八田・前掲評釈（注（43））一一六頁以下、家原・前掲解説（注（44））二九八二頁及び注三六参照。

(51) 加藤・前掲評釈（注（43））七四頁、伊藤・前掲書（注（6））六五八注四五）、河野・前掲評釈（注（43））一一〇頁など参照。

(52) 当事者の利益状況をみても、両債権は同時履行の関係にたつため、相手方から履行の提供を受けるまでは履行遅滞の責任を負わないが、相殺の意思表示がされれば、相殺後の残債務について、意思表示をした日の翌日から履行遅滞の責任を負うことなどを考慮すると相殺の抗弁の許容性は高い。しかし、これは、同時履行の関係に限られるわけではない。上述した、③、④判決の利益状況もそうである。

(53) 杉本・前掲評釈（注（43））九五頁は、本件判決を相殺による清算的調整という実体的要請を維持して矛盾抵触防止等訴訟上の要請を弁論分離禁止という規律に移行させたものと評価している。
(54) 八田・前掲評釈(注(43))一一七頁参照。
(55) 秋山幹男ほか・コンメンタール民事訴訟法Ⅲ〔第二版〕(日本評論社・二〇一八)二三六頁など参照。
(56) 兼子・前掲書(注(2))三七九頁など。
(57) 秋山幹男ほか・前掲コンメタール(注(55))三四五頁など。本来併合すべき場合の併合後に併合要件に欠ける場合には分離が義務化されることになる(同・三頁)。
(58) 竹下守夫=伊藤眞編・注解民事訴訟法(三)(有斐閣・一九九三)一九六頁〔加藤新太郎〕、高田ほか編・前掲書(注(1))四九四頁以下〔伊東俊明〕など参照。
(59) 通説では、このような場合は、単純併合に位置づけられているが、予備的併合、選択的併合と並んで、審理の分離ができず、一部判決もできない併合形態である(中村英郎・民事訴訟法(成文堂・一九八七)一八九頁など参照)。
(60) 加藤・前掲評釈(注(43))七四頁など。
(61) 小室直人「訴の客観的併合の一態様」中田淳一先生還暦記念・民事訴訟の理論(上)(有斐閣・一九六九)二一七頁、近時では、新堂・前掲書(注(5))七五九頁がこれを支持する。
(62) 笠井正俊「口頭弁論の分離と併合」大江忠ほか編・手続裁量とその規律(有斐閣・二〇〇五)一四一頁など参照。従来からの手続裁量論(加藤新太郎「基本的な考え方―実務家の視点」同三頁以下)、要因規範論(山本和彦「基本的な考え方―研究者の視点」同一五頁以下)は、この方向での見解と言えよう。
(63) 家原・前掲解説(注(44))九五頁、同(注(43))二九八二頁。
(64) 新堂・前掲書(注(5))七七五頁、七五九頁。
(65) 新堂・前掲書(注(5))二二七頁。
(66) そもそも別々に審判すれば、「既判力の矛盾抵触」が生じる関係にある複数の請求につき弁論が併合されている場合には、類似必要的共同訴訟において弁論の分離が違法であると同じ意味で合一確定の必要上弁論の分離は違法と解する立場である（山本弘・争点（前掲注（20）九七頁参照）。山本説は、かかる場合の弁論分離を裁判所の裁量権の濫用逸脱とする（山本・前掲評釈（注（33））二七頁。宮川・前掲論文（注（43））九一頁も、本訴・反訴手続で相殺の抗弁が提出されたときは、原則として弁論分離禁止となるとする。また、石田秀博「相殺の抗弁と重複起訴禁止（民訴一四二条）」南山法学三六巻三・四号（二〇一三）四四頁は、二重起訴禁止は訴訟係属の効果の問題であることから、相殺の抗弁に民訴法一四二条の適用はなく、ただ、既判力の矛盾抵触の回避は必要的であるので、弁論の分離禁止の規律を持ち出す立場である（石田・前掲論文（注（66））四三頁以下）。これらは、「既判力の矛盾抵触」が生じる関係があることを要件に、本訴・反訴手続における弁論分離禁止を持ち出すものである。

(67)　伊藤・前掲書（注（6））六五八頁。

(68)　伊藤・前掲書（注（6））六五八頁注四五）参照。

(69)　伊藤・前掲書（注（6））二二三八頁以下参照。

四　おわりに

本稿では、二重起訴禁止の原則は矛盾抵触した判断（既判力）の回避にその趣旨があるが、民訴法一四二条の規定からはあくまで訴訟係属の効果であり、訴権の制限につながることからその適用は限定的とすべきとの立場をとる。それゆえ、原則として従前の通説である類推適用否定説に立脚する形で、判例の分析・評価を試みた。最後に、この立場を前提に、まとめとして⑤判決と前述した議論を検討することにしたい。

まず、⑤判決のとった弁論分離禁止の論理構成、つまり、「相殺による清算的調整の要請が強い本訴債権と反訴債権の実体法上の関係性」が本訴・反訴の弁論分離禁止を導くという構成は、どう評価できようか。前述した議論の中では、⑤判決の論理構成は本訴・反訴の手続規律の問題として相殺の抗弁を処理したと解する立場と親近性を有してくると思われる。しかし、⑤判決を含め、この立場は相殺の抗弁は不適法であることを前提とする点で疑問が残る。むしろ、⑤判決における相殺の抗弁と本訴・反訴の手続規律の関係づけは、民訴法一四二条の類推適用はない（相殺の抗弁は適法）ということを前提に、弁論分離禁止の規律が生じると解する方が理論的であるように思われる。その理由づけとしては、本訴又は反訴債権を自働債権として相殺の抗弁が提出される場合には、その判断に既判力が生じる可能性がある以上は、矛盾抵触する判断の回避が確実に確保される必要性があり、本訴と反訴の併合審理を維持しことが合理的であるという点に求めることができるのではなかろうか(70)。この立場は、前述した⑤判決を「相殺の抗弁許容の必要性と本訴・反訴の併合手続であることが要件となって、弁論分離禁止が認められる構造」との理解に親和的と思われる。しかし、この理解でも弁論分離禁止がメルクマールになり、①判決が適切であるとの前提の上に成り立っている理解に過ぎないと思われる。これが妥当であろうか。

また、他方で、本訴・反訴の手続規律論は、上記したように、①判決の揺らぎを示したと思われる②判決〜⑤判決は実質的には「当該相殺の合理的期待を保護すべき場合」に該当すると評価し、相殺の抗弁の適法性を認めたもの（民訴法一四二条類推適用否定）とする立場と連動してくるように思われる。少なくとも、本訴と反訴が併合された手続における相殺の抗弁と二重起訴禁止原則の関係においては、③判決、④判決及び⑤判決の事案では、実体的に相殺の抗弁を認める必要性があった点が相殺を適法とする実質的根拠であったと思われる。その点では民訴法一四二条類推適用否定説の立場と重なってくる。そして、類推適用否定説も肯定説も二つの請求が併合審理されている場合には、相殺の抗弁を適法とする点では従来一致していたのである。したがって、本訴と反訴が併合され、同一手続内でいずれかの請求債権を自働債権として相殺の抗弁を提出することは適法であることを前提しても問題はないはずである。この方向に対抗するのが①判決であった。⑤判決では、その論理構造（Ⓐ⇒Ⓑ⇒Ⓒ）の中間に「Ⓑ弁論の分離禁止」を加え、「Ⓒ相殺の抗弁の適法性」を導く。それにより、すでに指摘したように、①判決が存在意義を有してくる（①判決の呪縛）のである。

このように見てくると、問題はすで多くの批判がある①判決に起因していることがわかる。とくに、①判決が無視した、前述した相殺の抗弁の特質である❷の観点（判断の流動性⬇矛盾抵触の可能性の低さ）と❸の観点（相殺の機能保障の必要性⬇防御権の保障）は、実体的に相殺の抗弁を認める必要性があった点が相殺を適法とする実質的根拠とする場合には、考慮すべき要素である。別訴先行型の事案である①判決でも、「相殺の合理的期待を保護すべき場合」は生じうる。多くの論者が①判決の変更を主張する所以である。この考慮は、①判決が既判力のある判断の矛盾・抵触及び審理の重複の回避という手続的要因を重視し、債務名義取得と相殺の抗弁による決済利益の二重取り（利益の二重享受）を問題とすることの反論にもなりうる。つまり、権利実現の局面からは単なる債務名義取得よりも優先弁済的機能を期待できる相殺の抗弁の優位性が指摘できよう。[71] そうすると、①判決に強い意義を認める理由は乏しいように思われる。

①判決の拘束を離れると、本件⑤判決は、実質的にⒶ相殺による清算的調整を図るべき要請が強い債権関係が存在する場合に（相殺の合理的期待を保護すべき場合に）、相殺の抗弁の適法性を認めるべき旨を一般的に述べたものと評価することも可能のように思われる。つまり、弁論分離禁止という手続規律を介在させなくとも、本来的にはⒶ⇒Ⓒという論理構成（類推適用否定説の立場）で十分であると言えよう。「相殺を許容した場合に別訴の弁論の分離を禁止できるときには、相殺を許容すると読み替える」ことは必要ないのである。また、本訴・反訴手続はそもそも関連性のある請求を審理することから、訴訟経済と矛盾抵触する判断の回避のために弁論併合審理が原則となる。弁論が分離されるのは前記のように例外である。理論的には弁論分離禁止が原則としても同様に例外は存在することになり、弁論分離禁止を強調する意味は大きくない。相殺の抗弁を原則適法としても、昭和六三年判決や②判決にあるように濫用的行使の場合は、相殺の抗弁提出の必要性が否定される余地を認めれば、弊害は少ないと考

える。

なお、もし敢えて(B)を中間項にして本訴・反訴手続を規律する⑤判決の論理構成を類推適用否定説の立場から正当化しようとすれば、手続規律により相殺の適法性確保を確実にしたという理解をとることになろう。

以上のように、本訴・反訴手続において本訴債権を自働債権とする相殺の適法性を認めた⑤判決の結論自体は適正であると評価できるが、その論理構成には疑問はなくはないとするのが本稿の結論である。⑤判決により、その反対形象である③判決の意義はほとんどなくなるであろうし、(72) ①判決は変更されるべきかと考える。もっとも、実務上は⑤判決の影響は大きいかと思われる。公刊されている裁判例では、反訴が提起され、併合審理となっている場合には、ほとんどの事例で相殺の抗弁が提出されているからである。少なくとも、本訴・反訴手続で相殺の抗弁が提出される場合には、相殺の抗弁が二重起訴禁止原則に該当するか関係なく、弁論は分離されることなく審理されるという状況が常に想定されることになるであろう。

(注)

(70) この点で、前注（(66)）で掲げた見解と共通性を有してくる。

(71) また、利益の二重享受は、手続が分離している場合に生じるとするのであるが、債務名義取得と相殺の抗弁による決済が同時に成立した場合に生じる現象と言える。しかし、実質的には利益の二重享受は生じないのではなかろうか。相殺の抗弁による決済がなされると相殺に供した債権は消滅するので、債務名義取得過程では相手方はそのことを訴訟上主張でき、請求棄却に持ち込むことができ、また債務名義取得後であれば、強制執行の局面では執行不許となしうるからである。

(72) 家原・前掲解説（注（44））二九九二頁（注（38））は。③判決の考え方は残るとする。しかし、予備的反訴の構成は本文で示したように不適切である。

第五章　訴訟告知論

第一節[1]　訴訟告知制度の目的と訴訟告知の効果

一　はじめに

訴訟告知とは、訴訟の係属中に当事者（告知者）から第三者（被告知者）に対して、訴訟の係属する事実を決定の方式で通知することをいう。訴訟告知は、訴訟参加をなしうる利害関係を有する第三者に対してなすことができる（民訴法五三条一項）。つまり、補助参加、独立当事者参加、共同訴訟参加等の利益を有する者であれば、訴訟当事者はいずれに対しても訴訟告知をなしうるのである。この点で、被告知者の範囲は広く考えられている。

被告知者が訴訟に参加してきたときには、その参加態様により訴訟の結果について一定の拘束力を受けることになる。訴訟告知の最大の特色は、訴訟告知を受けた者が補助参加しなかった場合においても、補助参加した場合と同様の拘束力を受ける点にある（独立当事者参加人や共同訴訟参加人として訴訟に参加しうる者に対して訴訟告知がなされても、その者には当然には訴訟告知の効力は生じない）[2]。そして、この拘束力は、民訴法四六条所定の効力であると規定されている（民訴法五三条四項）。判例（最判昭和四五年一〇月二二日民集二四巻一一号一五八三頁）・通説は、この民訴法四六条所定の効力を既判力とは異なる特殊な効力とし、「参加的効力」と解する。通説・判例がとる補助参加効である参加的効力は、参加人と被参加人が協力して訴訟を遂行した結果（敗訴共同責任）にその根拠が求められ、被参加人敗訴の場合に参加人と被参加人間に生じ、かつ敗訴共同責任という関係から、その前提となる判決理由中の事実認定や先決的法律関係についての判断にも効力を生じるものと解されている。

訴訟告知制度の特色は、上述したように、訴訟告知を受けた、補助参加ができる者が参加しなかった場合においても、補助参加した場合と同様の拘束力を受ける点にある。そして、この点につき、一九八〇年代に入って手続保障の観点から新たな視点が提供され、訴訟告知制度の議論の発展をみた。その契機となったのが、仙台高判昭和五五年一月二八日（高民集三三巻一号一頁）[3]である。この新たな議論展開は、第三者に参加的効力を及ぼすことを中心にこの制度を考察する傾向（告知者側からの視点）に反省をせまり、第三者の手続保障を重視する視点（被告知者側からの視点）からもう一度訴訟告知制度を見直そうという契機となった。そして、この動きは、訴訟告知制度はそもそもどのような目的を有すべきなのかということの再検討を引き起こし、さらに、訴訟告知の適用範囲とその効力の範囲との分離考察を指向するに至っている。また、訴訟告知の効果は被告知者が訴訟参加しない場合にも生じる点で、補助参加の効力と訴訟告知の効果は同質の効力であるのか否か、なぜ訴訟告知は訴訟不参加の第三者に拘束力を及ぼすのか、またその効果はどのような範囲で及ぶかなどといった問題が生じている。ここでは、これらの問題を中心に取り上げ、訴訟告知制度をめぐる近時の動向の検討と評価を試みることにしたい。

（注）

（1）本節は、拙稿「訴訟告知と参加的効力」中村英郎編・民事訴訟法演習（成文堂・一九九四）一四三頁以下をベースにした記述であるが、大幅に修正した。

（2）菊井維大＝村松俊夫原著・秋山幹男ほか・コンメンタール民事訴訟法Ⅰ（第三版）（日本評論社・二〇二一）六七三頁など参照。

このことは、民訴法五四条四項が被告知者が参加しなかった場合に、同四六条の適用がある旨を規定するが、訴訟告知をなしうる場合すべてに同四六条の効力（参加的効力＝通説・判例）が生じるのではないことを意味するのである（高橋宏志・重点講義民事訴訟法 下（第二版補訂版））（有斐閣・二〇一四）四七八頁など参照）。

（3）　本件評釈として、井上治典＝高田裕成・昭和五五年度重判一五七頁、伊藤眞・民訴判例百選（第二版）二五五頁、竹下守夫・金判六〇四号一七頁、佐上善和・昭和五五年度民事主要判例解説・判判例タ四三九号二二七頁、住吉博・法セミ三一三号一五一頁、小山昇・判四六五号三九頁などがある。これを題材に、訴訟告知論に再検討を加えたのが、新堂幸司＝井上治典＝佐上義和＝高田裕成・民事紛争過程の実態研究（弘文堂・一九八三）である。

二　訴訟告知制度をめぐる従前の議論状況

一　訴訟告知の目的をめぐる議論

1　沿　革

訴訟告知制度は、ローマ法に起源を有し、追奪担保責任を基礎として発展してきた制度である。[4]この制度は、普通法時代から一九世紀においてその適用範囲を追奪担保以外の求償の場合にも拡張するに至った。[5]その後、わが国民訴法のモデルとなった一八七七年の旧ドイツ民訴法（ＣＰＯ）においてこの制度は立法化されたが、この制度をめぐる議論が終結したわけではなかった。しかし、この時点において、ドイツでは、訴訟告知の目的は被告知者に補助参加を促すことであり、とりわけ補助参加の効力（この時、この効力は既判力ではなく既判力類似の効力と考えられていた）を及ぼすことがその制度目的の中心に置かれていた。つまり、訴訟告知という制度はもっぱら告知人の利益に与する制度であったのである。そして、その背後には告知人と被告知人間の実体法上の法律関係の存在があった。

その後、その適用範囲は、ドイツ民訴法の立法基準では狭いとの認識のもと、判例・学説によって拡張されている。しかし、ここでも実体法上の関係性が拡張を認める根拠とされている。その基準となったのが、実体法上の択一的関係（Alternativerhaltnisse）の訴訟上の確保であった。したがって、ドイツでは、訴訟告知の適用範囲と効力範囲は、実体法的関係性を基礎にして規律されているということができるのである(6)。

わが国の訴訟告知制度は、一八七七年の旧ドイツ民訴法をそのまま継受した。その後、適用範囲が狭すぎるとの判断の下、大正一五年の民訴法改正(7)で、広く訴訟参加をなしうる者に対して、訴訟告知を許すことになり、加えて訴訟告知の効力として補助参加の効力を及ぼすことが明文化され、現在に至っている。

明治民訴法五九条一項においては「原告若クハ被告若シ敗訴スルトキハ第三者ニ対シ担保又ハ賠償ノ請求ヲ為シ得ベシト信シ又ハ第三者ヨリ請求ヲ受ク可キコトヲ恐ルル場合」に訴訟告知が許されるとし、限定的であった。また母法国ドイツ法は現在においても同様に限定である。しかし、訴訟告知の効力の規定はなかった。その後、大正一五年の民訴法改正では、第七六条（民事訴訟法改正案）において次のように規定された。これがそのまま現行法五三条一、二項となる。

第七六条
「当事者ハ訴訟ノ繋属中参加ヲ為スコトヲ得ル第三者ニ其ノ訴訟ノ告知ヲ為スコトヲ得。
訴訟告知ヲ受ケタル者ハ更ニ訴訟告知ヲ為スコトヲ得。」
第七八条
「訴訟告知ヲ受ケタル者カ参加セサリシ場合ニ於イテモ第七〇条ノ規定ノ適用ニ付テハ参加スルコトヲ得ヘカリシ時ニ

参加シタルモノト看做ス」

訴訟告知の方式（第七七条）、その効果（第七八条）は、明治民訴法第六〇条と同六一条にほぼ該当し、これが現行法五三条一、二項、四項となっており、条文上はほぼ変わりがない。

以上の条文の変遷から明らかなように、明治民訴法では、当事者の一方が敗訴の結果、当事者が第三者に対して担保又は損害賠償をなしうると考える場合や第三者からその請求を受ける関係がある場合にのみ訴訟告知ができると解されていた。(8) その後、大正改正により「参加ヲ為スコトヲ得ル第三者ニ」訴訟告知をなしうると規定されたことから、訴訟告知の範囲は極めて広くなったのである。そして、その目的は、参加することを要する訴訟の係属を第三者に知らしめる点におかれることになった。(9) この結果、わが国では、この制度の実体法的関連性が切断されることになり、かつ訴訟告知制度の目的に変容が生じることになったと言えよう（この点が、同様に訴訟告知の範囲を拡張したドイツ法の状況と異なるのである）。もっとも、その後の学説では、①被告知人に民訴法四六条所定の効力を及ぼすことと②被告知者に訴訟参加の機会を与えることの二つの目的が挙げられ、前者に力点が置かれていた。(10)

2　仙台高裁昭和五五年判決と手続保障論の台頭

この訴訟告知の目的が民事訴訟法学上意識されたのは、上記仙台高裁昭和五五年判決である。仙台高裁昭和五五年判決は、以下のように判示して、訴訟告知の目的を告知の効果を及ぼす点（告知人の利益に与する制度との理解）に求めた。

「訴訟告知の制度は、「被告知者において告知者に補助参加する利益を有する場合」のために設けられたものと解すべきではない。訴訟告知の制度は、告知者が被告知者に訴訟参加をする機会を与えることにより、被告知者との間に告知の効果（民事訴訟法七八条）を取得することを目的とする制度であり、告知者に対し、同人が係属中の訴訟において敗訴した場合には、後日被告知者との間に提起される訴訟において同一争点につき別異の認定判断がなされないことを保障するものである。」

この理解は、訴訟告知制度の本来の趣旨、すなわち、訴訟告知制度がもたらす実益としては、被告知者に対する訴訟遂行への協力の期待、後訴において前訴と反対の事実が認定される危険の防止という告知人側の利益の強調と、合致する理解と言えよう。しかし、手続保障論の台頭により、訴訟告知の目的として、訴訟係属を知り、訴訟に参加して自己の法的地位を防御する機会を保障するという被告知者側の利益を重視する主張が強く展開された。この立場は、判決効（既判力）の正当化根拠として手続保障理念が強調されてきたことと連動しており、単なる訴訟告知があっただけで、何故に訴訟参加しない被告知者に判決の効力（補助参加の効力）が及ぶかという点から出発する。手続保障が判決効の正当化根拠とする立場からすれば、判決の拘束力を及ぼすためには、具体的手続保障が被告知者に与えられたことが要求されてくる。この立場からすれば、訴訟告知があれば、訴訟に参加しなくとも（手続保障がなくとも）拘束力が生じるという枠組みはそもそも肯定できないはずである。しかし、訴訟告知が制度として存する以上、手続保障理念との調整が不可欠となってくる。その結果、訴訟告知の範囲とその結果としての拘束力の範囲とにズレが生じ、両者は区別して解釈されるということになった。そして、参加制度を流動的に再構成していこうという志向[11]と相まって、訴訟告知の目的としては、②被告知者に訴訟参加の機会を与えること（被告知者の利益重視）が中心に論じられるに至っている[12]。そして、こうした目的の把握は、一方で訴訟告知の適用範囲を広く認め、他方で、効果の点では限定する方向で固まっていった[13]。

もっとも、他方では、手続保障を重視する立場は、さらに訴訟告知を受けたこと自体が被告知人にとっては重大であるとし[14]、その要件・審理の点で再検討の主張がなされるに至っている。[15]このように、訴訟告知の目的をめぐる議論は、手続保障の視点から、告知者側のみならず、被告知者の利益をもまた重視する方向に移行してきたといえよう。そして、今日の学説上では、訴訟告知の目的としては、①被告知人に民訴法四六条所定の効力を及ぼすことと②被告知者に訴訟参加の機会を与えることの二つの目的を挙げる立場が多数説を形成していると言えよう。[16]

しかし、訴訟告知制度はローマ法以来有してきた専ら告知人利益のための制度であり、その本来的機能が訴訟に参加しない被告知者に判決効を及ぼす点（今日的には被告知者への補助参加効の拡張）にあることを軽視してよいのであろうか。問題は、手続保障の観点を媒介にして顕在化した訴訟告知制度の問題点を取り込んで（又は取り込むべきか）、いかに本来的機能との調和を図るかということであろう。それは、訴訟告知の適用範囲と効力範囲をいかに規律するべきかという問題に置き換えることができよう。以下では、手続保障の観点から顕在化した訴訟告知の効力の問題を検討して、訴訟告知制度のあるべき姿を考察することにしたい

二　訴訟告知の効力——その根拠と限界——

1　訴訟告知と補助参加の関係

訴訟告知を受けた第三者は、自らの可能な参加形態を選択して訴訟に参加できる（民訴五三条一項）。被告知者が訴訟に参加してきたときには、その参加態様により訴訟の結果について一定の拘束力を受けることになる（その参加に基づく判決効で対処される）。訴訟告知制度の最大の特色は、訴訟告知を受けた者が補助参加しなかった場合においても、補助参加した場合と同様に、拘束力を受けるとする点にある。このことは、訴訟告知が、告知者が被告知者に責任分担を負わせるという専ら自己の利益のために設けられた制度であることを意味する。そして、この拘束力は、民訴法四六条所定の効力であるとされる。つまり、たとえ訴訟に補助参加しなくとも、被告知者には、補助

参加の効力が及ぶ（民訴五三条四項。したがって、訴訟告知の効力発生には、被告知者に補助参加の利益があることが前提となる）。それゆえ、訴訟告知の効力をめぐる議論は、補助参加の効力との関連で展開してきたのである。

(イ) 補助参加の効力

この補助参加に係る訴訟の裁判の効力（民訴四六条）については、その根拠や範囲が論じられてきた。明治民訴法下では、その第五五条で、補助参加の裁判の効果につき「従参加人ハ訴訟ヨリ脱退シタルトキト雖モ、其補助シタル原告若シクハ被告トノ関係ニ於テハ其訴訟ノ確定裁判ヲ不当ナリト主張スルコトヲ得ズ」と規定していたが、大正民訴法（現行民訴法）では、第七〇条（現行第四六条）で「裁判ハ参加人ニ対シテモ其ノ効力ヲ有ス」と規定されていた。それゆえ、その効力がいかなる効力かについて明確でなかった。その結果、古くからいわゆる既判力説と参加的効力説の対立があった。大審院の判例（大判昭和一五年七月二六日民集一九巻一七号一三九五頁）は、既判力説をとり、学説においても、かつては既判力説が優勢であったが、[17] 参加人と被参加人との間に拘束力が生じることを異論なく承認させる参加的効力説が支配的になった。[18] その後、最高裁がこの参加的効力説を採用するに至り（最判昭和四五・一〇・二二民集二四巻一一号一五八三頁）、学説も多数が支持するに至った。[19]

そして、この参加的効力の内容は、次のように解されている。すなわち、被参加人の受けた判決の効力は、敗訴当事者たる被参加人と補助参加人の間でのみ後訴において作用し、かつ判決理由中の判断にも及ぶ。これは、参加人と被参加人が協力して訴訟を遂行した結果（敗訴共同責任）にその根拠が求められ、被参加人敗訴の場合に参加人と被参加人間に生じ、かつ敗訴共同責任という関係（敗訴の責任分担である衡平・禁反言に基づく）から、その前提となる判決理由中の事実認定や先決的法律関係についての判断にも効力を生じる。そして、既判力とは異なる特殊な効力として（その根拠としては、①四六条各号において、訴訟の具体的経過を考慮した除外事由の存在、②参加人・被参加人間には審判対象たる訴訟物は存在しないこと、③参加人・被参加人は前訴では協調関係にあり、ここでの裁判とは対立関係による攻撃防御の結果とは言いがたいこと、④この裁判の効力は、参加人・被参加人間の紛争解決に必要な部分について生じると解されるところ、それには判決理由中の判断も含まれること、⑤訴訟告知を一方的に受けたものは現実に参加しないでも裁判の効力を受けることが挙げられている）、参加的効力と呼ばれた。

この補助参加の効力論に新たな議論が生じたのは、この補助参加効の主観的範囲（人的範囲）をめぐってであった。参加的効力説は、既判力説との差異を強調することから、その目的を求償・賠償関係の処理にしぼり、参加人と被参加人間でのみその効力が生じると人的範囲を限定していた。⑳参加的効力は、上述のように、補助参加人と被参加人が協力して訴訟を追行した以上、その敗訴責任は両者が共同して分担しなければならないという禁反言的な衡平の要求を根拠にする。そして、この効力は参加人と被参加人間でのみ生じるとするのが、参加的効力説である。しかし、補助参加効の根拠を衡平・禁反言に置きながらも、その意味を判決の基礎形成に関与できた地位に基づく責任と解し、両者の訴訟追行が被参加人の相手方に対してなされた以上、相手方との関係でも何らかの拘束力を認めるべきではないかという主張が唱えられた。参加的効力の主観的範囲を相手方まで拡張しようとの鈴木重勝教授の見解である。㉑鈴木説のポイントは、上記したように、参加的効力が共同の敗訴責任という点から禁反言的な衡平の要求をその根拠とするのであれば、共同訴訟追行は相手方に対してなされたものであり、そのために相手方の地位を無視して訴訟の結果の責任分担を考えるべきではないという点にある（もっとも鈴木説は、被参加人と補助参加人が相手方からみて請求につき予備的関係にある場合に、その効力の拡張を限定する）。ここから、再びこの効力の内容自体の根本的な検討が始まったと言える。

この鈴木説の指摘を受け、この相手方との衡平の観点から、学説上は、新堂幸司教授による争点効の主観的範囲の拡張論や井上治典教授の新既判力説などにより新たな補助参加の効力論が展開されることになる。

新堂説㉒は、紛争解決理念を背景に、補助参加の効力が理由中の判断に拘束力を有することから教授自身が提唱した争点効理論との関連性に着目して、鈴木説の限定を取り払い、一般的に相手方と補助参加人間に拘束力が生じるとして、補助参加の効力論を新たに展開した。まず、新堂説では、参加人は被参加人の行為による制約（民訴四五条二項）のないかぎり、被参加人と並んで主張立証を尽くして相手方と争うことができる地位を与えられているのであるから、判決の基礎を共に形成した関係から生じる信義則上の衡平の要求に基づきその地位に対応した責任に基づく拘束を受ける必要があるとする。そして、請求自体についての判断が補助参加人の権利関係の先決問題になっているときは、補助参加人はその訴訟追行が訴訟進行状況または被参加人によって妨げられた場合を除き、相手方と被参加人との間の既判力の拡張を受けるとする。また、請求の当否の前提をなす主要な争点についての判断に補助参加人が直接の利害をもつ場合には、当事者間に争点効が生じる限度で、かつ民訴法四六条の制限の下で、補助参加人と相手方との間にも争点効が生じるとする。

新既判力説(23)では、民訴法四六条の効力も第一の訴訟に関連する請求につき紛争のむし返しを禁じる点で法的安定性の要求に支えられているのであって、既判力と異ならず、補助参加人に十分の主張、立証の機会が与えられていた以上、手続権の保障を代償とし、それを担保としての既判事項の不可争性である点で既判力と共通の基盤に立つとする。そうすると、具体的手続保障のない場合に判決効の除外例を認める民訴法四六条の規定はむしろ既判力にも共通するはずであり、民訴法四六条の効力が既判力と異なり職権調査事項ではないとされる点も既判力同様に考えるべきとする。つまり、民訴法四六条の効力と既判力を一元的に説明していこうとする立場である。

なお、民訴法四六条の効力を既判力と解する理論構成の場合には、補助参加人の地位の問題（従属性）にも言及する必要がある。例えば、新堂説における「補助参加人の争点限りでの独立性の理論」（補助参加人の手続上の地位を保障するため、参加人の権利自体ないしその前提問題の争点に関する限り、補助参加人の従属性を否定し、独立の当事者と同様に独自の訴訟追行と上訴の利益を認める考え）や補助参加人の従属性は、訴訟状態承認義務と訴訟変動消滅行為の相対的無効に限って認め、その従属性は被参加人の訴訟行為に抵触する事実の陳述・証拠提出等の領域に及ばないとする見解などがある。

他方、争点効や既判力の拡張を否定しつつも、信義則による参加人の主張の遮断も主張されている[24]。補助参加人の主張が前訴のむし返しとも評価しうる可能性がある場合には、この見解によると、補助参加人の主張を信義則により排斥する余地が出てくる。

(ロ) 訴訟告知の効果

こうした補助参加の効力の人的範囲に関する議論を通して問題をより顕在化させ、議論の新展開の契機を与えたのが、補助参加の効力と訴訟告知の効果の関連をどのように捉えるかという問題であった。民訴法五三条四項（旧民訴七八条）によれば、要件が具備すれば、訴訟告知は民訴法四六条所定の効果（補助参加の効力）を有する[25]。また、補助参加の効力で参加的効力説である通説によれば、民訴法五三条四項は、告知者敗訴の場合に、告知者と被告知者との間に被告知者に不利益な判断について拘束力を及ぼす趣旨であるとする。したがって、「訴訟告知の効果＝補助参加の効力」の図式が成立することになる。しかし、判例・通説による参加的効力は、参加人と被参加人が協力して訴訟を遂行した結果（敗訴共同責任）にその根拠が求められる。問題は、訴訟告知の効果は被告知者が参加しない場合に生じる点である。敗訴共同責任が生じることのない訴訟不参加の被告知者に民訴法四六条所定の効果を及ぼす根拠をうまく説明できないことになる。そこで、①「補助参加の効力と訴訟告知の効果は同質の効力であるのか否か」、②「なぜ訴訟告知は訴訟不参加の第三者に拘束力を及ぼすのか」、また③「その効果はどのような範囲で及ぶか」などといった問題が生じてきた。

(1) 補助参加の効力と訴訟告知の効果の関係――伝統的考え方――

①、②の問題は、補助参加の効力の規定が訴訟告知の効力について準用されている（民訴五三条四項）ことをどう

考えるかの問題である。そして、訴訟告知の効果は、民訴法五三条四項の文言からして、補助参加人に対するものと同じと一般には解されてきた。この立場では、訴訟告知の効果も参加的効力の理解の延長線上で把握する。すなわち、訴訟告知の効果も告知者に参加・協力し訴訟を追行しえたということによる訴訟追行上の敗訴責任の分担の問題であり、公平の要求に基づくと考えるのである。こうした考え方では、補助参加の効力の範囲と訴訟告知の効果は同一のものと考えることになる。しかし、こうした考えを採る場合には、訴訟に参加しない被告知者に対する効果を補助参加人に対する判決効と同様に把握することは難しくなる。訴訟不参加の被告知者は、判決基礎の形成に関与していないし、手続保障といっても参加の機会が保障されたにすぎないからである。そこで、従来の通説は、「訴訟告知の効果＝補助参加の効力」の内容的（効力の範囲）同一性を維持しつつ、両効力の根拠については別の考察をとってきた。つまり、訴訟告知の効果については、補助参加の機会付与を利用しなかったことの結果責任とか、また訴訟告知の存在意義にその根拠が求められてきた。(26) しかし、これでは、理論的整合性が不十分である。拘束力を及ぼす根拠が違っては、効力の内容的同一性の説明は成り立ち難いからである。

また、他方では、告知者と被告知者の利害が対立する場合にはどうなるかという問題も顕在化した。この問題について、前掲仙台高裁昭和五五年判決は、訴訟告知制度の趣旨につき「訴訟告知の制度は、告知者が被告知者に訴訟参加をする機会を与えることにより、被告知者との間に告知の効果（旧民訴法七八条）を取得することを目的とする制度」であるとして、もっぱら告知者の利益を中心に考察すべき旨を判示した。そのうえで、次のように判示し、効果が及ぶことを認めた。

「被告知者は必ず告知者のために参加すべき法律上の義務を負うものではなく、被告知者の主観による利害が告知者の主観による利害と反するときは、敢て告知者の相手方たる当事者のために補助参加し、又は（旧）民事訴訟法七一条、七三条もしくは七五条による参加をすることによって、自己に有利な主張、立証を尽くすことができるのである。したがつて、被告知者は、かような参加が可能であるにもかかわらず参加を怠った場合には、訴訟告知により参加の機会を与えられながらその権利を行使しないことによる不利益を受けても衡平に反するとは言えないものといわなければならない。」

この立場では、参加的効力を及ぼすのに、通説が論じてきた敗訴の共同責任、つまり、告知者と被告知者との間の共同関係の存在は必ずしも重要ではないことになる。訴訟告知制度の目的を上記①被告知人に民訴法四六条所定の効力を及ぼすことを強調した結果であろう。また、一般論として利害対立だけで訴訟告知の効果を否定すべきではないと見解もあった(27)。しかし、通説は、訴訟告知の効果が及ぶことを否定する。補助参加の効力（参加的効力）と訴訟告知の効果を同一と考える立場からは、告知者と被告知者間に協力関係が欠けている以上、拘束力の正当化は難しいのである(28)。

(2)　手続保障の観点からの理論構成の登場

その結果、従来、補助参加の効力の問題として考えられていた訴訟告知の問題が、独自の問題として論じられるようになり、とくに拘束力を受ける被告知者の地位の保障が重大な関心事となったのであった。ここに手続保障の観点から理論構成する立場が求心力をもって登場してくることになった。この立場からは、訴訟告知があっても、被告知者への手続保障は弱いことから、単に訴訟参加の機会が与えられただけでは拘束力は及ばないとする。そこで、近時の学説は、訴訟告知の効果が生じるのは、被告知者が実体関係を熟知しており、告知者に協力することが期待されてしかるべき地位にある点（信義則の一態様である「権利失効の原則」が妥当する場合）にその根拠を置く(29)。そして、効果が生じる場合とは、告知者と被告知者との間に告知者敗訴の直接の原因として求償または賠償関係が成立する実体関係がある場合(30)や、実体法関係を基準に敗訴原因が後訴の成立原因となる場合(31)、また「予見可能性」がある場合[32]などが考えられている。この意味で、訴訟告知の効果は、きわめて限定的に解されている。また、この考え方をとる見解の多くが、補助参加の利益についての要件たる「訴訟の結果」（民訴法42条）につき、判決理由中の判断まで含める拡張説をとる。[33]いわば、訴訟告知の利用とその参加の窓口は広くするが、効果の点では狭く考え、そして、補助参加人に対する効力と訴訟告知の効果は同一に解する必要はないと考えると思われる。[34]

２　訴訟告知の効果の根拠——手続保障的理論構成の問題点——

しかし、近時有力に主張されている手続保障理念を重視した訴訟告知の効果論については、いくつかの点で疑問がある。

１）まず、第１点は、手続保障理念の影響により、訴訟告知の目的として②被告知者に訴訟参加の機会を与えること（被告知者の利益重視）が中心に論じられるに至った点、換言すれば、訴訟告知制度において被告知者の利益を重視すべきという点への疑問である。本来、訴訟告知制度は、告知者の利益をエゴイスティックに志向したものである。これに付随したものとして、矛盾判決の回避、法的安定性、訴訟回避等の公益が問題とされるのである。[35]訴訟告知制度が立法化されて以降、被告知者の利益のみを重視する発想を基礎とすることは考慮されてこなかった。第三者は、補助参加制度によりその利益を主張しうるし、保護されているのである。その意味では、補助参加制度と訴訟告知制度はペアで考えなければならないが、そうすると、なぜ告知者の一方的利益に偏した制度を民事訴訟制度のなかで認めたのかが考慮されなければならない。それは、沿革から明らかなように、告知者と被告知者の実体法的関係性からこのような制度を設ける必要性があったからであると思われる。つまり、当事者が、実体法上の関係から、前後する訴訟において相手方か第三者かのいずれか一方に勝訴しなければならない状況を訴訟制度においても確保することが承認されてきた結果なのである。例えば、売主が買主に対して商品の代金請求訴訟を提起した場合において、買主が売買契約は無権代理人によるものであると主張したときに、この場合、売主は買主かその代理人かのいずれか一方に、実体法上、請求権を有する立場にあることから、売主はその代理人に訴訟告知をすることが想定できる。その結果、訴訟告知の適用範囲及び効力範囲は、実体法上の関係と密接に結びついて考察されてきたし、現在でもドイツ法ではそうである。(36) それゆえ、告知は予測可能性が高く、また必要性も認められることになる。

2) 次に、今日的通説が訴訟告知の効果の根拠を第三者の行為責任的に信義則を持ち出す点にも疑問が生じる。(37) 訴訟告知の効果は、訴訟に参加しなかった被告知者に及ぶ点に特色がある。訴訟に参加しないことから、当事者間の訴訟手続における行為が問題となることはない。したがって、今日的通説は、なぜ訴訟告知は訴訟不参加の第三者に拘束力を及ぼすのかという問題を考慮した場合、補助参加の効力と考えられる参加的効力論の根拠である「敗訴共同責任」では説明は困難と考え、この観点から「被告知者が実体関係を熟知しており、告知者に協力することが期待されてしかるべき地位にある」との根拠づけを導き出す。被告知者はその協力が期待される地位にあるにも関わらず、告知者に協力しなかったから、後の告知者との訴訟で当事者間の訴訟の判断又はその前提となった判断を争えなくなるとの説明になるかと思われる。しかし、これを正当化するためには、被告知者に「訴訟協力義務」が生じることが肯定される必要があると言えよう。単にそれを「期待される地位」にあるというだけで、判決効を及ぼすには無理がある。また、「被告知者が実体関係を熟知して」いることから、これを肯定することも難しい。この帰結の正当化には、被告知者に「訴訟協力義務」があることを前提としなければならないと言える。

それゆえ、この立場からは、告知者敗訴の直接の原因として求償または賠償関係が成立する実体関係や敗訴原因が後訴の成立原因となる場合に拘束力が生じる理論構成をとる。しかし、このような実体関係が存在する場合には、何故に「訴訟協力義務」が生じると言えるのであろうか。訴訟告知の効果が手続にまったく関与しない被告知者に及ぶものであることを勘案すると、確かに、訴訟告知の効果の正当化根拠に、判決効の正当化根拠としての手続保障理念を持ち込むことは難しい。そこで、その効果の根拠を、手続保障という行為責任的理論構成より、実体的関係の存在に求めることになったことは理解できる。しかし、それは、他面で手続保障からの正当化の放棄であると言えよう。この点において、訴訟告知の効果と手続保障理念との分断が存することになる。それは、訴訟告知制度の目的として上記「②被告知者に訴訟参加の機会を与えること」を強調する意義は小さいことになろう。したがって、訴訟告知の効果を補助参加の参加的効力の正当化根拠から導き出すことには無理があるのである。なぜなら、訴訟告知制度は、告知人と被告知人の実体法上の関係性を基準としており、その意味で、そうした関係がある限りにおいて被告知人に拘束力が及ぶことが正当化されると言えるからである。

3　訴訟告知の効果の限界

このように、訴訟告知制度を実体法的関係と結びつけて考える立場に立てば、その効力の限界も実体法上の関係で捉えねばならない。その意味で、訴訟告知の効果の範囲を実体的関係で捉える上記の近時の見解はその方向性において是認しうる（但し、この方向性において「予見可能性」を基準とする見解は実体法的関係から離れる思考となることから是認することは難しい）。そして、わが国に影響を与えたドイツ法の通説・判例も、訴訟告知の効力の限界を請求について告知者と被告知者との間に先決関係、択一的関係といった実体法的関係性が存在することを基準としている。さらに、両者に利害が共通する場合が基本となる。特定の実体法的関係性があり、利害が共通するゆえに、訴訟不参加の第三者を拘束しうると考えるのである。したがって、むやみに利害が対立する場合とか、対相手方まで拘束力を及ぼすことは制度の趣旨に反することになろう。

このように考えたときに、補助参加の効力論で展開された当事者の行為責任的拡張論と訴訟告知の効果論は一線を画することとなり、少なくとも訴訟告知の効果論では既判力説は取り得ない。参加的効力説のように、告知者と被告知者との間に効力範囲は限定され、また前訴の理由中の判断にも及ぶことを訴訟告知の効果論でも前提とせざるを得ないのである。ただ、参加的効力の根拠は行為責任的に把握するのではなく、実体的関係性の中に求めることが適切と考える。そして、それは、告知者利益が前面に出てくる制度趣旨からも、その沿革上からしても、また訴訟に参加しない場合にも効果が生じる訴訟告知の効果は例外的なものとせざるを得ないことからも、訴訟告知の効力の限界を請求について告知者と被告知者との間に先決関係、択一的関係といった実体的関係性が存在することを基準とすべきであると思われる。こうした関係性のある場合には、告知者は勝訴、敗訴いずれに転んでも自己の利益を保証され、他方、被告知者はその場合の不利益を甘受すべき実体的規律があるからである[38]。そして、それは補助参加の効力とも重なってくるとするのが本来的であると思われる。つまり、先に訴訟告知制度があり、それを前提に補助参加制度があると考えるのが本来的であろう。そうすると、今日の補助参加の効力論、とくに参加的効力論にも再考の余地が出てくると思われる。

4　訴訟告知の適用範囲と効果範囲の規律

このように、訴訟告知の効果の範囲を限定的に考える場合、その適用範囲との関係が問題になってこよう。現在では、すでに述べたように、訴訟告知の適用範囲、つまり、訴訟告知がなされうる範囲は極めて広く、限定がないと言っても過言ではないが[39]、これに対してその効果の範囲は狭く考える傾向が主流である。訴訟告知の主たる目的を上記「②被告知者に訴訟参加の機会を与えること」に置くからであろう。しかし、すでに述べたように、訴訟告知の本来的目的は、補助参加しうる①被告知人に民訴法四六条所定の効力を及ぼすことに求めるのが適切であると思われる。訴訟告知は、告知人の利益をエゴイスティックに保護しようとするものである。それゆえ、その効果は限定的なものとなる。他方、訴訟告知の効力の前提となる補助参加の利益の範囲はこの目的に即したときも、同様に限定的になってこよう。つまり、告知者と被告知者間に後訴において拘束力を及ぼすのに適切な法律関係が存在することを訴訟告知が認められる範囲とするのが、本来的である[40]。

そうすると、規律の方向としては、訴訟告知の適用範囲と効果範囲をできるだけ一致させ、限定的に考える方向が適切であろう[41]。しかし、わが国では大正民訴法改正により訴訟告知の適用範囲は拡張され、両者の一致は難しい。それゆえ、訴訟告知の制度目的に沿う形での規律は、現行法上は、効果範囲を限定的にすることにならざるを得ない。

以上、本稿の立場では、「訴訟告知の効果＝参加的効力」という図式も必ずしも適切とはいえない。単に訴訟告知の効果として、把握することになろうか。

なお、この点との関係で、訴訟告知の効果の範囲、とくに、その客観的範囲をどう考えるかが問題となった。判例は、「訴訟告知の効果＝参加的効力」を前提として、最高裁判決平成一四年一月二二日判タ一〇八五号一九四頁その範囲を明確にした。以下の第二節では、この最高裁判例を題材に、訴訟告知の効果を考察することにしたい（なお第二節での記述の一部は第一節の記述と一部重なる部分もある）。

(注)

（4） 佐野裕志「訴訟告知制度――史的考察（一）、（二・完）――」民商八七巻一号三〇頁（一九八二）、同二号一六六頁、同「訴訟告知の制度的意義（目的）」専修ロージャーナル一八号（二〇二二）一頁以下（六頁以下）、*Schafer*, Nebenintervention und Streitverkundung, 1990. など参照。

（5） *Schafer*, aaO., S54.

（6）*Häsemeyer*, Die Interventionswirkung im *Zivilprozeß*—prozessuale Sicherung materiellrechtlicher Alternativverhältnisse, *ZZP* 84 (1971), S. 179ff. ; *Bruns*, Die Erweiterund der Streitverkundung in den Gesetzgebungsarbeiten zur Novelle des deutschen Zivilprozeßordnung, FS für Shima (1969), S. 111ff. など参照。また、佐野・前掲論文（専修ロー）（注（4））一三頁など参照。

（7）大正改正法の経緯等に関しては、菱田雄郷「訴訟告知の効力について」高橋宏志先生古稀祝賀論文集・民事訴訟法の理論（有斐閣・二〇一八）三五四頁以下、佐野・前掲論文（専修ロー）（注（4））一五頁以下、加藤正治・改正民事訴訟法案概説（有斐閣・一九三七）三二頁など。

（8）山内確三郎・民事訴訟法の改正（大正一五年）第一巻（法律新報社・一九三〇＝（復刻版）信山社・平成二一年）一四九頁など参照。

（9）山内・前掲書（注（8））一四九頁。

（10）兼子一・新修民事訴訟法体系（補訂版）（酒井書店・一九六五）四〇八頁参照。

（11）井上治典・多数当事者訴訟の法理（弘文堂・一九八一）など参照。

（12）佐野裕志「第三者に対する訴訟の告知」新堂幸司編集代表・講座民事訴訟❸（弘文堂・一九八四）二七五頁及び同・前掲論文（専修ロー）（注（4））二七頁以下、井上・前掲書（注（11））など参照。

（13）上田徹一郎＝井上治典・注釈民事訴訟法（2）（有斐閣・一九九二）二七五頁以下〔上原敏夫〕など参照。

（14）新堂ほか・前掲書（注（3））八四頁参照。

（15）しかし、この主張に対しては、本来の手続保障理念に基づく被告知者の利益重視の姿勢（①の観点）と齟齬し、従来主張されてきた制度の実益を無視することになるとの批判を受けている（上田＝井上編・前掲書（注（13））二七六頁〔上原〕）。

（16）秋山ほか・前掲書（注（2））六六六頁、伊藤眞・民事訴訟法（第八版）（有斐閣・二〇二三）七三〇頁など参照。

（17）大審院の判例（大判昭和一五年七月二六日民集一九巻一七号一三九五頁）は、既判力説をとり、学説では、細野長良・民事訴

訟法要義 第二巻（嚴松堂書店・一九三四）三〇二頁、加藤正治・民事訴訟法要論（有斐閣・一九四六）一五二頁などが既判力説を採った。

(18) 雉本朗造「判決の参加的効力」民事訴訟法の諸問題（一九二五）三二九頁、兼子一「既判力と参加的効力」同・民事法研究第二巻（一九五〇）五五頁など参照。ドイツ法の影響があると思われる。

(19) 兼子・前掲書（注(10)）四〇四頁以下。三ケ月章・民事訴訟法（有斐閣・一九五九）二三九頁など参照。

(20) 佐野裕志「補助参加と訴訟告知の効力」民事訴訟法の争点（有斐閣・二〇〇九）八四頁など参照。

(21) 鈴木重勝「参加的効力の主観的範囲限定の根拠」中村宗雄先生古稀祝賀論集・民事訴訟法の法理（敬文堂・一九六五）四二五頁、同「参加的効力の主観的範囲」総合法学六号九頁（一九六三）参照。

(22) 新堂幸司「参加的効力の拡張と補助参加人の従属性」同・訴訟物と争点効（上）（有斐閣・一九八八）二二七頁以下（初出：兼子一博士還暦記念（中）・裁判法の諸問題（有斐閣・一九六九））など。

(23) 井上治典・多数当事者訴訟の法理（弘文堂・一九八一）三八一頁など。

(24) 伊藤・前掲書（注(16)）七二七頁、上田＝井上編・前掲書（注(13)）一六九頁〔本間靖規〕など。

(25) 訴訟告知の場合、例えば、訴訟告知は独立当事者参加（共同訴訟参加）できる者にもなされる。独立当事者参加の場合には、参加的効力は想定できない。訴訟告知の効果はあくまでも補助参加を前提とする。つまり、訴訟告知を受けたものが訴訟の結果に利害関係を有しない場合（補助参加可能な場合）には、訴訟告知の効果は生じない。通説（秋山ほか・前掲書（注(2)）六七三頁、上田＝井上編・前掲書（注(13)）二九〇頁〔上原〕など）・判例（最判平成一四年一月二二日判時一七七六号六七頁、大阪高判昭和三九年一二月二八日判時四〇八号三五頁など）である。したがって、訴訟告知の場合には、訴訟告知が認められる範囲とその効果が発生する範囲は一致していないのである。

(26) 斎藤秀夫ほか編・注解民事訴訟法（2）〔第二版〕（第一法規・一九九一）三三二頁〔小室直人＝東孝行〕、菊井維人＝村松俊夫・全訂民事訴訟法Ⅰ（補訂版）（日本評論社・一九九三）四三七頁など参照。また、現在でも秋山ほか・前掲書（注(2)）六七三頁は、同様の説明をする。

（27）上田＝井上編・前掲書（注（13））二九六頁〔上原〕。

（28）秋山ほか・前掲書（注（2））六七三頁以下、伊藤・前掲（百選（第二版））二五五頁、竹下・前掲評釈（注（3））一七頁、井上＝高田・前掲評釈（注（3））一五七頁など参照。

（29）河野正憲「訴訟告知と参加的効力」Law School 四九号八〇頁（一九八二）、吉村徳重「訴訟告知と補助参加による判決の効力」小山昇＝中野貞一郎＝松浦馨＝竹下守夫編・演習民事訴訟法（青林書院・一九八七）七〇七頁、高橋・前掲書（注（2））四七八頁以下など。

（30）高橋・前掲書（注（2））四七八頁以下など。

（31）井上・前掲書（注（11））九六頁。

（32）新堂ほか・前掲書（注（3））九〇頁参照。

（33）拙稿「住民訴訟における補助参加」早法七二巻二号五四九頁以下など参照。

（34）徳田和幸「補助参加と訴訟告知」鈴木忠一＝三ヶ月章監修・新・実務民事訴訟講座（3）（日本評論社・一九八二）一三八頁参照。

（35）*Schafer*, aaO., S. 137. 参照。

（36）例えば、前掲（注（6））の文献や、近時では *Rosenberg/Schwab/Gottwald*, Zivilprozessrecht, 18Aufl. (2018), S. 287, 291. など参照。なお、この点は本稿のベースである拙稿・前掲（注（1））一四三頁以下で指摘したところである。その後、松本博之「訴訟告知の効果の範囲」龍法四六巻四号三頁（二〇一四）以下でドイツ法の議論に基づいて同様の指摘がなされた。同「訴訟告知の目的と択一関係」河野正憲先生古稀祝賀・民事手続法の比較法的・歴史的研究（弘文堂・二〇一四）三頁以下も同様である（松本博之・民事訴訟法の立法史と解釈学（信山社・二〇一五）に再録）。

（37）元々、補助参加の効力論において衡平観念等を持ち出し、行為責任的に捉えることが適切かについては、疑問もなくはないが、本稿では取り上げない。

(38) 松本・前掲論文（河野古稀）（注（36））七六七頁以下は、二重敗訴の危険を回避する点を指摘する。基本的には、ここでの記述と同一であると言えよう。なお、菱田・前掲論文（注（7））三四九頁以下は、択一的関係の場合には、同時審判申出共同訴訟に委ね、訴訟告知に基づく参加的効力の発生を否定すべきとする（三六八頁）。しかし、訴訟告知制度が告知者の利益に重点を置く以上、告知者の選択の問題であり、起訴負担を考慮すれば、当事者としての地位の付与を伴う制度が優先されるとしてあえて訴訟告知の方法を否定する理由はないと思われる。

(39) 実務では、敗訴濃厚となった当事者が第三者を和解に引き込むために、とにかく訴訟告知がなされる旨が昔から聞かれている。

(40) 松本・前掲論文（龍法）（注（36））九頁がドイツ法に依拠し、「訴訟告知の目的の理解から出発すると、当事者間に係属する訴訟の当事者の一方の二重敗訴を防止するにふさわしい従属的関係又は択一的関係が係属中の訴訟における係争法律関係と告知者と被告知者間の後訴の請求との間に存在しる場合にのみ、訴訟告知をすることができると解することが訴訟告知の目的に適合する」とするのは、まさにここでの指摘と共通してくる。

(41) 訴訟告知の範囲と効果の関係だけでなく、補助参加制度との関係でも同様の指摘が可能と考える。上記したように、被告知者の訴訟行為がない場合に生じる訴訟告知の効果は告知者と被告知者の実体的関係性に根拠を求めない限り、その正当化は難しいとするのが本稿の立場である。そして、その沿革を含めて考察すると、本来的には、訴訟告知制度と補助参加制度は連動しており、訴訟告知でいう実体的関係性がある場合に補助参加が認められ、その効力もこの関係性に基づくものであったと思われる。図式化すると「訴訟告知の効果（＝訴訟告知の範囲）→補助参加の利益→補助参加の判決効」であったと思われる。しかし、現行法では、訴訟告知の範囲は拡張され、（民訴五三条一項）、また、補助参加の場合の効力→訴訟告知の効果となっており（民訴五三条四項、四六条）、かつ現在では補助参加の利益は拡大され、また補助参加の効力も上記したように訴訟法的な理解が中心である。ここに訴訟告知制度と補助参加制度の連動した理解が困難になっている要因があると言えよう。しかし、少なくとも、効力論の側面ではその連動性を維持すべきか（従って、効果は限定的になる）と考える。

第二節　訴訟告知の効果の客観的範囲——最高裁平成一四年判決の検討——

一　最高裁平成一四年判決の事実の概要と判旨

まず、最高裁平成一四年判決(42)（以下「本件判決」という。）の事実の概要とその判決要旨を示す。

①　事実の概要

Xは、家具販売等を業とする会社である。Xは、建築業者Aに対してカラオケボックス建築に伴うテーブル等（本件商品）を含む家具を納入したが、商品代金のうち五五〇万円余りが未払であるとしてAを相手方として残代金の支払を求める訴訟を提起した（前訴）。前訴で、Aは、この納入商品の一部はカラオケボックス建築の施主であるYが注文したものであるとして争った。そこで、Xは、Yに訴訟告知をしたが、Yは訴訟に参加しなかった。前訴では、本件商品はAが購入したものではなく、Yが購入したものであるとして、Xの請求は棄却され、確定した。そこで、XはYに対して、本件商品の売買代金一〇〇万円余りの支払を求める訴えを提起した（後訴）。後訴において、Yは商品の買主ではないと主張したが、原審は、訴訟告知による参加的効力によりYは別件訴訟（前訴）判決の理由中の判断である本件商品の買主がYであるとの判断と異なる主張をすることは許されないとして、本件商品の買主がYであるか否かという点について認定することなく、Xの本件商品代金を認容した。そこで、Yが上告した事案である。

②　判　旨

「⑴　旧民訴法七八、七〇条の規定により裁判が訴訟告知を受けたが参加しなかった者に対しても効力を有するのは、訴訟告知を受けた者が同法六四条にいう訴訟の結果につき法律上の利害関係を有する場合に限られるところ、ここにいう法律上の利害関係を有する場合とは、当該訴訟の判決が参加人の私法上又は公法上の法的地位又は法的利益に影響を及ぼすおそれがある場合をいうものと解される（最高裁平成一二年（許）第一七号同一三年一月三〇日第一小法廷決定・民集五五巻一号三〇頁参照）。

また、旧民訴法七〇条所定の効力は、判決の処分に包含された訴訟物たる権利関係の存否についての判断だけでなく、その前提として判決の理由中でされた事実の認定や先決的権利関係の存否についての判断にも及ぶものであるが（最高裁昭和四五年（オ）第一六六号同年一〇月二二日第一小法廷判決・民集二四巻一一号一五八三頁参照）、この判決の理由中でされた事実の認定や先決的権利関係の存否についての判断とは、判決の主文を導き出すために必要な主要事実に係る認定及び法律判断などをいうものであって、これに当たらない事実又は論点について示された認定や法律判断を含むものではないと解される。けだし、ここでいう判決の理由とは、判決の主文に掲げる結論を導き出した判断過程を明らかにする部分をいい、これは主要事実に係る認定と法律判断などをもって必要にして十分なものと解されるからである。そして、その他、旧民訴法七〇条所定の効力が、判決の結論に影響のない傍論において示された事実の認定や法律判断にも及ぶものと解すべき理由はない。

(2)　これを本件についてみるに、前訴における被上告人のAに対する本件商品売買代金請求訴訟の結果によって、上告人の被上告人に対する本件商品の売買代金支払義務の有無が決せられる関係にあるものではなく、前訴の判決は上告人の法的地位又は法的利益に影響を及ぼすものではないから、上告人は、前訴の訴訟の結果につき法律上の利害関係を有していたとはいえない。したがって、上告人が前訴の訴訟告知を受けたからといって上告人に前訴の判決の効力が及ぶものではない。しかも、前訴の判決理由中、Aが本件商品を買い受けたものとは認められない旨の記載は主要事実に係る認定に当たるが、上告人が本件商品を買い受けたことが認められる旨の記載は、前訴判決の主文を導き出すために必要な判断ではない傍論において示された事実の認定にすぎないものであるから、同記載をもって、本訴において、上告人は、被上告人に対し、本件商品の買主が上告人でないと主張することが許されないと解すべき理由もない。」

（注）

(42) 最判平成一四年一月二二日裁判集民事二〇五号九三頁。本件評釈として、坂原正夫・法学研究七五巻一〇号一三一頁、上野泰男・判評五三二号一七頁、間淵清史・リマークス二〇〇三（上）一二五頁、松本博之・民商一二七巻一号一三八頁、和田吉弘・民訴判例百選（第五版）二一三頁、川嶋四郎・法セミ五七二号一一〇頁、中島弘雅・平成一三年度重判一二九頁、堤龍弥・民訴判例百選（第三版）二二二頁、安永祐司・民訴判例百選（第六版）二〇六頁、須藤典明・判タ一一二六号六〇頁、山本克己・法教三〇二号九一頁、川畑耕平・久留米法学五六号一九一頁などがある。第二節は、拙稿（本件評釈）早法七八巻二号三七七頁以下をベースに若干の修正を加えたものである。

二　問題の所在

本件判決は、訴訟告知の効果に関わる。訴訟告知は、訴訟の係属中に当事者（告知者）から第三者（被告知者）に対して、訴訟の係属する事実を決定の方式で通知する行為である。被告知者が訴訟に参加してきたときには、その参加態様により訴訟の結果について一定の拘束力を受けることになる。訴訟告知制度の最大の特色は、訴訟告知を受けた者が補助参加しなかった場合においても、補助参加した場合と同様の拘束力、すなわち、民訴法四六条所定の効力を有する点にある（民訴法五三条四項。本件判決は旧法下の判断であるが、この規定は改正されてないため、現行法下でも同様の議論となる。そこで、以下では、引用以外は現行法の条文を原則として用いる）。[43] 判例・通説は、この効力を既判力とは異なる特殊な効力とし、「参加的効力」と解する。そして、補助参加効である参加的効力は、参加人と被参加人が協力して訴訟を遂行した結果（敗訴共同責任）にその根拠が求められ、被参加人敗訴の場合に参加人と被参加人間に生じ、かつ敗訴共同責任という関係から、その前提となる判決理由中の事実認定や先決的法律関係についての判断にも効力を生じるものであるとする。問題は、訴訟告知の効果は被告知者が参加しない場合にも生じる点である。そこで、周知のように、補助参加の効力と訴訟告知の効果は同質の効力であるのか否か、なぜ訴訟告知は訴訟不参加の第三者に拘束力を及ぼすのか、またその効果はどのような範囲で及ぶかなどといった問題が生じている。本件判決は、まさにこれらの問題に関わっている。

本件判決は、そのポイントを二つに大別することができよう。まず第一のポイントは、「旧民訴法七八、七〇条の規定により裁判が訴訟告知を受けたが参加しなかった者に対しても効力を有するのは、訴訟告知を受けた者が同法六四条にいう訴訟の結果につき法律上の利害関係を有する場合に限られる」とした点である。そして、この判示は二つの意味を有しうると思われる。まず一つは、補助参加の利益を有しない者には拘束力は生じないという意味が考えられる。この点については、従来の学説も判例も一致しているといえよう[44]。補助参加の利益が訴訟告知の効果の要件とも解せるが、この点での問題は、補助参加の利益のない者にも広く訴訟告知がなされる点にある[45]。もう一つの意味は、逆に補助参加の利益を有するならば、被告知者は訴訟参加しなくても訴訟告知の効果を受けることになるという理解である。そして、このような理解に基づけば、民訴法五三条四項の効果の範囲は補助参加の効力の範囲と同一であり、補助参加の利益を有する者の範囲によりその効力を受ける者の範囲が決まることを意味することになるかという問題を生じさせる。しかし、このことは、補助参加の利益及びその効力を拡大する傾向にあり、他方で手続権保障の観点から民訴法五三条四項の効果を限定的に考える傾向（前述）にある今日の学説の多数とは、対立してくるように思われる[46]（それは、補助参加の効力自体の根拠を再考する契機となるように思われる）。なお他方で、本件判決が補助参加の利益に関して株主代表訴訟で取締役側への会社の補助参加を認めた平成一三年一月三〇日決定（民集五五巻一号三〇頁）を引用している点も重要である。最高裁平成一三年決定は、従来の参加人と被参加人の関係から補助参加の利益を判断するのではなく、専ら補助参加人自身の法的地位に判決が影響を及ぼす場合に補助参加の利益を認める立場を採ったと解されており、この立場からは補助参加の利益が認められる範囲が従来より拡張されることになる。[47] 本件判決が補助参加の利益につき拡張説をとったと解するならば、補助参加の利益を効果発生の要件とする立場では、訴訟告知の効果は極めて広い範囲の者に及ぶことになろう。[48]

第二のポイントは、訴訟告知の効力の客観的範囲に関わる。訴訟告知の効力が判決理由中の判断まで及ぶ点はほぼ一致した議論と言ってよいであろう。問題は、どのレベルの判断に及ぶかという点である。本件判決は、「この判決の理由中でされた事実の認定や先決的権利関係の存否についての判断とは、判決の主文を導き出すために必要な主要事実に係る認定及び法律判断などをいうものであって、これに当たらない事実又は論点について示された認定や法律判断を含むものではない」と判示した。この当否が検討されねばならない。

以下では、上述した二点の観点にしぼって、本件判決を検討することにする。

(注)

(43) 最判昭和四五年一〇月二二日民集二四巻一一号一五八三頁。また、この判決以前にも、山口地判昭和四二年一月一八日下民集一八巻一一頁、大阪高判昭和四四年一〇月三〇日判時五九八号六七頁、東京地判昭和四五年一〇月一二日判タ二五六号一五六頁が参加的効力説を説く。

(44) 上田＝井上編・前掲書（注(13)）二九二頁〔上原〕、大阪高判昭和三九年一二月二八日高民集一七巻八号六七三頁など参照。

(45) この問題については、拙稿・前掲（注(1)）一四三頁、とくに一五〇頁以下参照。

(46) 徳田・前掲論文（注(34)）一四二頁は、補助参加の利益は訴訟告知の要件ではあっても、告知の効果としての参加的効力の発生要件ではないということを明確に意識しておくべきであると主張する。しかし、本件判決は、まさに補助参加の利益が発生要件的に捉えられているように解せられうる点で問題となると思われる。

(47) 補助参加の利益をめぐる議論も錯綜している。補助参加の利益は、第三者が「訴訟の結果」について「利害関係」を有する場合に認められる（民訴四二条）。この「「訴訟の結果」について「利害関係」を有する場合」とはいかなる場合かをめぐり、大別すると「訴訟物限定説」と「訴訟物非限定説」に分けることができるとするのが従前の理解である。従前の通説（伝統的考え方）が「訴訟物限定説」であり、この見解は、補助参加の利益につき、以下のように考える（兼子・前掲書（注(10)）三九九頁、三ヶ月・前掲書（注(19)）二三五頁など）。「訴訟の結果」とは、判決主文中で示される訴訟物たる権利または法律関係についてのものでなければならず、「利害関係」は法律上の利害関係であることを要する（この点は判例も同様。最判昭和三九・一・二三裁集民七一号二七一頁など）と解する。そして、訴訟物についての判断が（被参加人に対する――筆者――）第三者の権利義務その他法律上の地位との関係において実体法上の先決的論理関係があり、後訴においてその地位の決定に判決が参考となるおそれ（事実上の影響）があれば、補助参加を認めてよいとする。他方、近時は、「訴訟の結果」を判決理由中の判断まで含めるのが学説上多数説の立場であるといえる。訴訟の結果を判決主文に限定するのは狭すぎるとして、訴訟の結果には判決理由中の判断も含むと解するのである。「訴訟物非限定説」である。基本的にはこの立場も、参加人と被参加人の（実体法上の）関係性の中で補助参加の利益を考慮する。しかし、この見解の中には、補助参加の利益につき（個々の論者により多様な基準が主張されているが）、専ら、第三者の法的地位から判断する立場が有力に主張されてきた。上記最高裁平成一三年決定が採用したと解されるのが伊藤説である。伊藤説は、判決の証明効理論の批判を通じて判決の後訴における事実上の影響力は補助参加の利益を認める決定的理由とはならないことを詳細に論証し、補助参加の利益の判断に際しては、後訴との関係ではなく、補助参加人の法律上の地位自体に対する判決理由中の判断の事実上の影響力を問題にすべき旨を主張する（伊藤眞「補助参加の利益再考」民訴四一号一頁以下（一九九五）、伊藤・前掲書（注(16)）七一九頁以下参照）。つまり、伊藤説では、利害関係について、補助参加人となるべき者の法律上の地位自体に対する判決の事実上の影響力を補助参加の利益を基礎づけるものと考え、判決主文中の判断、判決理由中の法律上の判断及び事実認定のいずれかが補助参加人となるべき者の法律上の地位と論理的関係にあることを主張する。この立場は参加人と被参加人間の実体的関係性は考慮しないのである。その背後には、民訴法四四条一項で異議がない場合には常に補助参加できる旨が規定されていることの考慮もあると思われるが、異議があるときに補助参加の利益が問題になると言えるので、同条の解釈のスタンスにより、補助参加の利益の解釈は広くも狭くもなりうる。筆者は、第一節で論じたように、参加人と被参加人間の実体的関係性の中で補助参加の利益を考慮すべきと考える。上記最高裁平成一三年決定は、「取締役会の意思決定の違法を原因とする、株式会社の取締役に対する損害賠償請求が認められれば、その取締役会の意思決定を前提として形成された株式会社の私法上又は公法上の法的地位又は法的利益に影響を及ぼすおそれがあるというべきであり、株式会社は、取締役の敗訴を防ぐことに法律上の利害関係を有するということができる」として、株主代表訴訟における被告取締役側への会社の補助参加を認めた。これは、伊藤説を採用したものと言えよう。

(48)　もっとも、「法律上の利害関係」の意味を確認しただけであるとも考えられる。なお、補助参加利益についてこの最高裁平成一三年決定の持つ意義に関しては、拙稿（最決平成一三年一月三〇日決定判タ一〇五八号一一九頁に関する判例評論）リマークス二五号一一八頁以下参照。

三　議論の状況

一　訴訟告知の効果をめぐる議論

まず、訴訟告知の効果をめぐる従前の議論（前述）を確認しておく。訴訟告知は、訴訟参加をなしうる利害関係を有する第三者に対してなすことができる（民訴法五三条一項）。つまり、補助参加、独立当事者参加、共同訴訟参加等の利益を有する者であれば、訴訟当事者はいずれに対しても訴訟告知をなしうるのである。この点で、被告知者の範囲は広く考えられていると言える。(49) 被告知者が訴訟に参加してきたときには、その参加態様により訴訟の結果について一定の拘束力を受けることになる。訴訟告知の最大の特色は、訴訟告知を受けた者が補助参加しなかった場合においても、補助参加した場合と同様の拘束力を有する点にある。そこで、訴訟告知の効果はどのような範囲で及ぶのかという問題が生じる。そして、それは、何故、被告知者に対して訴訟不参加にもかかわらず拘束力を及ぼすことができるのかを問うことでもある――いずれについても本章第一節で筆者の見解は展開している。そこでは告知者と被告知者間の実体的関係性、つまり、実体法上の先決関係、択一的関係といった関係性が存在することが基準となるとした――。

二　訴訟告知の効果の客観的範囲をめぐる議論

それでは、訴訟告知の効果は、具体的にどのように把握されているのであろうか。その範囲については議論のあるところである。まずその主観的範囲についてである。補助参加の効力の場合には、前述のように、通説・判例の採る参加的効力説によれば、被参加人と参加人間で及ぶにすぎない。そして、訴訟告知の効果も同様に、告知人と被告知人間のみに及ぶと考える。これに対して、前述（第一節）の近時の拡張説は、相手方当事者まで拘束力を及ぼすことを考える。しかし、この立場でも、訴訟告知の効果に関しては、通説・判例同様に、告知人と被告知人間のみに及ぶと考える。訴訟告知を受けただけでは相手方との間の判決効を及ぼすのは酷だと考えるのである。いずれにせよ、どの立場を採ろうと、訴訟告知の主観的範囲については告知人と被告知人間のみに及ぶという点では一致しているのである。

次に、本件判決が関わるその客観的範囲についてはどうであろうか。参加的効力が判決理由中の判断や先決的権利関係についての判断に及ぶ点では、見解は一致している。(50) では、訴訟告知がなされたにすぎない場合にも、その効果は補助参加の場合と同様に考えていいのであろうか。この点について、近時、二つの論点から議論がなされている。つまり、第一に訴訟告知を受けた者は、告知者と共同して攻撃防御方法を尽くすことに利害が一致しない争点についても判決理由中の判断に拘束されるかという点と、第二に参加的効力を生じる点をどのレベルで捉えるべきかという点である。

第一の論点は、前掲仙台高裁昭和五五年判決が契機となって議論された。この仙台高裁判決は、訴訟告知は被告知人に対して参加的効力を取得することを目的とする告知人のための制度である点を強調し、被告知人は利害が対立する場合にも相手方に訴訟参加して（当該判例）攻撃防御できるのであるから、拘束力が及ぶとした。しかし、学説の多くは、利害が対立する場合には、共同して相手方に対して攻撃防御を尽くすことが期待できる立場にないことからこれに反対する。(51) 民訴法四六条二号の趣旨からも、後者が妥当であろう。(52)

第二の論点が本件判決と関わる（この問題は、参加的効力および信義則に基づく判決理由中の判断の拘束力に関しても同様に生じる）。補助参加の効力に関しては、前掲最高裁昭和四五年判決の評価を契機に議論がある。主要事実該当事項についての判断に効力が生じるとする見解(53)もあれば、前訴では間接事実であっても、後訴で直接（主要）事実であればいいとする見解(54)もある。また、争点効を認めるのであれば、主要な争点として争われ、判断されるなどのその要件に合致していればいいし、また新既判力説では手続権保障があったか否かが判断ポイントとなり、主要事実の枠には常に拘束されることにはならないであろう。しかし、訴訟告知に関しては、これまで必ずしも明確な議論が展開されてきたわけではなかった。訴訟参加しなかった被参加人に効力を及ぼすことが、手続権保障の点で補助参加と同列に扱うべきでない(55)という意識が学説では支配的になってきたからであった。今日の学説では、被告知人が参加により攻撃防御を尽くすことが期待できること、被告知人が五三条四項の効果を予測できることなどを根拠として、拘束力が生じるのは前訴における主要事実の存否の判断についてであるとする見解(56)が有力である。一部では、さらに限定的に考える見解もある[57]。

判例は、前掲仙台高裁判決が判決の傍論において示された判断に拘束力を認めたが、その後、東京高判昭和六〇年六月二五日判時一一六〇号九三頁において、判決の傍論において示された判断に拘束力を認めることは否定された。そして、本件判決は、この問題につき、次のように判示した。すなわち、「この判決の理由中でされた事実の認定や先決的権利関係の存否についての判断とは、判決の主文を導き出すために必要な主要事実に係る認定及び法律判断などをいうものであって、これに当たらない事実又は論点について示された認定や法律判断を含むものではないと解される。けだし、ここでいう判決の理由とは、判決主文に掲げる結論を導き出した判断過程を明らかにする部分をいい、これは主要事実にかかる認定と法律判断などをもって必要にして十分なものと解されるからである。そして、その他、旧民訴法七〇条所定の効力が、判決の結論に影響のない傍論において示された事実の認定や法律判断に及ぶものと解すべき理由はない。」としたのである。基本的には、この本件判決の判断は、有力説と一致するものと解することができよう。

(注)

(49) 大正一五年の民訴法改正でこのように規定された。それ以前の明治民訴法五九条一項においては「原告若クハ被告若シ敗訴スルトキハ第三者ニ対シ担保又ハ賠償ノ請求ヲ為シ得ベシト信シ又ハ第三者ヨリ請求ヲ受ク可キコトヲ恐ルル場合」に訴訟告知が許されるとし、限定的であった。また母法国ドイツ法は現在においても同様に限定である

(50) なお、四六条についての既判力説では、既判力の一般原則により判決主文に包含される訴訟物の判断に止まることになる。

(51) 吉村・前掲論文（注（29））七一〇頁など参照。

(52) この点の詳細は、高橋・前掲書（注（2））八四頁以下など参照。

(53) 例えば、坂原正夫〔最高裁昭和四五年判決・評釈〕法研四五巻五号（一九七二）七九頁など参照。
(54) 福永有利・続民訴判例百選（一九七二）五七頁。
(55) 井上・前掲書（注(23)）三八一頁はこのことを明確に指摘した。
(56) 上田＝井上編・前掲書（注(13)）二九七頁〔上原〕など。
(57) 佐野裕志「第三者に対する訴訟の告知」講座民訴③（弘文堂・一九八四）二八九頁注(53)は、前訴での告知者敗訴の原因がそのまま被告知者との後訴の直接の基礎となり、前訴敗訴を理由に後訴が提起されている場合に限られるべきではないかとする。井上・前掲書（注(13)）九七頁は、前訴の敗訴原因がそのまま裏返しの形で後訴の成立原因になる場合に限定すべきとする。

四　本件判決の検討

1) まず、前述の第一のポイント（補助参加の利益と訴訟告知の効果の関係）について検討しよう。補助参加の効力と訴訟告知の効果を別個に考え、補助参加の利益を訴訟告知の効果の発生要件と考えない今日の学説の趨勢にとって、本件判決には疑義が生じてこよう[58]。とくに、補助参加の利益を拡張する今日の学説の傾向からは、本件判決が補助参加の利益と訴訟告知の効果を連動させた判決ならば問題ある判決となろう。しかし、今日の傾向は正当なのであろうか。まず効力の根拠論において、補助参加の効力を訴訟追行責任（行為責任）の結果として捉える判例・学説は、訴訟追行が問題とされてない民訴法五三条四項をうまく説明できない。その理論を貫徹するためには、補助参加の効力と訴訟告知の効果を別個に考えざるをえない。しかし、それは、民訴法五三条四項の文言から著しく乖離することになる。従前の通説においても補助参加の効力は訴訟追行上の敗訴責任の分担問題とするが、従属的地位しか有しない補助参加人にとってこの問題が生じるのは共同の訴訟追行義務があるといえる場合のみしか想定できないのではなかろうか。共同の訴訟追行が可能であったというだけでは、従たる当事者でしかない者に拘束力を及ぼすことができようか。訴訟告知の場合は、一層この義務が必要要件となる。[59] とくに、参加的効力論の根拠である「敗訴共同責任」の観点から導き出された「被告知者が実体関係を熟知しており、告知者に協力することが期待されてしかるべき地位にある」ことを訴訟告知の根拠とする今日の通説的立場では、訴訟参加しない場合にも訴訟協力義務が生じることを観念しないと訴訟告知の効果を説明できない。こうした義務化は、これを認めるとしても、告知人と被告知人の実体法関係に基づいてしか導き出せないのではなかろうか。たとえ、結論においては、このように訴訟告知の効果を実体的関係がある場合に限定して考える点で一致していようが、信義則による行為規範的な根拠づけからは、[60] この義務化は出てこないであろう（第一節参照）。

そして、本来、訴訟告知制度は、実体法上の告知者と被告知者の関係性から、当事者が前後する訴訟において相手方か第三者のいずれか一方に勝訴しなければならない状況を確保する必然性が承認された結果、認められた制度であり、告知人の利益をエゴイスティックに指向したものである。その意味で、実体法上の関係（法的な先決関係及び択一的関係）がある場合に限り、訴訟上の効果が正当化されると考えるべきである。[61] ここに、「敗訴共同責任」は関係してこないのである。

第二に、補助参加の利益の拡張も問題がある。この点は、すでに論じたことがあるので、[62] ここでは簡単に述べるが、私見は、補助参加の利益も補助参加人と被参加人間の実体法的関係性に基づきその有無が決定されるべきで、その範囲は限定的にならざるをえないとするものである。[63] こうした私見からみれば、本件判決は必ずしも異質ではない。むしろ、本件判決は、基本的には、民訴法五三条四項の文言と訴訟告知制度の沿革に沿った判断と評することが可能に思われる。[64] 被告知者の補助参加の利益を「訴訟告知の効果の発生要件」とする立場[65] は、補助参加の利益があることが必要的という点ではその通りであるが（訴訟告知の効果の前提要件となる）、訴訟告知の適用範囲が拡充されている現行法では訴訟告知の効果の要件に重点はない（第一節参照）。補助参加の利益があれば、訴訟告知の効果が生じるとの誤解を生む要因となろう。とくに、補助参加の利益の判断基準を訴訟の結果に関する補助参加人と被参加人間の実体的関係性に重点を置くのではなく、あくまでも補助参加人の法的地位に重点をおく立場では、本件の補助参加の利益は肯定される可能性があり、こうした補助参加の利益の拡張を是とすると、本来的には共通していた訴訟告知の適用範囲と効果の範囲のズレがますます増大し、上記の誤解が独り歩きする危惧もなくはない。

なお、本件判決は、その具体的検討において、Yにはそもそも補助参加の利益がないとする点で訴訟告知の効果を否定している。端的にはこれで済む判決であり、本件判決の一般的説示の意図は、この点にあったものかもしれない。しかし、その説示は、以上のようなもう一つの意味を含む可能性を持つものであり、むしろ、この意味の検討こそが重要と考え、検討を加えてみた。

2)　次に、第二のポイント（訴訟告知の効果の客観的範囲）について検討する。本件では、被告知者たるYが本件商品を買い受けたことが認められる旨の判断は、告知者Xの本訴被告たるZに対する請求についての主文の判断を導き出すために必要な判断ではなく、傍論において示された事実認定であるとして訴訟告知の効果を否定するのが前述のように判例及び有力説の立場といえよう[66]。Yの買受事実はZの否認事由のひとつでしかない。Xは、Zに対する請求権の成立を主張立証する責任を負う。その意味で、近時の多数説がいうように、YがX＝Z間の訴訟でX勝訴のために積極的に訴訟遂行することは期待できないし、その義務もYにはない。端的には、XとYとの関係は、実体法上、先決的関係でもなく、択一的関係でもない。それゆえ、訴訟告知の効果を否定する本件判決は、結論として正当と評価できよう。

なお、本件事案においては、Xの請求は実体法的にはAかYかのいずれかに対するものとなるはずであるから、先決関係ないし択一的関係が存在することを認め、かつ訴訟告知の効果を認める立場もある[67]。筆者も基本的に同様の方向性で考えるが、訴訟告知の効果でいう実体的先決関係ないし択一的関係は、法的に保護される法的関係である必要がある。ＡかＹかのいずれか買主であるというのは、事実上の択一的関係にすぎず（本件ではＡかＹかのいずれかが買主であるとの事実関係はあるが）、これにより訴訟参加なくとも生じる訴訟告知の効果という拘束力を肯定するまでの正当化は難しいと思われる。

(注)

(58) 中島弘雅〔本件評釈〕平成一三年度重判一三〇頁が本件判決には誤解を招きかねない表現があると指摘するのはまさにこの点に関わると思われる。
(59) 竹下守夫（判例評釈）金商六〇四号一六頁はこの点を指摘する。
(60) 上田＝井上編・前掲書（注(13)）二九二頁〔上原〕、吉村・前掲論文七〇七頁、河野論文（注(29)）八二頁など。
(61) 詳細は、拙稿・前掲（注(1)）一四八頁以下参照。
(62) 第一節の記述参照。また、拙稿・前掲（注(33)）五四九頁以下、同・前掲（注(48)）一一九頁以下なども参照。
(63) 本件判決は、引用する平成一三年一月三〇日決定ではなく、平成一三年二月二二日決定（判タ一〇五八号一一九頁）で示されたように、制限説を採用したものと解すべきであろう。その意味で、最高裁は補助参加の利益につき限定的な解釈を採っているものと評することができよう。
(64) 補助参加の利益の有無を訴訟告知の効果の発生要件的にみる本件判決は、母法のドイツ法よりも補助参加及び訴訟告知の要件を拡張したわが国民事訴訟法においては、若干考慮が必要である。実体法をベースとした限定的な考え方を原則としても、補助参加利益と効果の発生が連動しない場合も想定する必要は残る。
(65) 中島・前掲評釈（注(42)）一三〇頁など参照。

(66) 中島・前掲評釈（注(42)）一三〇頁もこの結論は支持する。
(67) 松本・前掲批評（注(42)）一四一頁、堤・前掲解説（注(42)）二二一頁など。

第二部　訴えの利益論

第六章　訴えの利益論

第一節　訴えの利益概念とその機能

一　訴えの利益概念

民事訴訟制度を利用するためには、それを利用するに正当な利益ないし必要性がなければならない。このような「正当な利益ないし必要性」を広義における訴えの利益という。現在の通説は、この広義の訴えの利益の内容を当事者適格も加えて三つに分ける。この概念の中心内容となるのは、訴えの利益が請求についての客観的利益を問題にすることから（訴えの利益が、請求内容自体について本案判決の必要性を問うのに対し、当事者適格は、特定された当事者に対する本案判決の必要性を問う点で異なる）、請求の内容が実体判決を受けるに適する一般的資格があること（権利保護の資格）と、原告が請求内容について判決を求める現実の必要性のあること（権利保護の利益又は必要、これが狭義における訴えの利益である）である。そして、訴えの利益は、今日、学説と判例により訴訟要件として位置づけられている。本案判決の前提要件たる訴訟要件性からは、その不存在により訴訟の利用を排除するという「消極的機能」が訴えの利益の本来的機能であるといえよう。

しかし、この訴えの利益概念は今日その射程が著しく拡張し、その果たすべき機能の把握及びその概念理解自体が確定した状況にないように思われる。このことは、以下に示す訴えの利益概念をめぐるわが国の議論、とくにその機能論の変遷過程の中で明らかになる。

二　訴えの利益の機能論の変遷

訴えの利益の機能をめぐるわが国の議論変遷は、以下の五つの時期に大別できよう。その概要は以下の通りである。

一　第一期

訴えの利益概念は、ドイツ法における訴権論の発展に遡ることができ、とくに確認の訴えの立法化により意識された。つまり、新たな訴え類型として承認された確認の訴えは、その対象の無限定性を有していた。しかし、無限定に確認の訴えを許すことは国家制度としての裁判制度においては問題であった。そこで、その対応として確認の利益による調整が求められ、それをどう理論づけるかで議論は展開したのであった。一九世紀後半のドイツ民訴法制定当時、訴権論における権利保護請求権説の台頭と訴訟要件論の構築により[1]、権利保護の必要（利益）としてその基本的枠組みが形成された。権利保護請求権説は、自力救済の禁止の代償としての市民の裁判所に対する権利保護請求権を想定する。しかし、その権利保護は無条件な付与ではない。国家に対し権利保護行為を要求しうるべき要件（権利保護を求めうる資格と権利保護の必要性）を充たした者に限り、権利保護を与えるとした。とくに、権利保護を正当化ならしめる事実、つまり、権利保護の利益が必要とされたのである。ドイツ法におけるこの「権利保護の必要性」という概念には、権利既存の観念がその前提にあり、実体法的性格が前面に出されていたと言えよう（この点において訴えの利益は権利保護要件として位置づけられることになる）。他方で、ドイツ法では、この権利保護の必要（訴えの利益）が訴訟目的と関連しながら、訴訟要件論と結びつき、それは本案判決の前提要件としての訴訟要件性を具備するとの理解が登場することになる。こうした訴権論と訴訟要件論との相関性の中で訴えの利益概念は把握されることになっていった。この点は、明治期の民法制定以降ドイツ法の議論を継受して形成されてきたわが民事訴訟法学でも同様であった。訴えの利益をめぐりわが国の議論は後述の第二期まではまだ活性化されなかったと言えよう。

二　第　二　期

わが国の議論に一つの転換期を与えたのが、昭和三〇年代における三ヶ月説の登場である。(2) 三ヶ月説では、訴権論は訴訟要件論の中に吸収され、意義を失ったとして否定される。そして、権利保護の利益の一般的訴訟要件化が定着化し、紛争解決の理念の下、裁判所側の利益（公益性）が前面に出された（無益な訴訟の排除という消極的機能が強調されてくることになったと言えよう）。そこから、権利保護の必要・利益は「訴えの利益」という訴訟法的性格を付した概念と置き替えられ、他の訴訟要件と並列化された。その結果、三ヶ月説では、請求内容との関連性が稀薄になり、訴権濫用等の訴訟法上の請求態様といえる事項などの訴訟法的要因が訴えの利益概念の中で拡張処理されていったと思われる。

三　第　三　期

訴えの利益論は、その後訴訟要件論において展開する。その中で、訴訟要件の「本案判決の前提要件」という定義自体にゆらぎが生じた。それは、昭和四〇年代に入ってであった。訴訟要件と本案要件の審理順序をめぐる問題を契機とした鈴木説(3)の登場が、それである。そこでは、各訴訟要件間の相違が強調され、訴訟要件の種類によっては「本案判決の前提要件」性が排除されるとし、訴えの利益もこれに該当するとされた。また、坂口教授による本案判決要件としての訴訟要件論の否定(4)や上北教授による訴えの利益の訴訟要件否定論(5)は、まさに訴訟要件概念、ひいては本案判決の前提要件とされた訴えの利益概念の再構成を要求するものであったと言えよう。さらにまた、この時期に、訴えの利益を前提要件とする本案判決の本来的効力だけでなく、その波及効のある場合にも訴えの利益を認める見解(6)も登場し、これらは訴えの利益の機能の拡張を志向した。そして、このことは、訴訟要件としての訴えの利益概念を離れ、後述の訴えの利益の積極的機能着目への先駆的意義を有することになる。

四　第四期

こうした中、山木戸説(7)の登場で訴えの利益論自体が昭和五〇年代後半に入り、わが国の議論は、新たな展開を示すことになる。山木戸説は、訴えの利益主体を対象として、「訴えの利益の判断基準の定立」を試みたものであった（これがその後の学説の中心的関心事となる）。山木戸説では、訴えの利益の本体は、原告の訴訟追行利益であり、それは、原告の主張する実体的利益が直面している危険・不安を排除しうる法的手段としての訴訟を追行し、本案判決を求める利益・必要であるとする。そして、訴えの利益は原告の主張する実体的利益が現実に危険・不安に陥っていることによって生じるもので、訴訟要件としてはこの原告利益の正当化が要求される。その上で、正当性阻却性要因としての国家・被告の利益が上げられた。山木戸説は、二つの点でその後の理論に影響を及ぼすことになったと思われる。一つは、訴訟追行利益として訴えの利益を位置づけることで、訴訟の利用を排除するのではなく、逆にその利用を促進する積極的機能面を意識させたことである。これが、次の第五期の議論を生む。他は、当事者の面から訴えの利益概念を分析し、その利益の正当化の局面で当事者間の役割分担を意識させることになり、それは、同じく第五期に位置づけた第三の波説につながっていったと思われる。

五　第五期

山木戸説における訴えの利益概念の分析は、その後、谷口説[8]の登場によりその積極的機能面がより強調されることになった。谷口説では、訴えの利益概念は訴訟法と実体法の架橋になる救済法的性質を有し、権利生成の機能を果たす。そこでは、訴訟要件としての訴えの利益という本来的機能（必要性のない訴訟を排斥するという消極的機能）は後退する。訴えの正当化利益というその積極的機能は、行政訴訟理論の影響もあり、現代型訴訟に限定されるかもしれないが、その後の訴えの利益論の中心的関心事となった[9]。他方、第三の波説による訴えの利益論[10]も登場する。この立場は、訴訟過程における当事者の役割分担から原告利益の正当化を考察対象とする。そして、訴えの利益の本質は、原告が被告に対して訴訟による論争又は決着を求めることを正当化するだけの利益があるかどうかということに求めるべきとする。つまり、当事者間の訴訟による論争ルールの一環として訴えの利益を捉えるべきで、訴えの利益は本案判決を求める利益だけでなく、訴訟による対論＝訴訟追行を正当化できるだけの利益があるかどうかを含んだものでなければならないとした。この観点からは、従来、訴えの利益は原告の利益や裁判運営の国家的利益の点から考えられていたが、被告の利益も考慮されることになった。さらに、訴訟追行の利益としては、訴訟外の交渉過程も重視し、相手方を訴訟に引き出して法的な筋道を立てた論争を行うことができるかを視野にいれる点が強調されていることからすると、その意図は訴えの利益の積極的機能面に着目したものといえる[11]。また、この考え方からは、訴えの利益に適正な口頭弁論成立要件や被告の応訴義務発生要件としての機能を付与しようという議論も登場している[12]。

（注）

（1）山本弘「権利保護の利益概念の研究（一）〜（三）」法協一〇六巻二号一五七頁、三号三九六頁、九号一五四九頁（一九八九）など参照。

（2）三ヶ月章「権利保護の資格と利益」（一九五四）同・民事訴訟法研究 第一巻（有斐閣・一九六二）一頁。

（3）鈴木正裕「訴訟要件と本案要件との審理順序」民商五七巻四号（一九六八）五〇七頁。

（4）坂口裕英「訴訟要件論と訴訟阻却（抗弁）事由」兼子一博士還暦記念（中）・裁判法の諸問題（有斐閣・一九六九）二二三頁以下。

（5）上北武男「訴えの利益にかんする一考察」民訴二一号（一九七五）一五四頁以下。上北説では、訴えの利益は、請求認容（原告勝訴）のための要件、つまり、理由具備性の要件と解する。

（6）伊藤眞「確認訴訟の機能」判タ三三九号（一九七六）二八頁。

（7）山木戸克己「訴えの利益の法的構造」吉川大二郎博士追悼論集（下）・手続法の理論と実践（法律文化社・一九八一）五一頁。

（8）谷口安平「権利概念の生成と訴えの利益」新堂幸司編集代表・講座民事訴訟②（弘文堂・一九八四）一六三頁以下。

（9）例えば、高田裕成「訴えの利益・当事者適格」ジュリ九七一号（一九九一）二一三頁など参照。なお、谷口説（その後の、谷口安平・口述民事訴訟法（成文堂・一九八七）一〇七頁以下）は、訴えの利益の通常の機能は訴えの可能性を制限する点にあるが、事案を積極的に訴訟の舞台に引き上げる積極的機能があるとする。つまり、実体法において権利がはっきりと決まっていない場合に、裁判所に救済が求められる事案があり、そのような事案を訴訟に取り上げるメカニズムを支えているのが訴えの利益とする。訴えの利益は裁判による法・権利の創設に一役買っているというのである。その意味では、積極的機能は、いわば訴えの利益の事案個別的な機能として位置づけているように思われる。

（10）井上治典「訴えの利益」井上治典ほか・これからの民事訴訟法（日本評論社・一九八四）九五頁、松尾卓憲「民事訴訟における被告の応訴義務（一）、（二・完）」九法六一号一頁、六二号七三頁（一九九一）など。

(11) 伊藤説（伊藤・前掲論文（注（6））では、本案判決の前提要件という訴えの利益概念を維持しつつ、訴訟利用の機会の拡張が目指され、この積極的機能に着目した先駆けであった。そして、谷口説（谷口・前掲書（注（9））一〇九頁など参照）は消極的機能と積極的機能を併存する形をとったが、第三の波説では、訴訟要件としての本来的な訴えの利益概念は著しく後退する点で異なってくる。

(12) 加波眞一「請求の有理性審理と訴えの利益（一）、（二）」北九法二一巻三号（一九九三）八三頁、二一巻三・四号（一九九四）一頁参照。応訴義務論を展開する松尾・前掲論文（注（10））は、交渉の機会などの手続的利益が訴えの利益を決定づけるとする。

三　訴えの利益概念をめぐる議論の行方——機能拡張——

以上の訴えの利益論の状況を一言でいえば、「訴えの利益概念の拡張機能（肥大化）」といえよう。それは、訴えの利益概念の二つの機能拡張傾向により特徴づけられる。一つは、本来、請求の内容自体との関係で無益な訴訟の排除方法として考慮されていた訴えの利益は、今日にいたる学説・判例の発展過程で、実体的請求の内容とは無関係に、請求の態様（例えば、訴権（上訴権）の濫用、訴え類型の選択など）などの訴訟法的要因から訴訟利用の排除という形で消極的機能面が拡張されてきた点である（また、口頭弁論成立要件としての機能把握もこれに属するといえよう）。第二に、当事者の利益からの訴訟の利用という積極的機能面の拡張がある。訴えの利益を本案判決の前提要件とする本来的側面だけでなく、判決の波及効のある場合にも訴えの利益を認める立場、さらに、法のカタログにない利益を訴訟の場に上げ、審理の機会を与えるために訴えの利益概念を使用する立場などがそれである。そして、これらの機能拡張は、請求内容と密接に関連した訴訟要件としての訴えの利益の本来的機能から導き出すことはできない点で一致する。問題は、この機能拡大傾向はたとえ抽象性を有するとはいえ、従来の訴えの利益概念の枠内で把握するべきものであるか否かであろう。その背景には、紛争解決理念の普及の影響も否定できないのではなかろうか。訴えの利益の機能拡張、端的には訴えの利益の積極的機能強調により、裁判に取り込む紛争は拡大することになる。そして、こうした傾向は、訴えの利益概念が果すべき役割を混乱させることになるとの危惧を生じさせるのではなかろうか。

他方、こうした機能拡張論の中で、訴えの利益の消極的機能、つまり一般的訴訟要件性を否定する議論も根強く主張されていることが注目される。この訴訟要件性否定論は、比較法的には繰り返し主張されてきたことでもある。(13) とくに、オーストリア民訴法学においてその傾向は強い。そこでは、訴えの利益概念否定論も展開されている。その否定論の論拠として次のものがある。まず、「権利保護の必要」概念がナチス時代において国家利益を強調し、訴訟利用拒絶のために拡張され、それが今日無反省のまま維持されていることに対する批判が背景にある。(14) また、個々には、権利保護の必要には法律上の根拠がなく（確認の利益などは法律が認めた特別の訴訟要件とする）、不特定かつ抽象的で一般的把握は困難である。訴訟判決による（複雑な事実関係の）審理・判決回避を助長し、裁判官の恣意により、憲法上保障された審問請求権の拒絶の危険が在る。その概念が政治的、イデオロギー的に利用されやすい。(15) また、権利保護の必要と一般に挙げられた事項は、別個の問題として処理できるとされている（例えば、不起訴の合意は、請求権の放棄契約であるとか、仲裁契約は管轄の問題であるとする）。

以上、訴えの利益について、わが国の議論状況を中心に概観してみた。第五期以降では、とくに特質すべき議論はない。むしろ、このような訴えの利益概念の本質論は、いわば他の本質論と同様に、その後の学説の関心から外れていったと思われる。学説の関心は、個別の事案での訴えの利益の判断はどのように行われるべきかとの議論に移行したと思われる。そして、こうした状況では、二つの議論方向が確認できよう。(16) 一つは、訴えの利益概念の一般的訴訟要件性の後退（又は否定）の方向である。とくに各種訴えに共通の訴えの利益については、訴えの利益概念と結び付けなくとも、個々の問題として処理できる旨が主張されている。また、訴えの利益は誰の利益かという問題が議論対象となり、訴えの利益を訴訟過程における当事者間の役割分担で捉える前述の第三の波説によって主張された被告の利益の観点も訴えの利益の判断要素となるとする考え方（但し、被告の応訴義務まで認めるものではない）も学説では浸透している。そして、原告、被告、裁判所の利益のバランスにおいて訴えの利益を判断すべきとの見解が有力となっている。前者の方向性は、訴訟要件論の再構成の観点からも（前述した第三期の議論やオーストリア法の議論参照）支持できよう。後者の方向性は、訴えの利益の判断要因として被告利益を問題にすることが訴えの利益概念形成過程における本来的意義から離反することにつながり、また処分権主義の意義などを考慮すると（したがって、本来的にはその判断要因としては、原告の利益と裁判所（国家）の利益と考えるのが筋であろう）疑問が残らないわけではない。しかし、民事訴訟は本質的に私的な利益を問題にする点、そして訴えの利益が原告の要求を裁判の場に取り上げるか否かの判断概念である点を考慮すれば、民事訴訟における原告の要求は被告との関係性の中で成り立っている以上、被告の利益もその関係性の点においては考慮する必要は出てくる場合もありえよう（もっとも、被告の利益は補完的・調整的となろう）。

結局、このような議論の方向性は、訴えの利益概念の本質を論じることより、個別の事案での確認の利益や将来給付の利益などの判断基準について議論が現在の訴えの利益論の中心になっていることの証左でもあろう。しかし、確認の利益にせよ、将来給付の利益にせよ、その判断が裁判官の裁量・評価に基づく、それ自体抽象的な概念である。その結果、各利益の比較衡量的な判断が前面に出てきそうであるが、訴えの利益のその判断基準をめぐる議論は当該訴えの目的・機能を基礎（前提）した形で考察されるべきと考える。

そこで、以下では（第二節以降）、確認の利益について、判例事案を取り上げ、そこでの議論を踏まえて検討することにしたい。

（注）

（13） 上北・前掲論文（注（5））五四頁以下参照。また同一三三頁以下、野村秀敏「訴えの利益の概念と機能」新堂幸司編集代表・講座民事訴訟⑤（弘文堂・一九八五）一三〇頁以下では、ドイツ法における訴えの利益概念否定論が紹介されている。また、中田真之助「訴権の権利性（二）」判時六四四号（一九七一）一一頁など参照。

（14） *Schumann*, "Kein Bedürfnis für das Rechtsschutzbedürfnis" - Zur Fragwürdigkeit des Rechtsschutzbedürfnisses als allgemeiner Prozeßvoraussetzung, FS *Fasching*, 1988, S. 438ff.

（15） *Fasching*, Lehrbuch des österreichischen Zivilprazeßrecht, 2. Auflage., (1990), Rz 743. (S. 391f).

（16） 高橋宏志・重点講義民事訴訟法（上）（第二版補訂版）（有斐閣・二〇一三）三四四頁（後者）、三四八頁（前者）、高田裕成ほか編・注釈民事訴訟法　第三巻（有斐閣・二〇二二）五一頁〔越山和広〕など参照。なお、訴えの利益は誰の利益かという問題については、高橋・同三四五頁以下、とくに注（2）、（3）以下参照。

第二節　確認の利益

一　「確認の利益」有無の判断基準

確認の訴えは、専ら将来の紛争を予防するという実践的な要請に基づいて認められた訴訟類型である。どの範囲の権利もしくは法律関係について確認の訴えを提起できるかについては特段の規定もない。そこで、確認の訴えは、その対象の無限定性に対する対応として、確認の利益による調整が求められてきた。

では、いかなる場合に確認の利益が認められるか。この点につき、一般に、確認の利益有無の判断については、確認対象の適格性（「現在の権利・法律関係」か否か）、即時確定の利益（原告の権利又は法律上の地位に対する危険・不安を除去するために、判決によって権利関係を即時に確定する法律上の利益ないし必要）の有無で（しかも段階的に）判断するのが判例の主流である。

学説上、現在は、その判断基準として、①確認対象の適否、②方法選択の適否、③即時確定の利益を挙げる立場が近時わが国では多数を形成しつつある。(17)

しかし、ドイツ法、オーストリア法では、③即時確定の利益がある場合にのみ確認の訴えを提起できる旨を明文でもって規定していたこともあり（ド民訴二五六条一項、オ民訴二二八条）、判断基準としては③のみでよいとするのが支配的な考え方であった。そして、この立場は、わが国の従前の通説であった。確認の訴えの紛争予防機能の実効性を考慮すると、③要件による調整が不可欠であるので、私見も確認の利益は③要件（即時確定の利益）により判断すべきと考える。③要件（即時確定の利益）存すると言えるには、原告の権利又は法律上の地位に対する危険・不安を除去するために、判決によって権利関係を即時に確定する法律上の利益ないし必要がなければならない。そして、このことは、次の三つの要件に分けることができよう。

(1)原告の有する権利ないし法律関係についての現在の利益が、被告の有する権利との関係で、現在ないし将来危険にさらされる可能性があり、かつ

(2)現在その危険を排除・予防する必要性（緊急性）が高いこと、

(3)その排除のためには確認の訴えが適切な方法であること、である。

これらの要件が明らかであれば、確認の利益があると言える（一般的に(3)が問題となることは少ない）。重要なのは、(1)～(3)の判断するファクターは何かであるが、これらは具体的事案で判断することになる。

二　判例における「確認の利益」判断基準

これに対して、判例の主流は、上述のように、基本的には、第一段階で、上記した学説が判断基準として挙げた①確認対象の適否の問題が判断され、これが存在することが前提として、第二段階で③即時確定の利益の問題が判断される（②はこれに含まれてくる場合が多い）スタンスをとっていると言える。いわば、伝統的訴えの利益論における権利保護の資格と権利保護の必要を要求していると言うことができる。この判断構造は、将来給付の訴えの利益の場合（次章）と共通性を有すると言えよう。以下では、判例のスタンスを中心に、確認の利益をめぐる議論を概説することにしよう。

一　確認対象の適否

まず、「確認対象の適否」に関しては、確認対象が『「現在」の「権利又は法律関係」』であることが必要とされている。(18)

しかし、確認訴訟の有する紛争予防・紛争処理機能を考慮すると、かかる確認対象の限定はその機能を埋没させる結果ともなる。そこで、確認対象の拡張が議論対象となり、その端緒となったのが過去の法律関係の確認であった。そして、現在の法律関係に関する紛争が過去の法律関係に起因する場合などには、過去の基本的法律関係を解決することによりそこから派生する個々の権利・法律関係をめぐる紛争の予防作用又はその解決を生み、法的安定性に資することもあるとし、学説は過去の法律関係の確認を認容する方向で一致してきた。

さらに、判例も、国籍訴訟（最大判昭三二年七月二〇日民集一一巻七号一三一四頁）において、特殊な事例であるが、事実についての確認の利益を認め、確認対象の適否拡大の端緒を示した。そして、親子関係不存在確認訴訟（最大判昭四五年七月一五日民集二四巻七号八六一頁）及び法人の理事会等の決議無効確認訴訟（最判昭和四七年一一月九日民集二六巻九号一五一三頁）で過去の法律関係についての確認の利益が認められ、その後もこの傾向は維持されている。

学説では、さらに「将来」及び「事実」にまで確認対象適格を拡大し、その調整は、即時確定の利益によって行うとするのが、現在の多数説であると言える。「方法選択の適否」では、確認訴訟を選択することが紛争解決に有効か適切であるかが問われる。例えば、給付請求権について確認判決を得ても、相手方が任意に履行しなければさらに給付判決が必要になるから、請求権存在確認の訴えは有効適切な手段とはいえないということになる。しかし、この観点は、後述の即時確定の利益の中で考慮することで対応できよう。

二　即時確定の利益

「即時確定の利益」という基準では、原告の権利又は法律上の地位に対する危険・不安を除去するために、判決によって権利関係を即時に確定する法律上の利益ないし必要がなければならないとされ、つまり、(イ)原告の有する現在の利益が、被告の有する権利との関係で現在ないし将来危険にさらされる可能性があり、かつ(ロ)現在その危険を排除する必要性（緊急性）が高いことが必要となるが、近時の判例は、次に示すように、「紛争解決の必要性」により判断する傾向も見受けられる。

まず、判例の動向に変化の兆しが確認できるとされたのが、遺言無効確認訴訟（最判昭和四七年二月一五日民集二六巻一号三〇頁）である—本章第三節参照—。これは、過去の法律行為に関する確認の訴えの適否が問題になったが、最高裁は、「判決において、端的に、当事者間の紛争の直接的な対象である基本的法律行為たる遺言の無効の当否を判示することによつて、確認訴訟のもつ紛争解決機能が果たされることが明らかだから」として、確認の利益を肯定した。判例は、上記二段階の判断システムから即時確定の利益のみでの調整に変更されたとの評価があったが、その後も上記二段階の判断システムは維持しているようである。ただ、この「紛争解決の必要性」が判断基準のメルクマールの一つとしてその後の判例に登場してくる。過去の法律関係が問題となった前述した学校法人の理事会等の決議無効確認訴訟では、「いわゆる確認の利益は、判決をもつて法律関係の存否を確定することが、その法律関係に関する法律上の紛争を解決し、当事者の法律上の地位の不安、危険を除去するために必要かつ適切である場合に認められる。」とした。さらに、遺産確認訴訟（最判昭六一年三月一三日民集四〇巻二号三八九頁）でも、「原告勝訴の確定判決は、当該財産が遺産分割の対象たる財産であることを既判力をもつて確定し、したがつて、これに続く遺産分割審判の手続において及びその審判の確定後に当該財産の遺産帰属性を争うことを許さず、もつて、原告の前記意思により適った紛争の解決を図ることができるところであるから、かかる訴えは適法というべきである」として、「紛争解決の必要性」が判断基準として作用している。判例はこの点を意識的に取り上げていると言えよう。

（注）

(17) 高橋・前掲書（注（16））三六三頁など参照。高田ほか編・前掲書（注（16））五四頁〔越山〕は、一定の類型的、画一的な判断を可能にするために、類型化になじみやすい指標を用いる結果、三つの指標が用いられるとする。なお、新堂幸司・新民事訴訟法（第六版）（弘文堂・二〇一九）二七〇頁は、被告選択の適否も要件に加えている。長谷部由紀子・民事訴訟法（第四版）（岩波書店・二〇二四）一四七頁も同様である。高田ほか編・前掲書（注（16））五四頁〔越山〕は、対世効を生じさせる確認訴訟はについては、被告選択の適否が判断対象になってくるとする。

(18) 最判昭和三一年一〇月四日（民集一〇巻一〇号一二二九頁参照。また、中野貞一郎「確認訴訟の対象」同・民事訴訟法の論点Ⅱ（判例タイムズ社・二〇〇一）（初出：一九九五））四二頁など参照。

第三節　遺言無効確認の訴えの利益

以下では、具体的判例に即して、確認の利益について考察してみよう。まず検討するのは、最高裁昭和四七年二月一五日（民集二六巻一号三〇頁）である。

一　事実の概要

Aは、昭和三七年二月に死亡し、Aには、長男C（昭和二九年死亡）の子であるX_1、X_2及びY_1、そしてCの兄弟姉妹であるY_2～Y_5がいた。Aは、昭和三九年九月に自筆証書による遺言を作成し、その遺言は昭和三七年四月大分家庭裁判所の検認を経た。遺言の内容に、土地、家屋等の財産を特定の相続人にのみ与えようとする事項があったが、その相続人とは誰を指すのかが明記されてなかった。昭和三八年二月、X_1らはY_1らを相手方として遺産分割調停の申立てをしたが不調に終わり、遺産分割審判が係属している。そこで、X_1らは、本件遺言はその全財産を特定の一人のみに与えようとするのは憲法二四条に違反し、またその相続人が不明であることを理由にY_1らを相手取って遺言無効確認の訴えを提起した。これに対して、Y_1らは、本件訴えの確認の利益を争うとともに、本件遺言により全財産の遺贈を受けたものはY_1であることが明らかであるから、本件遺言は有効であるとして争った。原審は、「遺言は一種の法律行為であって……法律関係そのものではなくて、法律効果発生の要件たる前提事実に過ぎず、これをもって現在かつ特定の法律関係とは認めがたい」として、第一審同様、確認の、利益を認めず、訴えを却下した。X_1ら上告。

二　判　旨

破棄差戻し。

「いわゆる遺言無効確認の訴えは、遺言が無効であることを確認するとの請求の趣旨のもとに提起されるから、形式上過去の法律行為の確認を求めることとなるが、請求の趣旨がかかる形式をとっていても、遺言が有効であるとすれば、それから生ずべき現在の特定の法律関係が存在しないことの確認を求めるものと解される場合で（判旨①―筆者―）、原告がかかる確認を求めるにつき法律上の利益を有するときは、適法として許容されうるものと解するのが相当である。けだし、右の如き場合には、請求の趣旨を、あえて遺言から生ずべき現在の個別的法律関係に還元して表現するまでもなく、いかなる法律関係につき審理判断するかについて明確さを欠くことはなく、また、判決において、端的に、当事者間の紛争の直接的な対象である基本的法律行為たる遺言の無効の当否を判示することによつて、確認訴訟のもつ紛争解決機能が果たされることが明らかだからである（判旨②―筆者―）。

以上説示したところによれば、前示のような事実関係における本件訴訟は適法というべきである。」

三　本件判決の検討

一　問題の所在

確認の訴えの対象は、形式上無限定である。そこで、確認の利益による調整が求められてきた。かつては、権利保護の資格と権利保護の必要（又は利益）とを峻別し、まず、権利保護の資格を判断し、次に権利保護の必要を判断して確認の利益の有無が決定されていたのである。[19] そこで、権利保護の資格と考えられてきたのは確認対象の適否である。そして、確認対象については、伝統的理解では、『現在の（権利又は）法律関係』であることが必要とされた。つまり、「過去」又は「将来」の法律関係の確認を求めても、その後の変動可能性がある限り、確認の意味はないことから、まず『現在』に対象が限定され、そして、「事実」の確認を求めても「法律上の争訟」に該当せず、本来の司法の使命と直接関係しないことから、『（権利又は）法律関係』であることが求められたのである。本件では遺言無効確認の訴えの適否が問題となっている。遺言無効確認の訴えに関しては、従前その適法性を前提した判例はあったが[20]、本件判決は、その適法性を初めて明示した判例である。

二　議論状況

そもそも、確認対象＝「現在の法律関係」という命題は、確認訴訟の有する予防的、抜本的紛争処理機能を考えた場合には、その機能を埋没させる結果ともなりうる。そこで、確認対象の拡張が考慮され、今日では、確認対象の適否も訴えの利益の判断要素の一つに過ぎないとの理解が一般的となっている[21]。その端緒となったのが『過去の法律関係』についての確認訴訟である。「過去の法律関係」については、従前、学説は既判力が事実審の口頭弁論終結時を基準として発生するという既判力の本質上から、あるいは現在の紛争を解決するには現在の法律関係を明確にするのが一番直接的であるとかの理由で、確認対象性を否定してきた[22]。判例も、昭和三〇年代頃までは原則として過去の法律関係は確認の訴えの対象とならないとしてきた[23]。しかし、過去の行為である株主総会決議につきその有効性が争われた場合にそれに決着をつけて争いを遮断する必要性から法定化された株主総会決議無効確認の訴え（商二五二条—現行会社八三〇条—）との比較から、それに関する争いが判決による即時確定の利益が現存するならば、確認の訴えを許してしかるべきとの見解が現れ[24]、その後も、過去の法律関係の確認は基本的な法律関係の確認という積極的意義を有し、紛争の一挙的解決や予防的機能さらには給付訴訟に代替する機能を有するとして、確認対象性を肯定する主張がなされ[25]、支持を集めていった。証拠の欠乏や第三者との関係で批判のあるものの、現在の判例・学説は、『過去の法律関係』についての確認の訴えを容認する方向で固まっていると言えよう。判例も、昭和四〇年代に入り、親子関係存否確認の訴え[26]において過去の法律関係の確認につき訴えの利益を認め、この方向で固まってきた[27]。本件判決はまさに判例のこの方向化の中で登場したもので、基本的に支持されてきたと言える[28]（以上の記述については本章第二節参照のこと）。ただ、本件判決においてなお検討すべき点は存する。ここでは、それを次の二つに絞って論じることにしたい。まず、「無効確認の訴えは、……形式上過去の法律行為の確認を求めることとなるが、請求の趣旨がかかる形式をとつていても、遺言が有効であるとすれば、それから生ずべき現在の特定の法律関係が存在しないことの確認を求めるものと解される場合」という表現から、本件判決は『確認対象＝現在の法律関係』という判断枠組みを維持し、適法性を限定しているのではないかという点である（以下、判旨①）。第二は、確認の利益を認める要素として本件判決においては「確認訴訟のもつ紛争解決機能」が重視されているが（以下、判旨②）、それはいかなる内容であり、かつそれでいいかという点である。

三　本件昭和四七年判決の検討

まず、判旨①から検討しよう。本件で問題となっている遺言は、法律関係そのものではなく、法律効果発生の要件事実たる「過去の法律行為」である。それゆえ、遺言無効の確認は過去の法律行為の無効確認であり、売買契約などの契約自体の無効確認訴訟が許されないのと同様に、遺言無効の確認の訴えは許されないとするのが従前の判例の考え方であった（判例は、確認対象の適格性を訴えの利益の判断基準の一つに位置づけ、「現在の権利・法律関係」という枠組みを固辞してきたのであった。本件原審もこの考えに基づく）。判旨①はこの考え方に由来したものであるとの批判がある[29]。この批判は、ドイツ法における法律関係の解釈に拠り、確認対象には法律関係を生ぜしめる法律行為の有効・無効も当然に確認対象となるとの考えに基づく。「現在の権利・法律関係」に読み替えなくとも、当然に確認対象となると考えるのである。他方、この判旨①は、「現在の法律関係」に限定する発想への配慮ないし架橋的動機との評価[30]や、「遺言によってなしうる民法上の法律行為を含まない遺言が確認訴訟の対象となりえないことを明らかにしたに止まる」との評価もある。[31]しかし、判旨①は、文理上適法性を限定したものと解せられよう。[32]なお、「法律行為」の確認対象性については、法律行為の有効・無効は、法律要件たるべき事実についての肯定又は否定の法的評価であるから、評価の基準が変動しない限り、それは時的限定を受けることはなく、法律行為の効力の確認請求の適否はあくまで確認の利益の問題とであるとの主張[33]が有力化し、学説の議論は確認の利益（即時確定の利益）の有無の判断基準に移っていった。

次に、判旨②を検討する。この問題は、過去の法律行為・法律関係につき確認の利益（即時確定の利益）が認められる場合の解明を意味する。確認の利益を認めた決め手とされる判旨②の「確認訴訟のもつ紛争解決機能」という視点は、すでに親子関係存否確認の訴えに関する前掲最高裁昭和四五年判決の大隅裁判官の補足意見の中に見られ、以後の判例でも確認の利益判定基準として重視されている。[34]この「紛争解決機能」重視の方向性は学説において基本的に支持されているが、疑問はなくはない。すでに指摘されているように[35]、判決は紛争解決への重要な手がかりまたは契機を与えることにはなるが、判決がそれだけで紛争を抜本的に解決するとするには飛躍がある。本件でも、係属中の遺産分割が終了しない限り、遺言の無効確認だけでは遺産をめぐる相続人間の紛争を処理できない。また、「紛争解決」というマジックワードは、具体的権利・法律関係との関連を越えた広がりをもつ。それゆえ、確認の訴えを認めるか否かの判断で確認対象性要件を外したとき、この「紛争解決機能」の重視は確認対象の無限定性をうまく調整できないことになりうる。本件での「紛争解決機能」の意味は、遺産無効の確認による遺産分割審判による紛争処理の促進のための指針を提供できる点にある。[36]しかし、それは、紛争解決というより、相続人間の法的地位の安定化である。確認の訴えの機能の一つは、「紛争解決」というより、この「法的安定性の形成」にあるとすべきではなかろうか。(37) つまり、本件においては、相続人間の法的地位の安定化、原告側から言えば、自らの法的地位の安定化の必要性があったことが、確認の利益を認めることになった重要な要因となったというべきであろう。

では、具体的にどのような場合に過去の法律関係（法律行為）につき確認の利益（即時確定の利益）が認められようか。その基準の一般化は難しい。具体的事案の蓄積が必要となり、今後の課題である。ただ、現在の私見（即時確定の利益により確認の利益を判断すべきとの立場）では、過去の法律関係（法律行為）についての確認の利益判断では次の点が重要と考える。まず「法的安定性の形成」の観点からは①当該過去の法律関係（法律行為）を判決により確定することで原告の法的地位が安定し、事後の紛争処理の基点となりうること（それは、現在争いがある紛争の基本的法律関係が過去の法律関係（法律行為）を基因としているということでもある）が重要であろう。また、②そのことを原告が現在確定する必要性（緊急性）があること、③法的安定性の形成のために確認の訴えが適切であることが判断要素として挙げられよう。本件では、原告側が遺産分割調停の申立てをしたが不調に終わり、当事者間で遺産分割審判が係属している点（①、②）、遺言の内容が争いの直接的原因である点（①）、遺言の有効・無効を決めないと分割審判が不調に終わる可能性が高い点（②、③）などにより、本件で訴えの利益を認めることは正当化されよう。したがって、本件において確認の利益を認めた最高裁判決の結論は支持できよう。

（注）

（19）今日でも、伊藤眞・民事訴訟法（第八版）（有斐閣・二〇二三）一九二頁以下などは権利保護の資格と必要を峻別した判断基準を採用する。

(20) 最判昭和三六年六月二二日民集一五巻六号一六二二頁など参照。
(21) 高橋・前掲書（注(16)）三六三頁以下、上田徹一郎・民事訴訟法（第七版）（法学書院・二〇一一）二二〇頁以下、新堂・前掲書（注(17)）二七〇頁以下など。なお、中野・前掲書（注(18)）三八頁は、「事実」と「法律関係」については、その峻別の維持を主張し、確認対象の拡張傾向を批判する。
(22) 議論の詳細は、石川明「過去の法律関係と確認訴訟」法研三一巻一二号（一九五八）二〇頁など参照。
(23) 大判明治三四年五月六日民録七輯五巻一七頁、最判昭和三〇年一月二八日民集九巻一号一二五頁など参照。
(24) 中村宗雄「株主総会決議を対象（訴訟の目的）とする各訴についての訴訟法学的考察」早法三三巻一・二号（一九五八）四〇頁以下。
(25) 石川・前掲論文（注(22)）三〇頁以下など参照。
(26) 最大判昭和四五年七月一五日民集二四巻七号八六一頁。
(27) 最判昭和四五年七月九日民集二四巻七号七五五頁、最判昭和四七年一一月九日民集二六巻九号一五一三頁など参照。
(28) 本件評釈として、伊東乾・民商六七巻二号一五三頁、井上治典・民訴判例百選［第二版］一一〇頁、栗田睦雄・法研四五巻一二号一一五頁、紺谷浩司・民訴判例百選Ⅰ一二四頁、柴田保幸・曹時二五巻八号一二六頁、上田徹一郎・家族法百選（第三版）二四八頁、裾分一立・家族法百選（第二版）二七四頁、中村英郎・ジュリ五三五号八八頁などがある。
(29) 中村・前掲評釈（注(28)）九〇頁、伊東・前掲評釈（注(28)）三三二頁参照。
(30) 上田・前掲評釈（注(28)）二四九頁。
(31) 柴田・前掲評釈（注(28)）一三〇頁。
(32) 高橋・前掲書（注(16)）三六八頁など。最高裁は、近時でも最判平成一一年一月二一日民集五三巻一号一頁では「現在の法律関係」という枠を用いており、また最判平成一一年六月一一日判時一六八五号三六頁では、遺言者存中の遺言無効確認の訴えにつき確認対象の適否から適法性を否定する（これは即時確定の利益の問題として処理すべきとするのは、松村和德・リマークス二三号一一八頁など参照）なお、最高裁平成一一年六月一一日判決に関しては、第五節参照のこと。
(33) 山木戸克己「法律行為の効力確認訴訟の適法性」同・民事訴訟法論集（有斐閣・一九九〇）一〇七頁、伊東・前掲評釈（注(28)）二三一頁など。
(34) 最判昭和六一月三年一三日民集四〇巻二号三八九頁など参照。この視点を判断基準としたとき、本件判決では判旨①と②では矛盾があると指摘するのは高橋・前掲書（注(16)）三六八頁。
(35) 井上・前掲評釈（注(28)）一一二頁。
(36) 井上・前掲評釈（注(28)）一一三頁、中村・前掲九〇頁。
(37) 伊東・前掲評釈（注(28)）三三四頁参照。

第四節　遺言無効確認の訴えに関する諸問題

一　はじめに——問題の所在——

高齢化社会の到来を迎えた今日、遺言の効力をめぐる競争が急増している。これにともなって、遺言無効確認訴訟の増加もみられる。しかし、遺言無効確認訴訟をめぐっては、判例上現れただけでも、その適法性の問題、被告適格の問題、訴えの性質の問題など、未解決の訴訟上の問題が存している。[1]本節は、そうした遺言無効確認の訴えに関する問題の中で以下の点につき検討することを目的とする。つまり、以下では、①遺言無効確認の訴えの適法性、②訴えの性質（共同訴訟形態となった場合の性質）および③確認の利益の訴訟要件性の三つの論点に絞り、判例・学説の議論状況を踏まえて考察したい。

まず第一に取り上げる論点は、遺言無効確認の訴えの適法性の問題である。遺言は「過去」の法律行為と理解され、その確認を求める遺言無効確認の訴えは確認対象（現在の法律関係）の適格性を有しないとして、かつての学説・判例の大勢は、その適法性を否定していた。しかし、実務では、この訴えは早くから事実上認められ、本案につき裁判されてきた(2)。そして、昭和四七年二月一五日の最高裁判決（民集二六巻一号三〇頁）により、その適法性が肯定され、今日では一般に認められていると言える（第三節参照）。しかし、この訴えの適法性が肯定されても、個々具体的事案における確認の利益の判断をめぐっては問題を残しているのである。ただ、この判断基準をめぐっては、学説の大勢はこの訴えにおいて「過去」の法律関係か、「現在」の法律関係かという確認対象からこの訴えの利益を判断することは決定的ではないという点では一致しつつある(3)。つまり、遺言無効確認の訴えの適法性の判断は、現在では確認対象の適格性の判断ではなく、「即時確定の利益」の存否の判断にウエイトが置かれているのである(4)。しかし、問題は、「即時確定の利益」はどういう場合に存在すると言えるかという、その具体的基準である(5)。この点については未だ議論は定まっていない。また、近時増加している遺書の効力をめぐる紛争においては、意思能力を喪失した遺言者の遺言能力が問われる場合が多く見受けられる。そこでは、そのような状況にある遺言者の生存中に遺言の無効確認の訴えを提起できるのかが問題となっているのである。これまでの判例および学説においては、遺言者が生存中は、その自由な意思により遺言を取り消すことが可能なことから確認の利益を欠き、不適法とする点で一致していた(6)。しかし、現在では、遺言者が現代の医療水準ではその回復の見込みがないアルツハイマー型認知症などである場合にも、なおかかる理解が維持できるかが問われているのである。そして、こうした中で、注目すべき判例が公表された。平成七年三月一七日の大阪高裁判決（判時一五二七号一〇七頁）が登場したのである。

本判決は、初めて遺言者生存中に遺言無効確認の訴えの適法性を肯定した。本節は、この高裁判決を題財にして、高齢化社会を迎え、遺言者の生前に遺言無効確認の訴えは可能かという新たな問題を主として取り組みながら、併せて遺書無効確認の訴えの適法性の判断基準、ひいては「即時確定の利益」の判断基準について若干の考案を試みることを第一の目的とする（この大阪高裁判決については、その後、最高裁の判断がなされた。最判平成一一年六月一一日判時一六八五号三六頁である。大阪高裁判決を破棄し、確認の利益を否定したこの最高裁の判断については、第五節で取り上げ、検討する）。

第二に、遺言無効確認の訴えの性質、つまり、その訴訟形態に関する問題に取り組むことにする。遺書の有効・無効を確認することは、共同相続人、受遺者、遺言執行者など多数の利害関係人が紛争に関わってくることが多い。そうした場合、右の利害関係人のうち一部の者だけを当事者とする遺言無効確認の訴えは許されるかという問題が生じるのである（すなわち、遺言無効確認の訴えは、通常共同訴訟か、または固有あるいは類似の必要的共同訴訟かという問題である）。中村英郎先生は、この問題についてもいち早く自説を展開され、類似必要的共同訴訟説を唱えた。(7) また その後、最高裁は、遺言無効確認の訴えが固有必要的共同訴訟にあたらない旨の判決を下している（最判昭和五六年九月一一日民集三五巻六号一〇一三頁）。しかし、遺言の効力は、その後に行われる遺産分割の前提となりうる場合もあり、その場合にはすべての相続人ら関係者間で画一的に確定されることが後の手続の円滑な進行のためには望ましい。こうした抜本的・包括的紛争解決の視点からみた場合には、遺言無効確認の訴えは、同じ遺産をめぐる紛争に基づき提起される「遺産確認の訴え」と同様の機能を有するとも言える。そして、最高裁は遺産確認の訴えにつき、平成元年三月二八日（民集四三巻三号一六七頁）の判決においてかかる訴えが固有必要的共同議訴訟である旨を明示したのであった。そうすると、同様の機能を有する遺言無効確認の訴えは、何故に固有必要的共同訴訟と言えないのか。二つの最高裁判決はどのように整合性を有するのか。遺言無効確認の訴えは、固有必要的共同訴訟と解する余地はないのか。これらの問題はまだ解決されてないように思われる。また、昭和五六年判決自体、固有必要的共同訴訟であることは否定したが、それ以外は何ら言及していない。通常共同訴訟とも、類似必要的共同訴訟とも性質決定する余地は残るのである。したがって、遺言無効確認の訴えについてはまだ一致した理解に達していないと言えるのである。本稿ではこの問題を第二の論点として考察していく。

第三の論点としてここで取り上げたいのは、確認の利益の訴訟要件性の問題である。確かに、訴えの利益が訴訟要件であるという認識は、わが国においては確固として形成されてきた。しかし、訴えの利益など従来から権利保護の要件とされてきたものについては、厳密に訴訟要件といえるか議論されてきた。議論が動き出したのは、いわゆる本案要件と訴訟要件の審理順序をめぐる議論を契機としてであり、そこでは訴えの利益は、本案判決要件なのか本案審理要件なのかという形で議論された。(8) また、いわゆる「第三の波理論」の登場により、この問題はさらに深められ、(9) 少なくとも訴えの利益は、裁判管轄、既判力、訴訟能力などの訴訟要件とは厳密には区別されるとの認識が固まりつつあると言ってよいであろう（これらの点については本章第一節参照）。こうした訴えの利益の訴訟要件性の問題について、中村英郎先生は、議論が活発化する前から独自の見解を主張されてこられた。とくに一般には訴訟要件とされてきた訴訟遂行権（現在では、大抵の教科書等で「訴訟追行権」と称されている）について、それを実体的訴訟遂行権と訴訟的訴訟遂行権とに分け、前者は本案要件なる旨の主張を展開されてきた。(10) またこの関連において、確認の利益につき訴訟要件となる場合と本案要件となる場合とがある旨を指摘されてきた。(11) 行政訴訟では顕著であるが、確認の利益の存否が直接訴訟の帰趨を左右する場合もある。また、確認の利益自体実体法上の地位と密接に関連し、事実上、本案審理を経ないとその存否が明確にわからない場合が多々あることは周知の事実であろう。そして、比較法的に見ても、例えば、オーストリア民事訴訟における判例は、確認の利益を本案要件として位置づけている。(12) こうした状況を鑑みれば、訴訟要件として確認の利益を位置づけることは、確固たるものとは言えないように思われる。筆者は、かかる問題意識に基づき、オーストリア法を参考にしながら、この問題に取り組むことにしたい。

この遺言無効確認の訴えに関しては、その他に、被告適格、請求棄却判決の既判力の客観的範囲などの問題もあるが、本稿では、以上の三つの論点に絞って論じることにする。なお、紙幅の関係上、この三つの論点のうち、さらに第一の論点たる「遺言者生存中の遺言無効確認の訴えの適法性」の問題を中心に論じ、他の二つの論点についてはその概説に止めざるを得ないことを予め言及しておきたい。

(注)

(1) この第四節は、中村英郎先生の古稀祝賀論文集に献呈した論文に基づく。それゆえ、以下の中村先生の論稿で展開された問題意識に基づくものである。中村英郎「遺言無効確認の訴の適否」—最判昭和四七年二月一五日民集二六巻一号三〇頁の判例批評—昭和四七年度重要判例解説(一九七三)(同・判例民事訴訟研究(成文堂・一九七五)一五二頁以下所収)、同「特別共同訴訟理論の再構成」民事訴訟の法理・中村宗雄先生古稀祝賀記念論集(敬文堂・一九六五)一九七頁(同・民事訴訟におけるローマ法理とゲルマン法理(成文堂・一九七七)一八五頁以下所収)、同「必要的共同訴訟」鈴木忠一=三ヶ月章監修新・実務民事訴訟講座(3)(日本評論社・一九八二)三二頁以下、同「訴訟遂行権について」早法二五巻第二・四号(一九五九)(同・訴訟および司法制度の研究(成文堂・一九七六)五五頁以下所収)など(以下での引用は論文集所収文献は論文集の頁数を引用した)。

(2) 大判昭和六年六月一〇日民集一〇巻四〇九頁、最判昭和三六年六月二二日民集一五巻六号一六二二頁など参照。

(3) 中野貞一郎「確認訴訟の対象」同・民事訴訟法の論点Ⅱ(判例タイムズ社・二〇〇一)一二九頁(初出:一九九五)、同「遺言者生存中の遺言無効確認の訴え」奈良法第七巻第二・四号(一九九五)五九頁、高橋宏志・重点講義民事訴訟法(上)(第二版補訂版)(有斐閣・二〇一三)三六八頁、小林秀之=吉野正三郎・ケーススタディ民事訴訟法(日本評論社・一九九四)九七頁など参照。また、昭和五六年改正法による株主総会決議不存在確認の訴えの明記(商法二五二条)など、実体法上も過去の法律関係の確認の訴えを肯定する個別規定が制定されてきている。

(4) 中村先生は、この点をいち早く端的に指摘し、「即時確定の利益」の存否の判断に遺言無効確認の訴えの適法性の判断を係らしめるべきとの指摘を行っていた（中村・前掲論文（注（1））「遺言無効確認の訴の適否」一五六頁）。こうした見解は、中村宗雄「株主総会決議を対象〔訴訟の目的〕とする各訴についての訴訟法学的考察」早法三三巻第一・二号（一九五八）四一頁、石川明「過去の法律関係と確認訴訟」法学研究三一巻一二号（一九五八）一〇八〇頁、上杉晴一郎「過去の法律関係の確認訴訟」民商四六巻四号（一九六二）五九一頁などにより形成され、そして現在、確認対象となる権利関係が現在のものか過去のものであるかは請求適格の問題ではなく、即時確定の利益の問題であることが共通の認識となったと言われている。

（5）この点については中村先生も具体的指針は呈示していなかった。

（6）山木戸克己「法律行為の効力確認訴訟の適法性」同・民事訴訟法論集（有斐閣・一九九〇）一〇一頁以下、上田徹一郎・民事訴訟法（第七版）（法学書院・二〇一一）二三二頁以下など。なお、野村秀敏「紛争の成熟性と確認の利益（八・完）」判時一二三二号（一九八七）一四頁は、これに反対していた。

（7）中村・前掲論文（注（1））「特別共同訴訟理論の再構成」判例解説二〇五頁。

（8）鈴木正裕「訴訟要件とその審理順序」民商五七巻四号（一九六七）五〇七頁以下、竹下守夫「訴訟要件をめぐる二、三の問題」司法研修所論集六五巻（一九八〇）一頁以下、本章第二節など参照。

（9）井上治典「訴えの利益」井上治典ほか・これからの民事訴訟法（日本評論社・一九八四）九五頁以下、佐上善和「訴訟要件とその審理」同書二〇三頁以下参照。

（10）中村・前掲論文（注（1））「訴訟遂行権について」五五頁以下参照。

（11）中村・前掲論文（注（1））「訴訟遂行権について」七八頁。

（12）OGH 19. 4. 1967, JBl 1968, 206; OGH 16. 9. 1981, JBl 1983, 435 など。

二　遺言者生存中の遺言無効確認の訴えの適法性

一　大阪高裁平成七年判決の意義

まず第一の論点につき検討する。遺言者生存中の遺言無効確認訴訟の必要性は、高齢化社会の到来により認知症を患った老人の遺言能力をめぐるトラブルの増加に比例して、高まってきたと言えよう。実体法上はすでに、「成年後見法」制定の動きなど、高齢化社会の法律問題への対応が活発に議論されている。(13) しかし、訴訟法学においては、従前この問題についてはほとんど議論されることはなかったと言える。(14) こうした状況の中で、遺言者生存中の遺言無効確認の訴えの適法性を肯定する判例が登場した。大阪高裁平成七年判決（大阪高判平成七年二月一七日判時一五二七号一〇七頁）である。これは、アルツハイマー型認知症という、現代の難病にかかった遺言者がまだ生存しているうちに遺言無効確認を求めた事件である。従来、遺言者の生前に遺産無効確認の訴えを提起することは、遺言者が生存中はその自由な意思により遺言を取り消すことが可能なことから、即時確定の利益を欠き不適法とするのがこれまでの理解であった。すでに、最判昭和三一年一〇月四日民集一〇巻一〇号一二二九頁は、遺言者の生前における受遺者に対する遺言無効確認請求の事例においてその確認の利益を否定し、学説もこれを支持してきた。(15) しかし、大阪高裁平成七年判決は、心身喪失の常況にあり、その後の回復の見込みがない状況においては遺言取消しの可能性がなく、それゆえ、かかる訴えは適法とした。これは、遺言者の生存中に遺言無効確認の訴えが認められた初めてのケースであり、今後ますますこの種の事件が増えることが予測される中、その与える影響は大きいと思われる。そこで、大阪高裁平成七年判決とその先例として位置づけることのできる最高裁昭和三一年判決を比較し、大阪高裁平成七年判決の意義とその問題点を探ることにする。そのためには、まず確認の利益、とりわけその判断基準をめぐる議論状況を知ることが肝要であろう。そこで、以下ではまず現在の議論状況を整理することにする（記述の重複もあるが、本章第二節及び第三節の記述も参照のこと）。

二　確認の利益判断基準をめぐる議論状況

従来、確認の利益判断基準として考えられてきたものとして、いろいろあるが、今日では次の三つの基準を挙げる立場が主流と言えよう。(a)確認対象の適格性、(b)確認の訴え選択の適正性、(c)即時確定の現実的必要性（即時確定の利益）である。[16] 通常は、(a)、(b)の基準をクリアーした段階で、(c)の基準により確認の利益の存否が決定されると言える（なお、判例は、第一段階で(a)基準を判断し、それをクリアした場合に、(c)基準を判断して確認の利益の有無を決める二段階の判断方法をとるのが主流であると言えよう）。遺言無効確認の訴えの場合には、(a)と(c)の基準が主に問題とされてきた。そこで以下では、(a)と(c)の基準をめぐる学説・判例の議論状況を検討することにしたい。

まず(a)確認対象の適格性についてである。従来の議論は、確認対象は、「現在の権利又は法律関係」でなければならないとし、そのコロラリーとして過去および将来の権利又は法律関係、事実は確認対象としての適格性を有しないとしてきた。[17] しかし、その後、すでに指摘したように、学説においては、「現在の権利又は法律関係」が絶対的基準とはなりえない点で一致しつつある。[18] 判例においても、特殊な事案であるが、いわゆる国籍訴訟（最判昭和三二年七月二〇日民集一一巻七号一三一四頁）で事実についての確認の利益が認められ、大法廷判決が出された親子関係存在確認訴訟（最大判昭和四五年七月一五日民集二四巻七号八六一頁）で過去の法律関係についての確認の利益が認められた。その後も私立学校理事会の決議無効確認訴訟（最判昭和四七年一一月九日民集二六巻九号一五一三頁）、遺言無効確認訴訟（最判昭和四七年二月一五日民集二六巻一号三〇頁、第三節参照）、遺産確認訴訟（最判昭和六一年三月一三日民集四〇巻二号三八九頁）と続けて過去の法律関係についての確認の利益が認められ、「現在の権利又は法律関係」という基準は原則とは言えない状況にある。そして、学説の中には、「現在の権利又は法律関係」基準への拘りを捨て、端的に現在の紛争解決に役立てば、将来の法律関係や事実についての確認にも訴えの利益を認め、個別具体的に検討すべきとの見解も生じている。[19] しかし、他方では、(a)確認対象の適格性基準における時的要因（現在、過去、将来）の意義は小さいが、「事実」と「法律関係」を区別する基準は維持すべきことを主張し、こうした傾向を批判する立場もある。[20] もっとも、この立場でも、時的要因は確認の利益の問題として考慮すべきことは肯定する。[21] こうした議論の展開は、換言すれば、(c)即時確定の現実的必要性（即時確定の利益）基準に専ら依拠して、訴えの利益を判断すべきことの認識の形成を意味しているのである。そうすると、問題は、(c)即時確定の現実的必要性（即時確定の利益）基準の具体的内容は何かである。そこで、確認の訴えを紛争解決機能の観点から類型化し、確認の利益もそれに基づいて類型化することが必要だという見解も生じている。[22] しかし、その基準は現在模索されている状況であると言える。

この(c)即時確定の現実的必要性（即時確定の利益）基準に対する現在の一般的理解は、原告の権利または法的地位に危険、不安が現実的に存在する場合に即時確定の利益があるとされ、それは個々の事例で具体的吟味が必要とされるというものである（そして、生前の遺言無効確認の場合には、遺言の取消可能性の存在から、現実的な原告利益の危険、不安はないとするのが一般的である）。しかし、非常に抽象的である。判例・学説で論じられた具体的判断ファクターとしては、当事者間（第三者を含めて）に争いがあること、時効中断（時効の完成猶予）の利益、身分関係や戸籍の訂正の利益（真の法的地位の確保）、事実上の利益・期待権、紛争の成熟性などが、単独であるいは複合的に考慮され、即時確定の利益が判断されていると言える。[23] そして、それは判決（既判力）によって当事者間の紛争を有効かつ適切に解決できるか否かの「紛争解決の実効性」の観点から導き出されていると言えよう。また、確認対象の適格性基準の緩和も、確認の訴えの機能分類による類型化の試みも、こうした本案判決を求める利益との関係で捉えることができるのである。しかし、こうした理解に対して、近時、訴えの利益の本質は、むしろ、原告が被告に対して訴訟による論争または決着を求めることを正当化するだけの理由があるかどうかに求めるべきで、訴えの利益は、本案判決を求める利益だけではなく、訴訟による対論＝訴訟追行（弁論および証拠調べを中心とした）を正当化できるだけの利益があるかどうかを含んだものでなければならないとの主張も展開されている(24)。

こうした現在の確認の利益をめぐる議論状況を踏まえたうえで、本稿の目的である遺言者生存中の遺言無効確認の訴えの適法性を考察することにする。

三　大阪高裁平成七年判決と最高裁昭和三一年判決の比較

以上の議論状況を念頭において、次に、大阪高裁平成七年判決とその先例として位置づけることのできる最高裁昭和三一年判決を比較し、大阪高裁平成七年判決の意義とその問題点を探ることにする。

1　大阪高判平成七年二月一七日判時一五二七号一〇七頁(25)

まず、大阪高裁平成七年判決の事実関係（第五節の最判平成一一年の事実の概要参照）とその判旨の概略を示す。

〔事実関係の概要〕

原告Xは、被告Yの養子であり、唯一の推定相続人であった。Yは、平成五年二月にアルツハイマー型認知症により禁治産宣告（現在の後見開始の審判）を受け、その甥Zが後見人（現在の成年後見人）に選任された。それに先立ち、平成元年一二月、Yが遺言したとして、Y所有の土地がZに遺贈される旨の公正証書遺言書が作成された。Xは、本件遺言はYの意思能力が欠如した状態で作成されたとして、YとZを相手とする遺言無効確認の訴えを提起した。第一審は、遺言者の生存中は、原告の求めている利益ないし地位は将来のものであり、かかる将来不安定な利益ないし地位を現在保護することはなく、即時確定の利益を有しないから訴えの利益なしとして却下した。これに対して、Xが控訴した。

〔判旨〕

「Yは既に相当の高齢である上、長期間にわたりアルツハイマー型認知症で入院治療を受けているが、現在の精神能力は合理的な判断能力を欠如しており、平成五年には心神喪失の常況にあるとして禁治産宣告を受け、病状は回復の見込みがない状況にあるのであって、これらの事情にかんがみると、Yが生存中に本件遺贈を取消し、変更する可能性はないことは明白である。

このように遺言者が遺言を取消し、変更する可能性がないことが明白な場合には、将来必ず生じる遺言者の死亡を待つまでものなく、その生存中であっても、例外的に遺言の無効確認を求めることができるとするのが、紛争の予防のために必要かつ適切と解するべきであり、本件遺言無効確認の訴えは適法というべきである。」

2　最判昭和三一年一〇月四日民集一〇巻一〇号一二二九頁(26)

次に、最高裁昭和三一年判決の事実関係の概要とその判旨の概略を示すと次のようになる。

〔事実関係の概要〕

Aは身寄りがなく、尼僧であるBの寺院に身を寄せていた。そして、死後の菩提を弔ってもらうため、唯一の財産たる家屋をBに遺贈する旨の公正証書遺言をした。その後、AB間に不和が生じ、Aは右の遺言を取り消す旨の新たな公正証書遺言をし、遠縁の者の所に移った。その間、Bは、預かっていたAの印章を利用し、本件家屋の所有権移転登記をした。そこで、AがBを被告として、遺言無効確認請求と移転登記抹消登記手続請求をした事件である。

〔判旨〕

「確認の訴は原則として法律関係の存否を目的とするものに限り許されるものであって…それは法律を適用することによって解決し得べき法律上の争訟について裁判をなし以て法の権威を維持しようとする司法の本質に由来する。……そしてまたその法律関係についてもただ現在時における存否にのみがこの訴の対象として許されるのであって、ある過去の時点におけるその存否、若くは将来時におけるその成否というようなことは確認の対象とすることは許されない。……けだし、過去の法律関係の存否は、たとえそれが現在の法律関係の存否に影響を来たすべき場合においても、それは、単に前提問題としての意義を有するに止まり、当該現在の法律関係の存否につき確認の訴を認める外、かかる過去の法律関係の存否についてまでこの種の訴を認める必要はないのであり、また将来の法律関係なるものは法律関係としては現在せず従ってこれに関して法律上の争訟はあり得ないのであって、仮にある法律関係が将来成立するか否かについて現に法律上疑問があり将来争訟の起り得る可能性がある場合においても、かかる争訟の発生は常に必ずしも確実ではなく、しかも争訟発生前予めこれに備えて未発生の法律関係に関して抽象的に法律問題を解決するが如き意味で確認の訴えを認容すべきいわれはなく、むしろ現実に争訟の発生するを待って現在の法律関係の存否につき確認の訴を提起し得るものとすれば足ると解せられるからである。……（本件の）請求の趣旨は、……遺贈なる法律行為の無効なることの確認を求めるものの如くであるが、法律行為はその法律効果として発生する法律関係に対しては法律要件を構成する前提事実に外ならないのであって法律関係のものではない。……また、その訴旨を本件遺贈による法律効果としての法律関係の不存在の確認を訴求するものと理解しても、なおこの訴は不適法を免れない。元来遺贈は死因行為であり遺言者の死亡によりはじめてその効果を発生するものであって、その生前においては何等法律関係を発生せしめることはない。それは、遺言が人の最終的意思行為であることの本質にも相応するものであり、遺言者は何時にても既になした遺言を任意取消し得るのである。従って一旦遺贈がなされたとしても、遺言者の生存中は受遺者においては何等の権利をも取得しない。すなわち、この場合受遺者は将来遺贈の目的物たる権利を取得する期待権すら持っていないのである。それ故本件確認の訴えは現在の法律関係の存否をその対象とするものではなく、将来Aが死亡した場合において発生するか否かが問題となり得る本件遺贈に基ずく法律関係の不存在の確定を求めるに帰着する。しかし現在においていまだ発生していない法律関係のある将来時における不成立ないし不存在の確認を求めるような訴が、訴訟上許されないものであることは前説示のとおりであって、本件確認の訴はその主張するところ自体において不適法として却下せざるを得ない。」

3　両判決の比較と評価

まず先例としての最高裁昭和三一年判決（②事件）では、遺言無効確認自体の確認対象の適格性が否定され、その結果、遺言者生存中の遺言無効確認の訴えの適法性も否定された。その論拠としては二つ挙げられていると言え、第一の論拠では、確認の訴えの対象は「現在の法律関係」に限るというテーゼが維持され、遺贈はその法律効果として発生する法律関係に対して法律要件を構成する前提事実にほかならないもので、その無効確認の訴えは現在の法律関係の存否を対象とするものでないとした。第二の論拠では、遺贈行為の性質（つまり、遺贈は死因行為であり、遺言者の死亡によりはじめてその効果を発生する点）と遺言者による遺言の任意取消可能性の点から生前の遺言無効確認は将来の法律関係の確認の訴えに属するとして、その適格性を否定する（もっとも、この事件では、AB間において遺言が取り消されたことは争われてなく、当該家屋をBに贈与されたか否かが争われていた。その点で、当事者間に争いのないことにウエイトを置いて、確認に利益なしと訴えを却下できた事案であったという指摘がある[27]）。これに対して、大阪高裁平成七年判決（①事件）においては、事実関係について当事者間で争いはなく、争点たる確認の利益の有無は、もっぱら「遺言の取消可能性の有無」を基準として判断されている。厳密にいえば、昭和三一年判決の論拠と異なると言えよう。その理由としては、最高裁昭和三一年判決の論拠たる確認対象の適格性（現在の法律関係）は、すでに述べたように、現在では決定的な確認の利益判断基準ではないこと、むしろ、即時確定の現実的必要性の中身が、遺言無効確認の訴えの利益判断の決定的基準とするのが趨勢であることを挙げることができよう。そして、これは、最高裁昭和三一年判決以降の学説がこの「遺言の取消可能性の有無」をキーワードに遺言者生前の遺言無効確認の訴えを論じてきたことにあるように思われる。その点では、大阪高裁平成七年判決の論理構成は現在の議論状況と合致する。しかし、ここでの問題は、遺言者生存中の遺言無効確認の訴えの適法性をもっぱら「遺言の取消可能性の有無」をもって判断している点である。[28] 確かに、最高裁昭和三一年判決では、遺言の取消可能性を指摘している。それゆえ、その反対解釈として、遺言が取消不可能ならば、確認の利益が肯定できると捉えることができるかもしれない。だが、②事件では、遺言者が自ら受遺者に対して訴えを提起した事件であるの対し、①事件では、推定相続人から遺言者および受遺者に対して訴えが提起された事件である。若干ニュアンスが違うように思われる。②事件では、遺言者自らの手で事件を処理できるのだから、裁判で争う実益がないという点にウエイトが置かれていたとも解せるのである（この点がここで(b)基準が論じられること（後掲注（15）参照）につながる）。また、すでに指摘したように、最高裁昭和三一年判決では将来の法律関係という確認対象の適格性の点にむしろウエイトが置かれていたとも解せられる。それゆえ、「遺言の取消可能性の有無」をこのような場合の決定的な確認の利益判断基準としてよいか、さらに、この基準を他の遺言者生存中の遺言無効確認訴訟一般に広げることができるか（もっとも、大阪高裁平成七年判決自体、最高裁昭和三一年判決とは関連しない旨述べ、①事件の例外性を指摘しているが、一般的妥当化の可能性は残る）、なお検討すべき点はあるように思われる。また、「遺言の取消可能性の有無」と言っても、一〇〇％の取消不可能性を要求するのかまたはできるのか、それとも高度の蓋然性で足るのか、より子細な考慮が必要と思われる。そこで、以下では、この問題についてもう少し検討してみることにしたい。

四　遺言者生存中の遺言無効確認の利益

それでは、遺言者生存中の遺言無効確認の訴えの利益はどのように判断すればよいのであろうか。まず、その基本形たる遺言無効確認の訴えの利益から見てみよう。

1　判例にみる遺言無効確認の利益判断基準の変遷

すでに指摘した最高裁昭和四七年判決以降、遺言無効確認の訴えの適法性は原則的に肯定されている。問題は、その判断基準である。昭和四七年判決の判旨からは、遺言という過去の法律行為を現在の法律関係に置き換えして、その点では、確認対象の適格性基準を固執しているとも言える。(29)しかし、そこでは確認訴訟のもつ紛争解決機能が重視されており（遺言は民法所定の多種の内容を含む基本的法律行為であるがゆえに、それ自体につき無効の当否を判示することで、確認訴訟のもつ紛争解決機能が果たされると考える）、実際に紛争が存在し（新潟地判昭和四五年三月三〇日判時五九九号五五頁は、当事者間で遺言の成否につき「争い」があることから端的に遺言無効確認の訴えの利益を肯定する）、確認判決により紛争が処理されうる点に基本的な基準を置いているように思われる。そうすると、過去の法律関係かそうでないかというわば形式的判断ではなく、遺言が有効であればどうなるのか、また無効であればどうなるのかの実質的判断を経たうえで、結論的に適法、不適法の判断を下す思考形式がとられているように思われる。こうした指向は、従来からみられ、適法性を問題とした下級審判例においては、特別縁故者であることを理由に受遺者を被告として遺言の無効確認を求める訴えにおいて、遺言者の特別縁故者であることが認められないときは、確認の利益を有しないとの判例（函館地判昭和四一年三月一〇日判タ一八八号一六七頁）もある。また逆に、特別縁故者であれば、確認の利益を肯定する判例（東京地判昭和四五年五月三〇日判タ二五三号二八七頁）もあった。最高裁昭和四七年判決以降も、千葉地判昭和六一年一一月一〇日判時一二二七号一二七頁は、四七年判決を引用するが、「弁論の全趣旨によれば、その実質において現在の法律関係の存否の確認を求めるものと解することができる」として事件の実質的判断を経て、遺言無効の訴えの適法性を肯定している。また、最判昭和五六年四月三日民集三五巻三号四三一頁は、相続欠格者か否かの判断に基づき、遺言無効確認の訴えの適法性を判断しているように読める。これらは、確認訴訟の紛争解決機能を重視したものと言える。つまり、このように確認判決による紛争解決の実効性確保という観点からすると、実質的に遺言をめぐって争われており、遺言の有効・無効を確認することでどんな争いが解決されるかが明らかにされることによって、確認の利益の有無が判断されるのである。それゆえ、そのためには争いを実質的に審理したうえでないと、判断できないことになる。そうすると、これらの判例の示す確認の利益の判断基準としては、特別縁故者であるか否か、相続欠格者であるか否かなど、「争っている当事者に遺言の有効・無効を確認することによって何らかの現実的な法律上の利益（地位）を得る資格がなければならない」という視座（イ）が浮かび上がってこよう。

しかし、こうした判例に対して、最判昭和五六年九月一一日民集三五巻六号一〇一三頁は、遺言無効確認の訴えの利益の判断にあたっては、原則として原告の具体的相続分の有無を考慮しない旨を判示した[30]。この事件では、前述した判例とは異なり、過去の法律行為たる遺言それ自体の有効無効を直接に問題している。そして、被告側から原告は具体的相続分がないがゆえに訴えは不適法との主張がなされていることからして、前述の㋑視座からすれば、実質的に審査し、実際に原告に相続分がないことがわかったときには、不適法となる。しかし、ここではその判断をしなくとも、訴えの利益は認められるとする。これはどう理解すればよいのであろうか。考えられるのは、まず紛争処理に対する役割分担の徹底であろう。つまり、家庭裁判所での遺産分割手続との役割分担を考慮した抜本的紛争解決指向と解することである。そして、第二に、前述の㋑視座における利益概念を事実上の利益に拡張したという解釈である[31]。この判決は、こうした二義的解釈から捉えることができると思われる。前者は、その後に判例に現れた「遺産確認の訴え」の適法性の問題の判断基準としても機能していると言え（最判昭和六一年三月一三日民集四〇巻二号三八九頁参照）、抜本的紛争解決の実効性の視点が全面に出ていると言えよう（その後下級審において、抹消登記手続請求の先決問題となっている遺言の効力について既判力ある判断を求める遺言無効確認請求を認めた東京地判昭和五九年四月二七日判時一一五号七五頁は、この紛争解決の実効性を直裁的に指向したものと位置づけることができょう）。また、後者は、いわゆる国籍訴訟とつながってくる(32)。しかし、前者の「紛争処理に対する役割分担(33)」を考慮した紛争解決指向は、これまでの判例の流れからは異質の基準と言える。確かに、紛争解決の実効性確保という点では、共通性があるように見えるが、その中身が異なるように思われる。従来の判断は、確認判決によって争っている当事者が現実に利益を得るという点（いわば個別直接的紛争解決の実効性）に重点があったと言えるのに対し、この場合には、確認判決による現実的利益の取得がなくとも、それが将来の紛争解決の基礎または前提となれば、紛争解決の実効性があるという点（抜本的紛争解決の実効性）に重点が置かれているように思われる。ただ、このように解せるならば、それはむしろ㋑視座の修正と言えよう。また、これにより通常裁判所と家庭裁判所の判断の相違を回避できる点に重点があると解する場合には、それもまた従来の基準と異なると言える。しかし、それは消極的な論拠にしかすぎない(34)。また、その後に続く最高裁昭和六一年判決が抜本的紛争解決の実効性の指向が強いことを勘案すると(35)、最高裁の確認の利益判断基準がここで変化があったと思われる。そして、㋑の視座における利益概念の事実上の利益への拡張は、この紛争解決の実効性の指向と結びつき、「確認の利益の弾力化」傾向をより一層強めたと評することができるのではなかろうか(36)。したがって、㋑の視座は修正され、「争っている当事者に遺言の有効、無効を確認することによって、現実的な法律上の利益（地位）あるいは事実上の利益（地位）の取得する資格がなければならず、かつそれにより現在の紛争が解決される場合または将来の紛争解決の基準または前提が形成される場合」という判断視座㋺が立てられることになろう。

2　判例の変遷の評価

こうした判例における「確認の利益の弾力化」傾向は、学説においては概ね支持されているといってよい。そして、判例の㋑、㋺視座の確立は、遺言無効確認の利益の存否が即時確定の必要性（即時確定の利益）の判断に帰することを意味するにほかならない。問題は、その基準は㋑で足りるか、㋺まで弾力化するかという点と、かかる視座で適切かという点である。本来、確認訴訟の射程は無制限であるため、確認の利益によりこれが制限された。その背後には、裁判所利用の濫用防止と被告の保護の考慮があったと思われる。[37] だとすれば、これらの考慮に反しない限り、原告の確認請求は取り上げるべきであろう。そうすると、㋺視座まで弾力化していいように思われる（そしてそれは現在の学説の傾向と一致すると思われる）。問題は、その基準が適正かということである。そして、それは確認判決による紛争解決の実効性を重視する点の評価問題であると言えよう。これについて、井上治典教授は、すでに述べたように、この点を批判し、判決が紛争解決への重要な手がかりまたは契機を与えることは間違いないが、判決がそれだけで紛争を抜本的に解決する、あるいはすべきだと考えることには飛躍があるとし、訴訟の手続前および手続外をも含めた原告が被告に対して訴訟による論争または決着を求めることを正当化する理由があるかを基準に判断すべきことを提唱された。そして、井上説では、前述の「紛争処理に対する役割分担」という基準が重要な位置づけをされる。つまり、遺言無効確認請求は、当事者の紛争解決行動の拠り所を築き、家事審判による紛争処理を促進する点が重視されるのである。[38]

いずれの思考方法が適正であろうか。そこで、例えば遺産分割手続がすでに終了している場合や係属中の場合の遺言無効確認請求を考えてみたいと思う。名古屋高判昭和五三年五月二〇日判タ三七〇号一〇六頁（この事案の事実関係は、明確でない。遺言者Aの死亡後、被控訴人Xを含めて相続人間で分割協議が成立し、本件土地はX名義の所有権移転登記がなされた。その後、Y（控訴人）が本件土地につき登記を取得した。そして、XがYに対し抹消登記申請手続を訴求しなければならない事態が発生し、その関連でAの遺言の効力が争われた事案のようである）は、遺産分割後は、端的に、遺言の無効を前提とする現在の法律関係の確認の訴えを提起できるので、これが当事者の紛争の解決に最も適するとして、遺言無効確認の訴えの利益を否定した。また、東京高判平成五年三月二三日判タ八五四号二六五頁（相続人A死亡後、Aの有する借地権をYに遺贈する遺言があったが、これにより、その兄弟Xらの遺留分を侵害することが問題となり、XらとYとの遺産分割協議によりYの借地権を承認する代わりに、YからXらに対し、代償金を支払う合意が成立した。しかし、その後、XらがYに対し、遺言の無効と分割協議の無効確認等を認めた事案）は、遺言書とはべつに相続人間で遺産分割協議が有効になされた場合には、遺言無効確認の訴えの利益を否定する。前掲名古屋高裁昭和五三年判決は、紛争解決方法の適切性（前述の（b）基準）を重視したとも解せるが、その実質は端的に紛争解決の実効性を指向したものと言えよう。また、前掲東京高裁平成五年判決は、遺産分割後の遺言無効確認は、当事者間の利益変動に何等の影響も与えないという判断に基づく結論に過ぎず、紛争解決の実効性がないことがその主たる判断基準となったと考えられる。つまり、両判決とも、個別直接的紛争解決の実効性を指向したものと位置づけることができるのである。しかし、この結果は、分割後にその前提たる遺言の有効性に疑義が生じたときに、分割のやり直しのために遺言無効確認が求められる場合には、どうであろうか。訴えの利益なしとするのであろうか。そのためには、すでに指摘されているように[39]。家庭裁判所の判断が通常裁判所を拘束することが条件となる。しかし、最高裁昭和四〇年六月三〇日判決（民集一九巻四号一〇八九頁）が実体的権利義務の存否については通常裁判所での審理の道を閉ざしてない旨を判示したことを勘案すると、家庭裁判所の判断が通常裁判所を拘束するとは必ずしも言いがたい。さらに、訴えの利益を認めることは、いずれにせよ紛争のむし返しにほかならない。紛争は続くのである。そうするとこうした結論は、紛争解決の実効性を重視する立場からの理由づけにはなじみにくいように思われる。また、前述の「紛争処理に対する役割分担」を重視する、いわゆる「第三の波」説でも、訴えの利益を否定するのであろうか。確かに、これを認めることは、家庭裁判所の役割を無視するというジレンマに陥る。[40]しかし、筆者は、確認の利益を認めるべき場合があると考える。そして、ここでは、遺言とは関係なく遺産分割協議が有効になされた場合（前掲東京高裁平成五年判決の例）と、遺言を前提に遺産分割がなされた場合とを分けて考えるべきであろう。筆者は、後者の場合には、確認の利益が肯定される場合もあると考えるのである（「分割後にその前提たる遺言の有効性に疑義が生じたとき」の設例がこれに当たる）。[41]そして、筆者は、当事者の権利保護の必要性（救済の必要性）の観点からこの問題は判断すべきと考える。この観点からは、原告がなぜこのような確認の訴えを提起するに至ったかという主観的要因の考慮と、救済の必要性およびその判決によりどのような救済が可能か、それは主観的要因と合致するか、被告との利益調整などの要因の複合的な考慮が必要と思われる。そして、前者（東京高裁平成五年）の場合は、救済の必要性がないと言えよう（ただし、分割協議自体も無効である場合には違ってこよう）。なぜなら、この事件では、分割協議は遺言とは無関係に当事者間で有効に合意されたもので、その合意内容が遺言と基本的に同じであったにすぎず、遺言が無効であることが確定されようと、分割協議は依然有効だからである。こうした場合には、原告の遺言無効の主張は紛争のむし返しにすぎず、被告の分割協議での合意に対する期待権等をむしろ侵害するものである（したがって、この場合の原告の主張は、訴えの利益の問題というより、信義則の問題と言えるであろう）。それゆえ、救済の必要性がないと言えよう。[42]これに対して、後者、つまり、その遺言を信じて分割に合意したが、分割後にその前提たる遺言の有効性に疑義が生じたときは、もし遺言それ自体が無効ならば、本来取得できる利益が失われるという不利益を被る者は分割のやり直しのためにまさに紛争をむし返しても救済の必要な場合もあると言えるのである。[43]そして、この観点からのみ、前述した実体的権利義務の存否については通常裁判所での審理の道を閉ざしてないとの最高裁の判断と整合性を有することになるのである。訴えの利益は、紛争解決の利益ではなく、権利保護の利益なのである。

このように考えるならば、前述の判例における確認の利益の判断基準は、私見によれば、㋺視座を維持しつつ、救済の必要性という観点から構成すべきことになるがゆえに、「争っている当事者が遺言の有効・無効を確認することによって、現実的な法的利益の救済だけでなく、事実上の利益の救済および予防的権利救済が可能な場合」という判断視座に修正することができるのではなかろうか。次の問題は、こうした視座に基づく場合の具体的判断ファクターである。それには、判例の集積が必要と思われるが、「救済」という観点から考察するからは、そのファクターとしては、当事者（とくに原告の）意思や利害状況に関するものが第一義的意義を有すると言えよう。(44)

3　遺言者生存中の遺言無効確認の利益

それでは、遺言者生存中の遺言無効確認の訴えの利益はどう判断すればよいのであろうか。すでに指摘したように、学説・判例はこの場合を「遺言の取消可能性の存否」という判断要因に基づいて一般的に確認の利益を否定する。これは救済の必要性という観点からでも、一般的には結論は同じである。しかし、問題は、大阪高裁平成七年判決のように、アルツハイマー型認知症により、一般に回復の見込みがない場合である。この問題を詳細に取り扱った中野教授は、確認判決の既判力によって当事者の期待権についての不安・危険を除去し、遺産をめぐって将来必至の紛争を予防できることから、遺言内容が固定し、遺言の撤回や抵触処分の可能性が皆無であり、遺言者の近い死亡が予見される場合には、確定の利益を肯定すべきであるとされた。(45)大阪高裁平成七年判決も基本的には同じ思考と思われる。確かに、紛争解決を前倒しして行うメリットはあるかも知れない。しかし、それだけの考慮で十分であろうか。とくに、アルツハイマー型認知症により遺言の撤回や抵触処分の可能性が皆無と判断した点は、現在の医学の発展状況を考えたときには、疑問はなくはない。言えるとすれば、遺言の撤回や抵触処分がなされる蓋然性は極めて低いと言えるまでではなかろうか。また、意思能力ではなく、自筆遺言か否かが問題である場合や、アルツハイマー型認知症ではなく、その他の原因で植物人間状態にある場合なども同様であろうか。また、認知症の場合には、一時的に回復する例もあり、その場合には医師の立会いのもと、遺言も可能となろう。「遺言の取消可能性の存否」という判断基準を決定的なものとするると、問題はありそうである。

思うに、ここでの問題は、なぜ原告は遺言者の生存中に訴えを提起しなければならなかったかという点である。大阪高裁平成七年判決の場合、必ずしも明確ではないが、生存中に訴えを提起する場合と死亡後に訴えを提起する場合とで原告の取得可能性のある利益はほとんど事実上の差はないであろう。つまり、確認判決の既判力によって当事者の期待権についての不安・危険を除去することは、遺言者の死亡の前後において利益的に差はないのである。確認判決の既判力による紛争解決の必要性の観点からは、この答えは引き出せないように思われる。紛争解決を今やる理由がないのである。それでは、どう考えるべきであろうか。大阪高裁平成七年判決の場合に、なぜ原告は訴えを提起する必要があったのか。推察するに、一つには、アルツハイマー型認知症により遺言の撤回や抵触処分の可能性がほとんどなく、紛争解決を前倒ししてできるという考慮があったのは確かであろう。また、当該目的物が第三者に譲渡され、事後的な取戻しの困難が生じる危険が存する（本件では、受遺者が遺言者の保佐人となっている点も問題である）と考えたかもしれない。さらに、現実に重要なのは「証拠保全の必要性」というファクターと思われる。今、証拠保全をしておかないと、遺言者の死後、遺言無効確認の訴えを提起しても、遺言者の症状の経過の確認ができるかなどの立証問題が残り、適正な権利保護（救済）が期待できないという考慮も働いたものと思われる。ここに、現実的な原告利益の危険、不安が存在し救済の必要性が存すると言えよう。しかし、このように証明の利益を即時確定利益の判断要因としてよいかについては疑問が出てこよう。まず、どのような訴訟でもそれは言えるからである。また、遺言無効確認訴訟で遺言能力が争われている場合には、遺言をした時点での意思能力の有無が問題である。実務では、その時点での証拠を総合的に判断すれば足り、今必ずしなければならない理由がないとも言える。アルツハイマー型認知症の場合にしても、現在の病状から遺言をした時点での意思能力を推察するのではなく、むしろ、その時点でのカルテとか、証人などから状況を聞くことができ、生存中の証拠保全の必要性はないとの意見も出てこよう。しかし、カルテの保存期間の問題もある（現在ではデータ化されているので問題は大きくないであろう）。死後では利用できない懸念や直接的病状確認の必要に対応できないことが生じる場合もあるのである。また、証人等も遺言者同様高齢の場合が多く、亡くなる可能性や認知症になる可能性もある。こうした場合には、現在証拠の保全をしないと、原告の救済の道は閉ざされる危険が生じてこよう。さらにまた、遺言者が生存中であれば、遺言者の現状から遺言書作成時におけるその意思能力の有無の鑑定は正確性を増すであろう。そうすると、救済の必要性という観点からは、「証拠保全の必要性」というファクターも確認の利益の判断に際して、考慮すべきように思われる（こう考えると、端的に証拠保全手続でよいではないかという主張も出てきそうだが、証拠保全はあくまでも本案審理の前提であるので、遺言者がその後何年も生きる可能性がある以上は本案審理は長期にわたり行われないことが予想される場合に、証拠保全が認められるか確実ではない。また、当該財産が時効や譲渡などで処分され、第三者の手に移る可能性もある場合に、事後的救済の困難も予測される。さらに、両当事者は争っており、そして手続的にも本案での審理が当事者権の保障に資すると思われる(46)）。しかし、筆者はこの「証拠保全の必要性」だけで遺言者生存中の遺言無効確認の利益（即時確定の利益）を判断すべきと主張するものではない。本件のような場合には、遺言の取消可能性の蓋然性が極めて低いということ、そして今訴えを提起しないと、原告の適正な権利保護が期待できない証拠保全の必要性や遺言者死後の権利回復の困難などの「緊急性」が存在することという諸要因が合わさって確認の利益を肯定できると思うのである。そして、こうした考慮は、判決の既判力による紛争解決という観点からは、導き出せないということを主張するのである(47)。

したがって、大阪高裁平成七年判決の場合には、結論的には支持でき、こうした考慮の下で確認の利益を肯定したのであれば評価できるが、判決理由にみる遺言の取消可能生が存在しないことから、端的に即時確定の利益を認めるだけでは理由づけが不十分であると思われる。また、今後、この種の事例は増大するものと思われ、より慎重な考慮が必要と思われる。

（注）

(13) 新井誠・高齢社会の成年後見法（有斐閣・一九九五（改訂版・一九九九））、野田愛子「成年後見制度の展望」ジュリ一〇五九号（一九九五）一六三頁など参照。

(14) 大阪高裁平成七年判決段階では、判例解説以外では、中野・前掲論文（注（3））がまさにこの問題を正面から取り扱った唯一のものと言えた。筆者もすでに大阪高裁平成七年判決について簡単な判例解説を行っている（拙稿「遺言者生存中の遺言無効確認の訴えの適否」最新判例ハンドブック（受験新報一九九五年一二月号）五二頁以下参照）。本稿は、そこでの問題意識をより詳細かつ具体的に展開する目的をも持つ。

(15) 現在の学説は、これを即時確定の利益の問題と捉えるのが主流である（上田・前掲書（注（6））二二三頁以下、高橋・前掲書（注（3））三七六頁以下、佐上善和・民事訴訟法（法律文化社・一九九四）二六頁など参照）。なお、中野貞一郎ほか編・民事訴訟法講義（補訂第二版）（有斐閣・一九八八）一七二頁〔福永有利〕はこれを確認の訴え選択の適正性の問題として取り扱う（なお、野村・前掲論文（注（6））一五頁も参照）。

(16) 従来の学説では、その外に被告適格も判断基準と挙げているものもある（青山善充「確認の利益」民事訴訟法の争点（一九七九）一四二頁、林淳「確認の利益」三ヶ月章＝青山善充編・民事訴訟法の争点（新版）〔ジュリ増刊〕（一九八八）一六六頁など。また、本章第二節注（17）も参照）。しかし、筆者はこれは即時確定の利益の基準の中に吸収することができると考えている。

(17) 三ヶ月章・民事訴訟法（有斐閣・一九五九）六四頁など。

(18) もっとも、こうした傾向は、すでに従来の学説の中にも内在していたのである。例えば、三ケ月・前掲書（注（17））六四頁以下および法協七五巻二号二一四頁は、過去の法律関係であっても、現在の法律関係の紛争に引きなおして訴えの利益を判断してみてそれが肯定される限り、原告の申し立てた行為の有効無効の確認という請求の趣旨に応じた確認判決をしてやればよく、判例がとる過去の法律行為の無効確認は許されぬという命題については、ある程度の弾力性を要請すると指摘する。なお、判例、学説のこうした発展については、林・前掲論文（注（16））一六六頁以下、坂田宏「確認の利益」伊藤眞＝山本和彦編・民事訴訟法の争点〔ジュリ増刊〕（二〇〇九）一〇〇頁以下など参照。

(19) 井上治典・前掲論文（注（9））八五頁以下、小林秀之・プロブレム・メソッド民事訴訟法（第二版）（判例タイムズ社・一九九五）一八四頁など参照。もっとも、従前の通説は、ドイツ法などと同様に「即時確認の利益」のみで確認の利益を判断していたのであり、こうした近時の見解も、方向性としては同様と考えられよう。

(20) 中野・前掲書（注（3））四二頁以下参照。

(21) 中野・前掲書（注（3））五〇頁参照。

(22) 小林秀之＝吉野正三郎・ケーススダディ民事訴訟法（日本評論社・一九九四）九七頁、伊藤眞「確認訴訟の機能」判タ三三九号（一九七六）二五頁以下など参照。

(23) こうした判断が単独でまたは複合的になされていることの詳細は、高橋・前掲書（注（3））三七八頁以下を参照のこと。また、こうした複合的判断により、前述（b）基準もこの判断の中に組み入れられていると言えるのである。

(24) 井上治典・前掲論文（注（16））九八頁以下、松尾卓憲「民事訴訟における被告の応訴義務」九大法学六一号一頁、六二号七三頁（一九九一）参照。

(25) 本件評釈として、拙稿・前掲判例解説（注（14））、新井誠・ジュリ一〇七二号（一九九五）一二四頁、納谷廣美・判評四四二号（一九九五）四二頁などがある。

(26) 本件評釈として、伊東乾・判評七号一三頁（一九五七）、長谷部茂吉・法セミ一〇号七〇頁（一九五七）、高島義郎・法学論集七巻二号（一九五七）、谷田貝三郎・民商三五巻四号八三頁（一九五七）、三ヶ月章・法協七五巻二号一〇二頁（一九五八）、萩大輔・家族法判例百選（一九六七）一九六頁、同（新版増補）（一九七三）二七六頁、井上治典・民訴判例百選（第二版）（一九

八二）一一〇頁、紺谷浩司・民訴判例百選Ⅰ（一九九二）一二四頁などがある。

(27) 三ケ月・前掲法協（注（26））二一六頁、中野・前掲論文（注（3））六七頁参照。

(28) ここでの「取消可能性」が、単なる将来的な法的地位という時的要素からのみ構成してあるのか、それとも原告の実体法的地位を評価した結果を意味するのかは定かでない。後者の意味でこれを解しても、すでに野村教授が主張するように、遺言能力に争いがあったり、遺言内容が公序良俗違反に反するという場合には、新たな遺言の作成等によっては対処できず、確認の利益を肯定すべきということにもなり（野村・前掲論文（注（6））一二三二号一五頁参照）、問題は残るのである。また、他方で野村教授は、遺言者自身からの遺言無効確認、受遺者からのそれ、さらに推定相続人からの遺言無効確認についてこれらの場合を、分けて考察しており、有益である。

(29) その判旨は、「いわゆる遺言無効確認の訴は、遺言が無効であることを確認するとの請求の趣旨のもとに提起されるから、形式上過去の法律行為の確認を認めることとなるが、請求の趣旨がかかる形式をとっていても、遺言が有効であるとすれば、それから生ずべき現在の特定の法律関係が存在しないことの確認を求めるものと解される場合で、原告がかかる確認を求めるにつき法律上の利益を有するときは、適法として許容されうるものと解するのが相当である。けだし、右の如き場合には、請求の趣旨を、あえて遺言から生ずべき現在の個別的法律関係に還元して表現するまでもなく、いかなる権利関係につき審理判断するかについて明確さを欠くことはなく、また、判決において、端的に、当事者間の紛争の直接的な対象である基本的法律行為たる遺言の無効の当否を判示することによって、確認訴訟のもつ紛争解決機能が果たされるからである」とする。なお、この判断に関しては、本章第二節の記述参照。

(30) 本件評釈として、浅生重機・ジュリ七五九号七四頁、小山昇・判評二八二号一八二頁、高橋宏志＝米倉明・法協一〇〇巻一号一八七頁があり、第一審判決につき、中村英郎・判評二四八号一八三頁、岡垣学・判タ二九〇号二三二頁などがある。

(31) 高橋宏志教授は、相続分はないとしても、他の相続人から贈与として何らかの財産を与えられる事実上の可能性が期待できる点を指摘する（高橋・前掲書（注（3））三八一頁、高橋＝米倉・前掲法協（注（30））一九四頁）。そして、高橋教授は、これらに相続人としての地位に由来する抽象的利益の存在を併せて、三つの論拠を合体して訴えの利益が肯定できるとする（高橋・前掲書（注（3））三八一頁）。

(32) 高橋・前掲書（注（3））三七一頁。

(33) 井上・前掲百選（注（26））一一三頁は、この点を強調する。そして、紛争の根源ともいうべき遺言の有効・無効について当事者双方の主張をたたかわせ、これについての裁判所の判定を得ることによって、当事者の紛争解決行動の拠り所を築き、家事審判による紛争処理を促進するための指針を提供でき、これが、確認訴訟のもつ紛争解決機能という意味内容であるとされる。なお、このこと自体は、当事者の権利保護に資する面と、裁判所運営サイドの視点、いわば公益性に資する面の両面を有すると言え、紛争解決という視点を重視すれば、公益性の面が強調されることになる。こうした観点は、訴えの利益の機能考察問題につながる（後注（37）参照）。

(34) 高橋・前掲書（注（3））三八〇頁、高橋＝米倉・前掲法協（注（30））一九三頁参照。

(35) 最高裁昭和六一年判決は、原告の意思という主観的要素を判断基準として持ち込んだとも解せるところがある。しかし、この点については、むしろ現実に原告が遺産の持分権を有することが必要とする判例もある（東京地判昭和六二年二月二三日判時一二六四号九〇頁参照）。

(36) すでに指摘した、確認対象の適格性という基準の緩和は、まさにこの傾向の現れであることは、周知のことであろう。

(37) これは、まさに、訴えの利益主体、または訴えの利益の機能をどのように考えるかの問題である。三ヶ月章「権利保護の資格と利益」同・民事訴訟法研究 第一巻（有斐閣・一九六二）一頁以下は、裁判所運営の利益を重視する。また、新堂・前掲書（注（16））二七〇頁は、原告、被告、裁判所間のバランスのうえで考察することを主張する。そして、これが通説的理解といえる。しかし、その後、第三の波説の登場により、被告の立場を重視する説が登場する（井上・前掲論文（注（9））九五頁以下、松尾・前掲論文（注（24））など）。思うに、民事訴訟は市民間の争いを市民に自力救済を禁じる形で、国家が権利保護を独占したものであることを勘案すると、当事者利益（原告側の利益）を重視するべきであろう（公益性を無視する趣旨ではない、当事者利益と公益性が抵触するときには、当事者利益を優先的に考慮すべきとの趣旨である）。被告の利益は調整的なものとして考慮すればば足りよう。なお、この問題の詳細は、高橋・前掲書（注（3））三六三頁以下参照。本章第三節も参照。

(38) 井上・前掲百選（注（26））一一二頁参照。みなし相続財産に対する確認の訴えの適否の問題であるが、井上説を支持する見解もある（川嶋四郎・法教一八〇号（一九九五）九八頁）。

(39) 高橋＝米倉・前掲法協（注（30））一九六頁以下参照。

(40) 但し、井上説では、手続間の相互乗り入れによる最適な紛争解決システムが提唱されていることを考えると（井上治典・民事手続論（有斐閣・一九九三）六七頁参照）、訴えの利益を肯定するであろう。

(41) 竹下守夫「救済の方法」芦部信喜ほか編・岩波講座・基本法学8―紛争（岩波書店・一九八三）二〇七頁、兼子一ほか・条解民事訴訟法（弘文堂・一九八六）（同）八〇八頁以下は、将来の法律関係についてであるが、この観点を重視される。なお、筆者は、宗教団体の内部紛争をめぐる問題についてであるが、すでに拙稿「宗教団体の内部紛争と民事裁判権の限界」中村英郎編・民事訴訟法演習（成文堂・一九九四）二一頁以下（とくに二八頁）において、こうした観点からこのような問題を考察すべき旨を主張した。本稿も、この観点からの考察の有用性の証左の一つとして論じるものである。

(42) ここでもう少し詳細に考慮すべき点としては、被告の応訴負担の観点もあろう。ただこの場合、当該事件について初めて訴えが提起される場合と、ここで例示したような家庭裁判所での審判などの後の訴え提起の場合とは、被告の応訴負担は分けて考えるべきと思われる。前者の場合には、当事者間で法律上の争いが存在する限りでは、自力救済禁止原則との関連で、原告の訴求と被告の応訴義務はいわば社会的合意として当然に導き出されると端的に理解すれば足りると思われる。応訴負担を考慮する必要はない。それに対して、後者の場合には異なると言えよう。この場合には、被告の応訴負担が考慮されるべきである。したがって、原告による被告に繰り返される応訴の負担を強いる合理的理由なき紛争のむし返しは、排斥されねばならないであろう。問題は、どういった場合に合理的理由が存在するかであろう。判例の集積を待つしかないと思われるが、一般的には単なる事実上の利益の喪失では足りず、現実的な法的利益の得喪が問題となる場合には、かかる理由があると言えるのではなかろうか。もっとも、この場合は、訴えの利益ではなく訴権の濫用の問題となるのではなかろうか（本書第一章参照）。第三の波説のいう当事者間の紛争解決の役割分担の問題はでてこないと思われる。

(43) こうした解釈に対しては、名古屋高裁のように端的に現在の具体的法律関係の存否を問題として、その原因として遺言の無効を主張すれば足り、遺言無効確認の訴えを提起する必然性に欠けるとの反論が出てこよう。しかし、この場合には、分割協議はまたやり直さねばならないのである。現在の法律関係の不存在は既判力でもって確定しても、遺言の無効は確定していない。遺言の無効を前提とした分割協議が確定的にできるか不安定な状況にあるのである。それゆえ、そうした不安定さを除去し、分割協議を経済的に促進することができかつ自らの法的利益救済に資するときには、当事者には遺言無効確認の利益が存すると言えるのではなかろうか。そして、それが当事者（原告）の意思とも言える。このように考えると、抜本的紛争解決の実効性を論拠とする説明と差異はないとの批判が加えられよう。しかし、その場合には紛争解決のために紛争をむし返してよいという堂々巡り的説明となり、しっくりこないのである。やはり、ここでも当事者の救済のために紛争をむし返しうると解する方が他の場合の説明と整合的なように思われる。

(44) こうした観点からみると、確認の利益一般の判断基準も若干ちがってくる。例えば、公簿の記載の訂正を求めるという判断要因（最判昭和三一年六月二六日民集一〇巻六号七四八頁、最判昭和六二年七月一七日民集四一巻五号一三八一頁など参照）は、この観点からみると、身分関係が問題となるがゆえに公益性の側面もでてこようが、その実質は当事者の利益救済にあるといえ、その点から適法性は理由づけ可能と思われるので、判断要因として重視すべきか疑問である。

(45) 中野・前掲論文（注（3））六六頁参照。

(46) この点で、高橋・前掲書（注（3））三八六頁注（45）は、このような問題は、紛争の成熟性における時間的要素の問題でなく、原告の法的地位の実体法的評価にかかっているとし、被相続人生存中は無効の売買であっても被相続人に戻す権限（債権者代位権のような権限）を実体法は推定相続人に与えておらず、その反射として、将来、取戻訴訟を提起した時点では第三者に取得時効が完成していたり、時間の経過により証拠収集がままならず証拠不十分であったりして相続人が敗訴することは実体法が折り込み済みなのだと説明せざるをえないかもしれないと説く。しかし、実体法がかかる不利益を折り込み済みと常に言えるのであろうか。本件のような、遺言者がアルツハイマー型認知症で、受遺者がその保佐人となっている場合にまで、このような解釈をすることは、あまりに相続人にとって酷ではなかろうか。むしろ、かかる場合には、実体法上取戻権はなくとも、推定相続人に救済の機会を与える余地を認めるべきではなかろうか。

(47)　その意味では、本案判決を求める利益だけでなく、訴訟による対論＝訴訟追行（弁論および証拠調べを中心とした）を正当化できる利益があるかどうかにより訴えの利益を判断すべきとする、前述の井上説と共通してくるかもしれない。しかし、井上説における対輸＝訴訟追行を正当化できる利益とはどういうものか定かではなく、ここで主張した証拠保全の必要性とは若干異なるように思われる（注（42）も参照）。

三　遺言無効確認の訴えの性質

次に、利害関係人の内の一部の者だけを当事者とする遺言無効確認の訴えは許されるかという問題について、若干の検討を加えることにしたい。

一　遺言無効確認の訴えの性質をめぐる判例・学説の状況

この問題については、先例がある。すでに紹介した最高裁昭和五六年判決である。この事件の事実関係は必ずしも明確でないが、相続人間での遺言をめぐる争いで、遺言により財産を与えられ者を全員被告として、財産を与えられなかった者の一部が原告となっている事件である。そして、この判決は、遺言無効確認の訴えを固有必要的共同訴訟ではないとした。しかし、その論拠は示されていない。それゆえ、最高裁による唯一の判断であるため、その影響は大きいが、先例となりうるかは疑問となる。また、かつての判例（下級審判例）においては、この訴えは必要的共同訴訟として認められてきた（函館地判昭和八年五月三一日新聞三五七五号一四頁、高松高判昭和三一年七月五日下民七巻七号一七六四頁。なお、本件の第一審（大阪地判昭和五二年一一月三〇日判夕三六三号二九三頁）はこれを否定する）。それらの判例では、遺言無効確認の訴えの性質上、共同訴訟人間においては同一趣旨の判決をしなければ訴訟の目的が達成されないから、類似必要的共同訴訟である、あるいは共同受遺者間では、訴訟の目的たる受遺財産の処分管理権が受遺者全員の共同に属するから固有必要的共同訴訟と解するとされていたのである。

学説において、まずこの問題を取り上げ、詳細に検討されたのは中村英郎先生である[48]。中村先生は、沿革的かつ比較法的研究を通して、従来、通説・判例のとる「合一確定の必要」についての基準（共同訴訟人間に互いに判決の既判力が及ぶ場合）を批判され、訴訟は実体法と訴訟法の総合の場であり、実体法の面を抜きにして考えるのは妥当でないとした。そして、「合一確定の必要」な場合とは、訴訟対象が共同訴訟人につき実体法上合一に裁判されねばならない場合、つまり、訴訟が係属しているその段階において考察し、訴訟対象が実体法上論理的に合一に確定すべき場合をいうとの見解を提唱され（つまり、「合一確定」の意味を判決効が共同訴訟人間で及ぶという訴訟法的な観点からだけでなく、実体法的な観点からの論理的合一性もその意味に含まれると解するのである）、相続人、遺言執行者、共同受贈者を共同被告とする遺言無効確認請求訴訟は、類似必要的共同訴訟であるとされる。さらに、判決を基準とした結果思考的な合一確定要請を批判され、訴訟上の請求が論理上合一に確定すべき場合にも、合一確定の要請を適用すべきとする準必要的共同訴訟論を展開された[49]。これらは、今日の必要的共同訴訟理論の流動化傾向の嚆矢と言え、現代の共同訴訟理論に多大な影響を与えたのである。

合一確定の基準についての問題（類似必要的共同訴訟の選定基準）は議論のあるところだが、結論的には、ここでの問題で中村先生の説く類似必要的共同訴訟説は、学説では好意的に支持され[50]、有力である。そして、これらの支持する学説が基礎とするのは、一方で、遺言はそもそも基本的法律行為であるから、その効力はすべての関係者に画一的に確定されていることが望ましいという考慮である。そして、他方で遺言無効確認の訴えの本質を、過去の法律行為たる遺言それ自体の有効・無効に伴って発生する現在の法律関係の存否と理解すると、共有持分権の確認訴訟と類似性をもつことから、固有必要的共同訴訟とはなりえないと解するからである。したがって、少なくとも、最高裁判例と学説の多数は、遺言無効確認の訴えは固有必要的共同訴訟とはなりえない点では一致していたのである。

二　最高裁昭和五六年判決と遺産確認の訴え

しかし、最高裁判例は論理的に大きな問題点をはらんでいるのである。そもそも最高裁昭和五六年判決自体、論理的には疑問が大きい。訴えの適法性判断の点ではすでにのべたように、最高裁昭和五六年判決は従来の流れを変えた。そして、この判決は、遺言無効確認の訴えの本質を過去の法律行為たる遺言それ自体の有効・無効を独立に問題とするものであると解しているように思われる(51)。また、抜本的紛争解決の実効性を強調し、後の遺産分割などの手続を円滑に進行することを配慮するものである。そうすると、本来ならば、その判断は全員につき合一に確定されるべきであり、その訴訟は全員が当事者となることを要する固有必要的共同訴訟とする考えに結びつきやすいのである(52)。そして、こうした適法性判断における考慮は、その後の「遺産確認の訴え」の適法性をめぐる判断基準として作用した。つまり、最判昭和六一年三月一三日民集四〇巻二号三八九頁は、遺産確認の訴えは、当該財産が現に共同相続人による遺産分割前の共有関係にあることの確認を求める訴えであり、原告勝訴の確定判決は当該財産が遺産分割の対象である財産であることを既判力をもって確定し、これに続く遺産分割の審判手続およびその審判の確定後において当該財産の遺産帰属性を争うことを許さないとすることによって、共同相続人間の紛争解決を図ることができる点に実質的根拠を求め、適法性を肯定した。そして、この根拠に着目し、最高裁はそこから遺産確認の訴えは固有必要的共同訴訟であると解したのである（最判平成元年三月二八日民集四三巻三号一六七頁）[53]。これに対して、遺言無効確認の訴えも、それにより遺言をめぐる相続人間の争いが画一的に解決され、これに続く遺産分割の審判手続を円滑に進行させるという点では、まったく同一の機能を営むものである。学説は、結論的にはこの判例を支持することで異論はない。そうであるならば、遺言無効確認の訴えも固有必要的共同訴訟であると解して何等論理的にはおかしくないはずである。

三　遺言無効確認の訴えの固有必要的共同訴訟性

それでは、遺言無効確認の訴えの固有必要的共同訴訟性は、何故に否定されるのであろうか。まず一つには、訴訟の複雑化、コスト増大についての危惧が挙げられている[54]。つまり、遺言内容は多様性があり、遺産確認の訴えのように、その対象が遺産分割の前提となる事項に限られないし、その人的範囲も広範になる点でこうした危惧が主張されているのである。また、一般には、争っている当事者間で判決しても多くの場合紛争解決には十分であり、後訴が提起されても、判決内容が矛盾抵触するのは例外であるとの考慮から固有必要的共同訴訟性は否定されている[55]──通常共同訴訟においても、証拠共通、さらに主張共通の原則まで認めると一層このことは強まることになろう──。しかし、後者の論拠は、遺産確認訴訟についても言えることなのである。そうすると、前者の論拠のみが遺言無効確認の訴えの固有必要的共同訴訟性を否定する積極的論拠となろう。そこで考慮すべきは、遺言無効確認の訴えの多様性ということになる。だが、遺産確認訴訟の場合もその多様性はないとは言えない。そして、最判平成元年三月二八日の射程は、「共同相続人間」に限るとされている。つまり、遺産分割の安定した遂行を求める相続人が存在する場合の、例外的紛争解決方法と解されているのである[56]。また、この判決は「合一確定の必要→訴訟共同の必要」という思考方向をとる（後述注（53）参照）。だとすれば、合一確定の必要が高ければ、固有必要的共同訴訟性を肯定する可能性は高くなると言える。そうすると、多様性が存在しても、共同訴訟人間で、あるいは受遺者、遺言執行人間で、確定した遺言に基づく遺産分割の安定した遂行を求める場合には、遺産確認訴訟同様に、例外的に遺言無効確認の訴えの固有必要的共同訴訟性を肯定するのが、通説・判例の論理的帰結ではなかろうか。そして、今日の固有必要的共同訴訟の流動化傾向からみても、同様の帰結となるのではなかろうか。

四　私　見

しかし、筆者は、遺言無効確認の訴えの固有必要的共同訴訟性を肯定するのには、若干の躊躇をおぼえる。そもそも、学説の多数が支持した最判平成元年三月二八日の「合一確定の必要→訴訟共同の必要」という図式に疑問を感じるからである。[57] あまりに、紛争解決理念を振りかざし、本来の固有必要的共同訴訟制度の趣旨から遠ざかっているように思えるからである。やはり、従来の議論のように、固有必要的共同訴訟は実体法的要請からの、「訴訟共同の必要→合一確定の必要」という図式から検討すべきではなかろうか。紛争に関わりたくない当事者に訴訟共同を強いる理由がそこに存在しなければならないのではなかろうか。そして、それはやはり実体法に基礎がないと、そうした当事者に訴訟共同を強いる理由を見いだせないように思われる。遺産確認訴訟に固有必要的共同訴訟性を肯定したのは、その後に続く手続との関連、原告の意思などを含めて紛争解決の実効性を重視した訴訟法的観点に比重があったように思われる。その結果から、合一確定の必要が出てきたのであろう。だとすれば、端的に、合一確定の必要から、固有必要的共同訴訟性ではなく、類似必要的共同訴訟性を肯定すれば足りるのではなかろうか。しかし、遺言無効確認訴訟においては、一方で遺言に基づく遺産分割の安定した遂行を求める場合があり、他方で、遺言の効力を争わない者や利害関係を有しない者もいる。共同訴訟にする必要のない場合も生じてくる。したがって、遺言の効力を争い、これについて利害関係を有する者だけを当事者として、遺言の確認により紛争処理が促進するのであれば、遺言無効確認の訴えの類似必要的共同訴訟性を肯定した方が問題は少ないように思われる。(58) このように解すれば、遺言の多様性に対処できるのではなかろうか。(59)

(注)

(48) 中村英郎・前掲(注(1))の論集第一巻一九五頁以下、新実務(3)三頁以下、判評二四八頁三七頁以下参照。

(49) 高橋宏志「必要的共同訴訟論の試み(3)」法協九二巻一〇号(一九七五)一三二二頁以下、徳田和幸「通常共同訴訟と必要的共同訴訟」新堂幸司編集代表・講座民事訴訟③(弘文堂・一九八四)二三六頁など参照。

(50) 岡垣・前掲判タ(注(30))三九〇号二三三頁、高野芳久「遺言無効確認の訴えの適否等」判タ六八八号(一九八九)三六三頁、高橋=米倉・前掲法協(注(30))二〇〇頁、栗原平八郎「遺言無効確認の訴えの被告」相続法の基礎(一九八一)三一六頁、裾分一立・家族法判例百選[新版](一九七三)二七五頁など参照。

(51) 高橋=米倉・前掲法協(注(30))一九六頁参照。

(52) 高野・前掲(注(50))三六三頁参照。

(53) このこと自体が問題はなくはない。本来、固有必要的共同訴訟は、実体法上の観点から「訴訟共同の必要」があれば、合一確定の必要が認められてきたのである(訴訟共同→合一確定)、したがって、実体法上の管理処分権等がその判断基準とされてきたのである。それゆえ、その適用範囲は非常に狭いものであった。その後、学説は、訴訟法的要因も考慮して、判断すべき見解も唱えられている(詳細は、上田徹一郎=井上治典編・注釈民事訴訟法②(有斐閣・一九九二)七二頁以下〔徳田和幸〕およびそこでの引用文献参照)—固有必要的共同訴訟の流動化—。そして、この判決はこうした固有必要的共同訴訟の流動化の中で位置づけることができ、合一確定→訴訟共同の思考方向が見て取れる。こうであるならば、訴訟共同の範囲は広がってくる。問題は、これでよいかである。中村先生の見解は、こうした流動化にはおそらく反対とおもわれ、端的に合一確定の範囲の拡張により、必要的共同訴訟の流動化をめざしたものと言えよう。また近時、訴訟共同の必要を改めて見直し、その妥当領域は広くないのでないかという問題提起もある（高田裕成「いわゆる『訴訟共同の必要』についての覚え書」民事手続法学の革新・三ヶ月章先生古稀祝賀（中）（有斐閣・一九九一）一七五頁参照）。筆者自身は、共同提訴を拒む者などがいる場合に、当事者の意思を尊重し、それを訴訟に反映させようとする固有必要的共同訴訟の柔構造化には賛成であるが、紛争解決理念に基づく固有必要的共同訴訟の範囲の拡張化には疑問である。今後の検討が必要と思われる。なお、判例は、その後も遺産確認の訴えは固有必要的共同訴訟であるとの立場を維持し（最判平成六年一月二五日民集四八巻一号四一頁、最判平成九年三月一四日裁判集民事一八二号三七頁、最判平成二六年二月一四日民集六八巻二号一一三頁参照）、その立場は固まったものと考えられる。

(54)　高野・前掲（注（50））三六三頁、高橋＝米倉・前掲法協（注（30））一九八頁、山本和彦「遺産確認の訴えと固有必要的共同訴訟」ジュリ九四六号（一九八九）五三頁参照。

(55)　高橋＝米倉・前掲法協（注（30））一九八頁参照。

(56)　山本・前掲論文（注（54））五三頁参照。なお、前掲最高裁平成二六年判決（注（53））が共同相続人のうち自己の相続分の全部を譲渡した者は、遺産確認の訴えの当事者適格を有しないと判示したのもこの点と関連してくるように思われる。

(57)　もっとも、平成元年最高裁判決が、遺産確認の訴えを遺産分割前の共有関係の確認の訴えと性格づけていることからすると実体法を基準とする従来の判例・通説と同一線にあるとも言える（但し、この性格づけについては批判もある（山本克己「遺産確認の訴えに関する若干の問題」判タ六五二号（一九八八）二三頁参照）。しかし、わざわざ財産の遺産帰属性を既判力をもって確定すれば、あとに続く遺産分割審判での紛争解決に資するという訴訟法的観点を挙げていることをみると、後者を重視していると解することができよう（高田昌宏・平成元年度重要判例解説（一九九〇）一二五頁参照）。

(58)　このように解すると、中村先生の説く、実体的合一確定の要請からこの問題の判断をする立場と若干食い違うが、実体的合一確定の要請を否定する趣旨ではない、実体的合一確定の要請を基礎に、訴訟法的観点を加え、訴訟法と実体法の総合から合一確定の範囲を広げる趣旨である。また、実体法上訴訟共同の必要性が、遺言無効確認の訴えに認められる場合は、その固有必要的共同訴訟性が肯定される余地は残るように思われるが（高野・前掲（注（50））三六三頁参照）、その訴訟共同を強いる実体法的理由が従来の固有必要的とされる場合とは同一とは思われない点もあり、ここでは固有必要的共同訴訟性の判断は留保しておく。

(59) 遺言の多様性は、人的範囲ばかりではなく、遺言の一部無効を確認する訴訟を認めうるかという物的範囲の問題も生じる。東京地判平成二年一二月一二日判時一三七六号八八頁はこれを否定する。この点は、今後の検討課題としたい。

四　遺言無効確認の利益の訴訟要件性

最後に、第二の論点である遺言無効確認の利益の訴訟要件性について、若干の検討を加えたいが、すでに所定紙幅を大きくオーバーしているので、ここでは私見の結論のみを簡単に述べることにしたい。

この問題は、当然、第一の論点たる遺言無効確認の利益の問題と密接に関連してくる。そこでみたように、無効確認の利益の判断においては、実質的には本案の審査が行われている。これを経なければ、遺言無効確認の利益は適正に判断することは難しい。管轄や当事者能力などの訴訟要件と異なり、職権によって審査することはできず、訴訟開始の段階で判断することは難しく、むしろ口頭弁論終結時に判断されている場合が多いと言えよう。したがって、ここでの確認の利益は、（理由具備性と関連した）判決の認容要件としての性格が色濃くでていると言えよう。そうであるならば、遺言無効確認の利益がないと判断したときに、却下判決を下す必然性はどこにあるのかという疑問が生じてくるのである。

すでに述べたように、オーストリア民事訴訟実務においては、確認の利益がない場合には、棄却判決が下されている。これは、確認の利益の判断が、本案と一緒に審理され、そして判決の基礎として本案審理の帰結と連動しているからである。(60) つまり、確認の利益を、確認請求の理由づけの要件と考えるのである。(61) しかし、オーストリア民事訴訟法における学説の多数は、この取扱いを批判し、却下決定を支持する。(62) この争いにおいて興味深い論点として挙げられるのが、この判断に対する不服申立方法である。却下決定を支持する見解は、抗告のみを認める。これに対し、判例およびそれを支持する学説は、当然、控訴、上告を認めることになる。そして、後者は、法政策的に、控訴および上告でもっての取消し、再審理の可能性が拡張される点を支持する。これに対して、抗告説は、口頭弁論は開かれないけれども、職権で確認の利益判断のための資料の提出を命じることができ、事実関係を自由に評価することができるので抗告手続で十分とする。(63) オーストリア民事訴訟実務とわが国の民事訴訟実務とは若干審理方式が異なるので、直裁的ではないが、当事者救済の観点から訴えの利益を捉える筆者には、この議論は非常に示唆的に思われる。オーストリアの判例において依然、棄却判決が下されるのは、そのほうが、当事者の権利保護、手続保障により厚い保護が可能だという考慮が推察できるからである。それは、確認の利益に対する判断が、実質的審理を経ざるをえないことと関連するように思われる（わが国では、却下されても、抗告手続にいくことはない。却下判決に対して控訴がなされる。その点では、次元の違う議論かもしれないが、こうした考慮が重要と思われる）。

また、わが国において訴えの利益の訴訟要件性を維持し、却下判決を下すことは、当事者間の紛争は事実上そのまま残ることになる。棄却判決を下すことは、一方で端的に紛争解決に資するが、他方では、それにより被告の不安が解消され、権利保護に資する面もある。当事者の救済を考える視点からは、被告の利益も考慮する場合もあり、その意味で棄却判決を下してもよいのではなかろうか。ただ、遺言無効確認の利益を一般に判決認容要件とするには若干の躊躇をおぼえる。例えば、審理の中で原告に相続人資格がないとわかり、訴えの利益を否定する場合に、遺言が有効とまで言えるかという問題である。判決効の相対性から肯定できなくもないが、疑問は残る。ここでは、遺言無効確認の利益は、判決認容要件として棄却判決を下してよい場合があるという結論に止めたい。詳細な検討は今後の課題とする。

(注)

(60) JBL 1983, S. 437. 参照。判例を支持するものとして、*Kralik* ; *Petschek* - *Stagel*, Der österreichische Zivilprozeßrecht (1963), S. 143ff. ; *Pollak*, System des österreichischen Zivilprozeßrechts, 2. Aufl. (1994), S. 10f; *Neumann*, Kommentar zur den Zivilprozeßgesetzan, 4, Aufl (1927/28), 886F. などがある。ドイツ法でも同様の議論があることについては本章第一節参照のこと。

(61) *Rechberger* (Hrsg.), ZPO - Kommenter (1994), S. 645 (*Rechberger*) 参照。

(62) *Rechberger/Simotta*, Grundriß des österreichischen Zivilprozeßrechts, 4. Aufl. (1994), S. 209; *Fasching*, Zivilprozeßrecht, 2. Aufl. (1990), S. 563; *Holzhammer*, Österreichisches Zivilprozeßrecht, 2. Aufl. (1976), S. 169, 184; など参照。

(63) 詳細は、*Fasching*, Zivilprozeßrecht, S. 565. 参照。

五　おわりに

以上、遺言無効確認の利益の判断基準、遺言無効確認訴訟の性質、遺言無効確認の利益の訴訟要件性の三つの論点について、若干の検討を加えてみた。筆者の主張の骨子は、すでに見て取れるように、紛争解決理念に基づき展開する近時の判例、学説に対する疑問の呈示であったと言えよう。こうした紛争解決理念に対するアンチ・テーゼは、近時の手続保障理論の中にも色濃く出ている。しかし、手続保障論における当事者の主体性の回復や実体法的思考の組み入れ、そして紛争解決理念に対する疑念などの議論は、当事者の権利保護の観点と訴訟は実体法と訴訟法の総合の場とする観点により構成される中村訴訟理論の中ですでに内包されていたものであると言えよう。

第五節　最高裁平成一一年六月一一日判決とその検討

一　最高裁平成一一年判決の概要

第四節で取り上げた遺言者の生存中に提起された遺言無効確認の訴えの利益であるが、そこで考察の題材として取り上げた平成七年大阪高裁判決に関して最高裁の判断が平成一一年六月一一日に下された。そこで、第五節では、この最高裁判決（最判平成一一年六月一一日家裁月報五二巻一号八一頁、判時一六八五号三六頁）を検討することにする（なお、以下の記述は、本件判決についての筆者の評釈（リマークス二〇〇〇（下）一一八頁）に基づく。なお、とくに、後述の議論状況に関する記述は第四節の記述と重なる部分があることを付言しておく）。

一　事　案

X（原告・控訴人・被上告人）は、Y_1（被告・被控訴人・上告人）の養子であり、唯一の推定相続人であった。Y_1は、明治四四年生まれで、昭和六三年ころから認知症症状があらわれ、様子観察を受けており、平成元年四月より、入退院を繰り返し、平成二年二月にアルツハイマー型認知症、白内障の診断を受けて、その後治療を続けていた。X及びY_1の甥Y_2（被告・被控訴人、上告人）は、Y_1を禁治産者とし自らを後見人とする家事審判（現在の後見開始の審判）を平成二年二月と四月にそれぞれ申し立て、奈良家庭裁判所は平成五年二月にY_1をアルツハイマー型認知症により禁治産者（成年被後見人）としY_2を後見人（成年後見人）とする審判をなし、確定している。これに先立ち、平成元年一二月には、Y_1が遺言したとして、Y_1所有の土地がY_2に遺贈される旨の公正証書遺言書が作成された。Xは、本件遺言はY_1の意思能力が欠熟した状態で作成され、かつ公正証書遺言の方式に違反があった（遺言の趣旨の日述がなく、また公証人は遺言の内容を読み聞かせてなく、かつ遺言者が筆記の正確なことを承認していない）として、Y_1とY_2を相手方とする遺言無効確認の訴えを提起した。第一審は、遺言者の生存中は、Xの求めている利益ないし地位は将来のものであり、かかる将来不安定な利益ないし地位を現在保護する必要はなく、訴えの利益なしとして却下した。これに対し、Xが控訴。原審は、遺言者が遺言を取り消し、変更する可能性がないことが明白な場合には、その生存中であっても例外的に遺言の無効確認を求めることができるとするのが紛争の予防のために必要かつ適切であるとして、Xの訴えを通法とした（第四節参照）。Y_2ら上告。

二　判　旨

原判決破棄・控訴棄却の自判。

「本件において、Xが遺言者であるY_1の生存中に本件遺言が無効であることを確認する旨の判決を求める趣旨は、Y_2が遺言者であるY_1の死亡により遺贈を受けることとなる地位にないことの確認を求めることによって、推定相続人であるXの相続する財産が減少する可能性をあらかじめ除去しようとするにあるものと認められる。」

「ところで、遺言は遺言者の死亡により初めてその効力が生ずるものであり（民法九八五条一項）、遺言者はいつでも既にした遺言を取り消すことができ（同法一〇二二条）、遺言者の死亡以前に受遺者が死亡したときには遺贈の効力は生じない（同法九九四条一項）のであるから、遺言者の生存中は遺贈を定めた遺言によって何らの法律関係も発生しないのであって、受遺者とされた者は、何らかの権利を取得するものではなく、単に将来遺言が効力を生じたときは遺贈の目的物である権利を取得することができる事実上の期待を有する地位にあるにすぎない（最高裁昭和三〇年②第九二号同三一年一〇月四日第一小法廷判決・民集一〇巻一〇号一三二九頁参照）。したがって、このような受遺者とされる者の地位は、確認の訴えの対象となる権利又は法律関係には該当しないというべきである。遺言者が心神喪失の常況にあって、回復する見込みがなく、遺言者による当該遺言の取消し又は変更の可能性が事実上ない状態にあるとしても、受遺者とされた者の地位の右のような性質が変わるものではない。」

「したがって、Xが遺言者である上告人Y_1生存中に本件遺言の無効確認を求める本件訴えは、不適法なものというべきである。」

二　従前の議論状況

（一）　確認の訴えは、その対象の無限定性に対する対応として、確認の利益による調整が求められてきた。そして、確認訴訟の場合には、原告の権利又は法律的地位に不安が現に存在し、かつ不安を除去する方法として原告・被告間でその訴訟物たる権利又は法律関係の存否の判決をすることが有効適切である場合に、確認の訴えの利益が認められるとするのが通説の理解であると言えよう。この理解によれば、確認の利益の有無は、(a)確認対象の適否、(b)確認の訴えの選択の適否、(c)即時確定の現実的必要性（即時確定の利益）の基準に従って決定される。ところが、現在の議論では、この判断枠組みは流動化をみせている。とくに、(a)の存在意義は希薄化してきた。伝統的理解では、(a)につき、確認対象が「『現在』の『権利又は法律関係』」であることが必要とされた。「過去」又は「将来」の権利又は法律関係の確認を求めても、その後の変動の可能性がある限り、確認の意味はない。それゆえ、「現在」に対象を限定したのであった（時的要素の限定）。また、「事実」の確認を求めても、それは「法律上の争訟」に該当せず、司法本来の使命とは直接関係ない。そこで、「権利又は法律関係」という枠をつけたのであった（請求内容の限定)。しかし、確認訴訟の有する予防的・抜本的紛争処理機能を考慮すると、かかる確認対象の限定はその機能を埋没させる結果ともなる。そこで、確認対象の拡張が議論対象となった。その端緒となったのは、過去の法律関係の確認であった。現在の法律関係に関する紛争が過去の法律関係に関する紛争に起因する場合などには、過去の基本的法律関係の解決によりそこから派生する個々の権利・法律関係をめぐる紛争の予防作用又はその解決を生み、法的安定性に資することもあるとし、学説は過去の法律関係の確認を認容する方向で固まっていった。判例も、国籍訴訟において特殊な事例であるが事実についての確認の利益を認め、そして、親子関係存在確認訴訟で過去の法律関係についての確認の利益を認めた。その後もこの傾向は維持される。学説は、さらに「将来」及び「事実」にまで確認対象適格を拡大し、その調整は確定の利益によって行うとするのが、多数説であった。それゆえ、議論の焦点は、(c)即時確定の利益の判断基準に移ったといえた。

(二) 本件での考察対象となる遺言は、法律関係そのものではなく、法律効果発生の要件事実たる「過去」の法律行為である。それゆえ、遺言無効確認の訴えの適法性は、確認対象適格性の点で問題となったが、前述のような学説・判例の対象遺格の拡大傾向のなか、現在ではこれを直ちに否定する見解はないといって過言ではなかろう。そして、判例も、昭和四七年最高裁判決で、「遺言無効確認の訴えは、……遺言が有効であるとすれば、それから生ずべき現在の特定の法律関係が存在しないことの確認を求めるものと解される場合で、原告がかかる確認を求めるにつき法律上の利益を有するときは、適法として許容されうる」としてその適法性を肯定し、その後の判例もこれに続く。判例理論は、争いある遺言から生ずる現在の法律関係について原告の利益があるかないかを基準に確認訴訟の紛争解決機能を重視した構成をとる。つまり、遺言無効・確認の利益をめぐる判例理論は、確認対象の時的要素は現在の法律関係に置き換え、問題とせず、原告の有する現在の法的利益・地位が遺言により被告との関係で危険にさらされる可能性があり、確認判決が紛争解決機能を発揮するのであれば、確認の利益を肯定する構成がとられているといえよう。

(三)　このように、遺言無効確認の訴えが適法とされる点に異論はない。ただ、これらは、遺言者が死亡している場合である。本件同様、遺言者が生存中の遺言無効確認の訴えについては、前掲最高裁昭和三一年判決が先例として存在する。昭和三一年判決は、本件同様、遺言者が生存中に受遺者に対し遺言無効確認請求が求められた事案である。この判決では、確認対象は現在の法律関係でなければならない旨を明らかにした上で、遺贈は遺言者の死亡によりはじめてその効果を発生する点及び遺言者は何時にても遺言を任意取り消しうる点から、遺言者の生存中は受遺者においては何らの権利をも取得せず、この場合受遺者は将来遺贈の目的物たる権利を取得することの期待権すら持ってはいないとした。そして、昭和三一年判決事案での確認の訴えは、現在の法律関係の存否をその対象とするものではなく、現在においていまだ発生していない法律関係のある将来時における不成立ないし不存在の確認を求めるというような訴えであり、それは訴訟上許されないとした。確認対象の時的要素を主に問題としたものである。その後の下級審判例は、基本的にこの判例に従う。学説も当然の帰結としたのか、詳細に論じられることはなく、昭和三一年判決を言及する程度であった。そうしたなか、遺言者がアルツハイマー型認知症により遺言の取消可能性が事実上ない場合には例外的に確認の利益を肯定すべき旨を主張する見解が登場し、その後、この肯定説を取り入れる形で確認の利益を認めたのが本件原審である。この判決に対する学説の反応は、一部、回復可能性という事実判断を前提にすることは法的安定性を欠くとの懸念も表明されていたが、概ね支持するものであった。以上の記述は、本章第四節の記述と重なるところである。

三　最高裁平成一一年判決の検討

（一）　本件判決は、基本的には昭和三一年判決を踏襲する形で、確認対象の適否を問題にする。(1) まず、本件判決は、本件確認の訴えの趣旨を、Y_2が遺言者であるY_1の死亡により遺贈を受けることとなる地位にないことの確認を求めることによって、推定相続人であるXの相続する財産が減少する可能性をあらかじめ除去しようとする点に置く。このことは、本件訴えの訴訟物が遺言によって生じた現在の権利又は法律関係であることを前提とするものである。その意味で、確認対象の時的要素についての処理は、前述昭和四七年判決以降の判例と同一の方向性にあるといえよう。しかし、本件判決は、その上で、遺言者の生存中は、遺言の取消可能性から遺言によって何らの法律関係も発生しないのであって、受遺者の地位は、何らかの権利を取得するものではなく、単に将来遺言が効力を生じたときは遺贈の目的物である権利を取得することができる事実上の期待を有する地位にあるにすぎないとする。そして、こうした事実上の期待権は、確認対象となる「権利又は法律関係」に該当しないと結論づけるのである。つまり、確認対象の請求内容性の点を中心にして、確認の利益を否定したのである。この点で、同じく確認対象の適否を問題にしたが、その時的要素を強調した三一年判決とは若干異なる。

そうすると、本件判旨の評価ポイントは、遺言者の生存中は受遺者の地位は事実上の期待を有する地位にすぎないといえるか否かの判断の適正さに帰する。しかも、本件のように遺言者がアルツハイマー型認知症を患い、その遺言の撤回等が事実上不可能という状況においても、受遺者の期待権は事実上のものにすぎないといえる正当な理由があるかである。判旨をみる限り、本件判決は、この特別な事実状況を受遺者の地位の判断に、十分に反映させていないように読めるが、そうであるならば、少なくとも、本件判決は、事件の事実状況を十分に考慮した従来の判例の流れとは異なりそうである。

本件判決は、①遺言の効力は死亡により効力を生じる点（民法九八五条一項）、②遺言者の遺言取消しの自由（民法一〇二二条）、③受遺者が遺言者の死亡以前に死亡の場合の遺贈の無効（民法九九四条一項）を根拠に、遺言者の生存中は遺贈を定めた遺言によって何らの法律関係も生ぜず、受遺者の地位は事実上の期待権を有するにすぎないと結論づける。しかも、それは、遺言者が心神喪失の常況にあって、遺言者による当該遺言の取消し又は変更の可能性が事実上ないとしても、そうであるとする。確かに、民法学においても判例・通説は、受遺者の地位は事実上の期待を有する地位にすぎないとする。(2) その論拠としては、(イ)遺言者による遺言取消しの自由（＝②）と、(ロ)推定相続人の期待より受遺者のそれは保護が薄いという点である。主に、(イ)＝②が論拠となっている。しかし、遺言者生存中の受遺者の地位は不登法二条二号の仮登記原因に当たるとする下級審判決もあり、(3) かつそれを支持する学説もある。(4)

これについて、すでに、中野教授は、受遺者の地位は権利を取得することができる法律上の期待権以外の何ものでもないと主張し、それは本判決と民法学の通説・判例に対立するものであった。(5) 中野説によれば、その遺贈は遺言の撤回、受遺者の死亡が起こらない限り、死亡と同時に確定的に遺贈の効力が生じることから、不確定期限付きの法律行為たる性質を有し、遺言の効力には強い法的保護が与えられている（旧民法九九六条―一〇〇一条、現行法では一〇〇〇条は削除）以上（前記昭和四〇年東京地判も引用）、遺言の内容が特定遺贈を含む場合には、対象たる具体的権利についての期待権を受遺者は有し、受違者の地位は単なる事実上の希望や期待に留まるものではないとする。(6) その上で、本件のように、遺言者がアルツハイマー型認知症の場合には、遺言の取消可能性がなく、遺言の内容は固定した状況が存し、遺言者が高齢で受遺者の先の死亡は普通は起こり得ないという場合であって、かかる状態の可能性を理由として確認の利益を否定するのは不合理であるとしている。(7)

この点についてどう考えるべきであろうか。以下、各論拠を検討してみる。まず、(イ)＝②遺言取消しの自由についてであるが、「遺言者が心神喪失の常況にあって、遺言者による当該遺言の取消し又は変更の可能性が事実上ない」本件の場合には、論拠としてほとんど意味はないのでなかろうか。遺言者がアルツハイマー型認知症の場合には、遺言の取消可能性がほぼなく、遺言の内容はほぼ固定した状況にある。また、かかる状況では、本件の場合の遺贈を実体法的には「死因贈与」（民法五五四条）に近い性質とみる指摘もある。[8] そうすると、②論拠は本件のような事案では説得力を有しないように思われる。

次に、「推定相続人の期待より受遺者のそれは保護が薄い」という(ロ)の根拠はどうであろうか。受遺者は、民法九九六条以下の法的保護を受けるだけでなく、本件のように遺言がほぼ固定的な場合には、とくにその法的保護は厚くなり、かつまた、担保請求権（民法九九一条）、果実取得権（民法九九二条）などの権利が確実的になる。推定相続人の期待より、受遺者のそれは保護が薄いといえようか。しかも、本件でより重要なのは、受遺者が遺言者の後見人ともなっている点である。推定相続人との関係では、それ自体問題であるだけでなく、[9] 受遺者が後見人である以上、受遺者は遺言者の財産を管理し、その財産に関する法律行為をすることもできる点で問題が大きい。しかも、遺言者は心神喪失の常況にある。それゆえ、本件における受遺者の地位は、単なる事実上の期待権を有する地位にすぎないとは到底いうことはできない。そうすると、本件では(ロ)も説得力を持ち得ない。さらに、この点からも①及び(イ)＝②の論拠は、ほとんど意味を有しないことになろう。この受遺者と後見人が同一である点を言及せず、論理構成する本件判決には疑問が生じる。

最後に、「③受遺者の死亡の場合の遺贈の無効」という論拠であるが、本件における遺言者の年齢を考えると一般常識的には受遺者の先の死亡を想定することを強調する必然性は小さい。確かにその可能性は皆無ではないが、かかる点を強調して、[10] 確認の利益を否定することは、原告の裁判を受ける権利を不当に縮減するものといえよう。

したがって、本件の事実状況における受遺者の期待権は、たとえ民法学の通説・判例の理解を前提としても、法的権利に値すると解することができ、確認対象の適格性は認められてよかったのではなかろうか。[11]

（二）　以上の点から、本件確認の利益の有無の判断は、確認対象の適格性の判断と連動するが、即時確定の利益の存否により決定されるべきだったといえよう。その際、本件では原告である推定相続人に遺言者の生前において保護に値する利益があるかどうかという点が決定的となる。私見によれば、この場合、本件遺言により、(1)原告の有する現在の利益が、被告の有する権利との関係で現在ないし将来危険にさらされる可能性があり、かつ(2)現在その危険を排除する必要性（緊急性）が高いこと、(3)その排除めためには確認の訴えが適切な方法であったことが明らかであれば、確認の利益があるといえよう。[12] (1)の点については、遺言の有効・無効に争いがあり、かつ遺言の取消可能性がほぼないこと（ただ、これを絶対化する必要はなく、蓋然性が高いことで十分である）、受遺者が（成年）後見人であること（遺言者の財産が受遺者により管理されているなど）、相続人は唯一の推定相続人であり、遺贈の対象が遺産の主要部分の土地建物であることを考慮すると、推定相続人の期待権は法的なものと評価でき、かつ（成年）後見人でもある受遺者の地位により危険にさらされているといえよう。また、(2)の点については、受遺者が（成年）後見人であることから対象財産の処分等の危険もないわけでないこと、[13] 証拠の保全の必要性が大きいこと（証拠の散逸等の危険性は、確認訴訟の予防的紛争処理機能が問題であって、それが原告の権利保護の帰趨を決定的に左右する場合には、原告の実体的利益と直結する。それゆえ、判断ファクターの一つとすべきである）[14] などから、本件では原告の権利に対する危険を排除する必要性、緊急性が現在において存在するといえる。以上のことを前提に、(3)についても、本件では遺言者の遺言能力、遺言公正証書の作成方法が争点であり、かつ原告の危険も遺言の無効確認により排除されうること、さらにまた確認の訴えを現在適法としても当事者双方にとって何らの不利益もないことをも考慮に入れると、[15] 本件での確認の訴えの選択適否の問題はない。したがって、本件では確認の利益を認めるべきだったと考える。

本件判決が確認対象の適格性でもって形式論理的に確認の利益を否定したことは、その背景に確認の訴えの許容範囲拡大への危惧や、それを支持する理論への牽制もあったかもしれず、本件判断に理解できなくもないが、具体的妥当性という点からみて少なくとも本件の事実状況では、納得できる判断でなかったように思われる。本件では例外的に確認の利益な認めた方が、当事者の救済と将来の紛争の処理に資すると思われる。また、それは確認判決の機能とも合致するであろう。なお、遺言者生存中の遺言無効確認の訴えにおける確認の利益の詳細については本章第四節参照のこと。

（注）

（1）本件判決の評釈として、川嶋四郎・判タ一〇一三号六五頁、西野喜一・銀行法務21五七三号二二頁、同・判タ一〇三六号二〇〇頁、野村秀敏・判評四九五号二六頁、八田卓也・民商法雑誌一二二巻六号八七五頁、安達栄司・NBL七〇二号七六頁、山田文・平成一一年度重要判例解説一二一頁、徳田和幸・民訴判例百選（第三版）六八頁、宇野聡・民訴判例百選（第四版）五八頁、今津綾子・民訴判例百選（第六版）五二頁などがある。

（2）大判明治三九年一〇月一〇日民録一二巻一二五三頁、最判昭和三一年一〇月四日民集一〇巻一〇号一二二九頁、中川善之助＝泉久雄・相続法（第三版）五一六頁（有斐閣・一九九一年）、中川善之助＝加藤永一編・新版注釈民法（28）相続(3)（有斐閣・一九八八年）一八五頁〔阿部浩二〕など参照。

（3）東京地判昭和四〇年一一月二五日判タ一八七号一七六頁。

（4）幾代通＝徳本伸一不動産登記法（第四版）（有斐閣・一九九四年）二一三頁など。

（5）中野貞一郎「遺言者生存中の遺言無効確認の訴え」奈良法七巻三＝四号（一九九二）六六頁。

（6）同旨、千藤洋三・原審評釈・関法四五巻六号三一一頁注（8）。

（7）中野・前掲論文（注（5））六六頁。

（8）納谷廣美・原審評釈・判評四四二号四三頁参照。

（9）新井誠・原審評釈・ジュリ一〇七二号一二六頁参照。

（10）西野・前掲銀行法務21（注（1））二四頁。

（11）なお、こうした判断は、回復可能性という事実判断を前提とすることは法的安定性を欠くとの批判もあるが（西野・前掲銀行法務21（注（1））、確認の利益の有無は事実判断を前提とする場合のあることは避けられず、即時確定の利益の場合にはまさにそうである。確認対象の適格性と即時確定の利益が運動性を有することは、従前の学説・判例が認めてきたことでもある。

（12）なお詳細は、本章第四節参照。

（13）新井・前掲（注（9））一二六頁参照。

（14）筆者の見解の詳細は、本章第四節参照。

（15）千藤・前掲（注（6））三〇九頁参照。

第七章　将来給付の訴えの利益

一　将来給付の訴えの意義

将来給付の訴えは、口頭弁論の終結時までに履行すべき状態にない給付請求権を主張する訴えである（民訴一三五条）。かかる請求権には、期限未到来の請求権、停止条件付請求権、求償権などがあり、その基礎がすでに成立していればいいとされている。つまり、口頭弁論終結時において履行を求めうる状態にない給付請求権でも将来給付の訴えという形であれば請求が認められているのである。問題は、まだ履行すべき状態でないのに、その給付義務について予め給付判決を求める訴えの必要性である（口頭弁論終結時までに履行期が到来した場合には、当然に「現在給付の訴え」に変化することになる）。この必要性に関しては、一般には次の二つの要件が議論されている。将来給付の訴えは、口頭弁論の終結時までに履行すべき状態にないが、(a)将来給付を求める基礎となる資格があり、かつ(b)あらかじめ給付判決を得ておく必要がある場合に限って、認められるとされている。

この要件をめぐっては、以下のような議論が展開されている。

問題は、その内容であるが、(a)については（権利保護の資格に該当するといってよいであろう）、次のような理解がなされている。その給付義務の内容は、金銭の支払に限らず、物の引渡し、一定の作為、または不作為の義務も含まれる。将来の履行義務が期限付きでも条件付でもよい。この場合には、すでに請求権は成立している場合である。また、請求権自体はまだ発生していない場合でもその基礎関係がすでに成立していて、その発生が一種の法定条件に関わっている場合（保証人の求償権など）でもよいとされる。反対給付に関わっている請求権でもよい。つまり、「請求権の基礎関係が成立し、その内容が明確であればよい」とされていたのである。

⒝の要件については、一般には、義務者の態度、給付義務の目的・性質などを考慮して判断されるとされている。例えば、義務者が義務の存在等を争い、適時の履行が期待できない場合（養育費など）、確定期限のついた義務で、その履行の遅延が債務の本旨に反する場合、または債権者に取り返しのつかない損害を与える事情のある場合、本来の給付の請求と将来の履行不能または将来の不能を慮って、これに代わる代償請求を併合して訴求する場合、現在から引き継いで一定行為をしてはならないという不作為義務についての請求で、すでに義務違反の実績があるかまたは違反の気配が濃厚である場合などがこの要件が充足されると考えられていた。基本的には、将来の履行確保が困難な場合が該当すると言ってよいであろう。ただ、従前は⒜と⒝は厳格に区別されて訴えの利益が判断されていたのではなかった（しかし、判例の基本的スタンスは、第一段階で⒜を判断し、それがクリアできれば、第二段階で⒝について判断するものである。前章で指摘した確認の訴えの判断枠組みと同様である。その意味では、判例は訴えの利益の判断に関しては、権利保護の資格と権利保護の必要という伝統的な考え方をベースとしているように思われる）。

従来の議論で、将来給付の訴えの利益が認められたのは、①期限未到来の請求権、②停止条件付請求権、③将来の請求権（保証人の求償権）、④不法占拠者に対する明渡請求における明渡しまでの損害金請求であった。その後、⑤将来の不法行為による損害賠償請求と⑥将来の収益についての不当利得返還請求が認められるかについては、議論があったが、学説は、⒜については認める傾向にあった。つまり、①については、請求権はすでに確定的に存在するが、未だ履行期が未到来である場合であり、②、③については、請求権自体は未だ成立していないが、その基礎はすでに存在する場合であることから、「請求権の基礎関係が成立し、その内容が明確であればよい」との要件に該当した。また、④、⑤、⑥の請求についても、継続性ある請求権であるが、請求権の基礎も確定的に存在することから、同様に、「請求権の基礎関係が成立し、その内容が明確であればよい」との要件に該当すると考えられたのである。その結果、(a)要件については、(1)請求権の基礎となるべき事実関係及び法律関係が既に存在し、(2)その継続が予測される場合であれば、請求適格性（権利保護の資格）は認められる方向と言えた。しかし、この要件を厳格に区別し、より厳密な定式化を試みたのが、将来の不法行為による損害賠償請求について判断した後掲大阪空港訴訟の判決（最（大）判昭和五六年一二月一六日民集三五巻一〇号一三六九頁）である。この判決を契機に議論は活発化する。以下では、大阪空港訴訟判決後に公刊された最判平成二八年一二月八日・裁判集民事二五四号三五頁を題材にして、将来給付の訴えの利益について考察することにしたい。

二　最高裁平成二八年一二月八日判決の概要

一　事案の概要

1　本件は、厚木基地騒音訴訟（第４次）である。国が日米安保条約等に基づき米軍に使用させ、また、海上自衛隊が使用する厚木海軍飛行場の周辺住民である原告らが、自衛隊機及び米軍機による騒音等により受忍限度を超える被害を被っていると主張して、国に対し、自衛隊機及び米軍機の離着陸等の差止め及び音量規制を請求するとともに、国家賠償法二条に基づく損害賠償等を請求した。

2　本章での検討対象は、将来分（事実審口頭弁論終結の日の翌日以降に発生する分）の損害賠償請求についてである。この将来の損害賠償請求について、一審は、同請求に係る訴えを不適法として却下したが、原審は、口頭弁論終結後も平成二八年一二月三一日までは厚木基地周辺地域の航空機騒音の発生等が継続することが高度の蓋然性をもって認められ、国に有利な影響を及ぼすような将来における事情の変動を理由とする請求異議訴訟においてその事情の変動の立証負担を国に課することが格別不当ということはできず、前述の口頭弁論終結時と同一内容の損害賠償請求権を認めるべきとした。これに対し、被告である国が、原判決中将来分の損害賠償請求を一部認容した部分を不服として上告受理申立てをしたのが本件である。

二　判決要旨

「継続的不法行為に基づき将来発生すべき損害賠償請求権については、たとえ同一態様の行為が将来も継続されることが予測される場合であっても、損害賠償請求権の成否及びその額をあらかじめ一義的に明確に認定することができず、具体的に請求権が成立したとされる時点において初めてこれを認定することができ、かつ、その場合における権利の成立要件の具備については債権者においてこれを立証すべきであり、事情の変動を専ら債務者の立証すべき新たな権利成立阻却事由の発生としてとらえてその負担を債務者に課するのは不当であると考えられるようなものは、将来の給付の訴えを提起することのできる請求権としての適格を有しないものと解するのが相当である。そして、飛行場等において離着陸する航空機の発する騒音等により周辺住民らが精神的又は身体的被害等を被っていることを理由とする損害賠償請求権のうち事実審の口頭弁論終結の日の翌日以降の分については、将来それが具体的に成立したとされる時点の事実関係に基づきその成立の有無及び内容を判断すべきであり、かつ、その成立要件の具備については請求者においてその立証の責任を負うべき性質のものであって、このような請求権が将来の給付の訴えを提起することのできる請求権としての適格を有しないものであることは、当裁判所の判例とするところである（最高裁昭和五一年（オ）第三九五号同五六年一二月一六日大法廷判決・民集三五巻一〇号一三六九頁、最高裁昭和六二年（オ）第五八号平成五年二月二五日第一小法廷判決・民集四七巻二号六四三頁、最高裁昭和六三年（オ）第六一一号平成五年二月二五日第一小法廷判

決・裁判集民事一六七号三五九頁、最高裁平成一八年（受）第八八二号同一九年五月二九日第三小法廷判決・裁判集民事二二四号三九一頁）。」

「したがって、厚木海軍飛行場において離着陸する米海軍及び海上自衛隊の各航空機の発する騒音等により精神的又は身体的被害等を被っていることを理由とする被上告人らの上告人に対する損害賠償請求権のうち事実審の口頭弁論終結の日の翌日以降の分については、その性質上、将来の給付の訴えを提起することのできる請求権としての適格を有しないものというべきである。」

小池裕裁判官の補足意見

「１　原判決は、前述のの点に関する当裁判所の判例を前提としつつ、前述の請求権としての適格について、⑴当該請求権の基礎となるべき事実関係及び法律関係が既に存在し、その継続が予測されること、⑵当該請求権の成否及びその内容につき債務者に有利な影響を生ずるような将来における事情の変動があらかじめ明確に予測し得る事由に限られること、⑶この事情の変動については請求異議の訴えによりその発生を証明してのみ執行を阻止し得るという負担を債務者に課しても格別不当とはいえないことの3要件が満たされるときに肯定されるところ、被上告人らの本件損害賠償請求のうち原審の口頭弁論終結の日の翌日から平成二八年一二月三一日までに生ずべき損害について、本件で認定された事実関係に照らすと、前述の約一年八箇月に限った将来請求において考慮すべき事情変動は、想定される事後的な事情変動の内容や範囲の点から、将来請求が当然に認められると解される不動産の不法占有者に対し明渡義務の履行完了までの賃料相当額の損害金の支払を求める場合と比較してみれば、両者を区別する実質的な相違はないといえるなどとして、その損害賠償金の支払請求を認容した。

２　しかし、上記の点に関する当裁判所の判例は、原判決が掲げる三つの要因を考慮すべきものとした上で、飛行場等において離着陸する航空機の発する騒音等により周辺住民が精神的又は身体的被害等を被っていることを理由とする損害賠償請求権のうち事実審の口頭弁論終結の日の翌日以降の分については、将来それが具体的に成立したとされる時点の事実関係に基づきその成立の有無及び内容を判断すべきであり、かつ、その成立要件の具備については請求者においてその立証の責任を負うべき性質のものであって、このような請求権が将来の給付の訴えを提起することができる請求権としての適格を有しないものであるとしているものである。すなわち、上記の航空機の騒音等に係る損害賠償請求権は、その性質上、上記の請求権としての適格を有しないとされるものであるから、前記1の原判決の判断は、当裁判所の判例に抵触するものといわざるを得ない。

3　また、防衛施設である厚木海軍飛行場の騒音の状況はその時々の予測し難い内外の情勢あるいは航空機の配備態勢等に応じて常に変動する可能性を有するものであり、過去の事情によって、将来にわたって一定の航空交通量があることを確定できるものではないことを否定できず、施設使用の目的や態様が公共的な要請に対応して変化する可能性を内包するものというべきである。そのため、たとえ一定の期間を区切ったとしても過去の事情に基づき上記の航空機騒音等に係る損害賠償請求権の将来分の成否及びその額をあらかじめ一義的に明確に認定することは困難であるといわざるを得ず、不動産の不法占有者に対する明渡完了までの賃料相当額の損害金の支払請求と事情を同じくすると考えることはできない。そうすると、過去の事情に基づき原審の口頭弁論終結時点における厚木海軍飛行場の周辺地域の航空機騒音の発生等が継続することが相当程度の蓋然性をもって認められるとしても、前記2の判断を左右するに足りるものではないというべきである。」

三　最高裁平成二八年一二月八日判決の検討

一　問題の所在

本件は、国が米軍に使用させ、また自衛隊も使用する飛行場周辺住民（原告）が米軍機及び自衛隊機の飛行差止、騒音規制と飛行機の発する騒音等により被った精神的又は身体的被害の損害賠償を請求した事案である（いわゆる厚木基地騒音訴訟（第四次））。本稿では、損害賠償請求のうち、事実審口頭弁論終結以降の損害賠償請求分、つまり、不法行為に基づく将来の損害賠償請求に関する適法性の判断部分について（かかる場合の将来給付の訴えの利益を）専ら考察対象とする。

考察対象である将来給付の訴えは、かかる請求権の基礎がすでに成立していれば、まだ履行すべき状態でなくとも、その給付義務について予め給付判決を命ずる必要性である場合に（民訴一三五条。なお口頭弁論終結時までに履行期が到来した場合には、当然に「現在給付の訴え」に変化することになる）、原告にその請求権についての債務名義の取得を認める訴えである。将来給付の訴えに係る請求権としては、前述のように、期限未到来の請求権、停止条件付請求権、求償権などがその典型例とされてきた。

本件では、将来継続されることが予測される不法行為に基づく損害賠償請求の訴えに将来給付の訴えの利益が認められうるかという点が問題となる。本件判決は、将来の不法行為による損害賠償請求について請求適格性（将来給付を求める基礎となる資格）を否定した大阪空港訴訟の最高裁大法廷判決（最判昭和五六年一二月一六日民集三五巻一〇号一三六九頁、以下「昭和五六年大法廷判決」という。）と同じ問題を判断したのである。この昭和五六年大法廷判決については、団藤裁判官の反対意見もあり、学説からは、将来の損害賠償請求権の成否、内容に不確定要因があることから直ちに将来給付の訴えの適格性を否定することに対する批判も強かった。その後、同じく将来の継続的不法行為に基づく将来の損害賠償請求について判断した横田基地訴訟事件（最判平成一九年五月二九日判時一九七八号七頁、以下「平成一九年判決」という。）において、法廷意見では、前述の昭和五六年大法廷判決の判断基準に基づき判決が下されたが、5名の裁判官のうち二名（弁護士出身）が反対意見を、他の3名が補足意見を提示し、昭和五六年大法廷判決の最高裁判断に将来における変更の可能性が生じてきたのではないかと評された。そして、昭和五六年大法廷判決及び平成一九年判決とほぼ同様の事案関係において登場したのが本件判決である。しかし、本件判決は、前述の昭和五六年大法廷判決をそのまま踏襲した。このことは、判例においては将来給付の訴えの請求適格性に関する昭和五六年大法廷判決の基準が維持されることを意味する。そして、それは学説上議論の継続をも意味してくると言えよう。本稿では、本件判決が昭和五六年大法廷判決基準の維持を確定するものとなるのか、それとも今だ過渡期的な判断でしかないのか、その位置づけを含め、将来給付の訴えの利益の判断基準についても検討対象として考察することにしたい。

二　議論の状況

1　従前の議論

民事訴訟制度を利用するためには、それを利用するに正当な利益ないし必要性がなければならない。このような「正当な利益ないし必要性」を訴えの利益という。訴えの利益は、請求についての客観的利益を問題にする。それゆえ、一般に、請求の内容が実体判決を受けるに適する一般的資格があること（権利保護の資格）、原告が請求内容について判決を求める現実の必要性のあること（権利保護の利益又は必要）が要求される。例えば、確認の訴えに関する判例の主流は、確認対象の適格性（権利保護の資格）と即時確定の利益（権利保護の必要）という二段階の判断基準に基づき確認の利益の有無を判断していると言えよう。(1) 本件では、将来給付の訴えの利益が問われている。将来給付の訴えにつき、民訴法一三五条は、「あらかじめその請求をする必要がある場合に限り」認められるとのみ規定しているにすぎない。従前の議論では、この将来給付の訴えの利益の有無の判断に関しても、確認の訴えの利益と同様に、二段階の判断がなされていた。(2) すなわち、口頭弁論の終結時までに履行すべき状態にないが、①将来給付を求める基礎となる資格があり（請求適格の問題＝権利保護の資格）、かつ②あらかじめ給付判決を得ておく必要がある場合に（権利保護の必要）限って認められると解されていた。以下、議論の内容を見ていくが、前述した記述と重なる部分がある。

問題は、その内容であるが、①の要件については、次のような理解がなされていた。つまり、その給付義務の内容は、金銭の支払に限らず、物の引渡し、一定の作為、または不作為の義務も含まれる。将来の履行義務が期限付きでも条件付でもよい。この場合には、すでに請求権は成立している場合である。また、請求権自体はまだ発生していない場合でもその基礎関係がすでに成立していて、その発生が一種の法定条件に関わっている場合（保証人の求償権など）でもよいとされる。また、反対給付に関わっている請求権でもよい。そして、従来の裁判実務は、(イ)期限未到来の請求権、(ロ)停止条件付請求権、(ハ)将来の請求権（保証人の求償権）、(ニ)不法占拠者に対する明渡請求における明渡しまでの損害金請求の場合に将来給付の訴えを認め、さらに(ホ)将来の不法行為による損害賠償請求の場合も認めるものがあったとされていた[3]。学説も一般に①については、「請求権の基礎関係が成立し、その内容が明確であればよい」としていたのであった[4]。

②の要件については、一般には、義務者の態度、給付義務の目的・性質などを考慮して判断されるとされている[5]。例えば、義務者が義務の存在等を争い、適時の履行が期待できない場合（養育費など）、確定期限のついた義務で、その履行の遅延が債務の本旨に反する場合、または債権者に取り返しのつかない損害を与える事情のある場合、本来の給付の請求と将来の履行不能または将来の不能を慮って、これに代わる代償請求を併合して訴求する場合、現在から引き継いで一定行為をしてはならないという不作為義務についての請求で、すでに義務違反の実績があるか又は違反の気配が濃厚である場合などがこの要件が充足されると考えられていた[6]。基本的には、将来の履行確保が困難な場合が該当すると言ってよいであろう。ただ、従前は①と②は厳格に区別されて訴えの利益が判断されていたのではなかった。この要件を厳格に区別し、より厳密な定式化を試みたのが、将来の不法行為による損害

賠償請求について判断した前述の昭和五六年大法廷判決であるとも言える。(7) この判決を契機に将来給付の訴えをめぐる議論は活発化する。

2 大阪空港訴訟判決（昭和五六年大法廷判決）とその後の議論

(1) そこで、昭和五六年大法廷判決の理論構造をまず見てみることにする。まず、昭和五六年大法廷判決では、将来給付の訴えの趣旨につき、次のように判示し、あくまでも例外的制度であることを明示した。

(イ) 「民訴法二二六条（現行一三五条）はあらかじめ請求する必要があることを条件として将来の給付の訴えを許容しているが、同条は、およそ将来に生ずる可能性のある給付請求権のすべてについて前記の要件のもとに将来の給付の訴えを認めたものではなく、主として、いわゆる期限付請求権や条件付請求権のように、既に権利発生の基礎をなす事実上及び法律上の関係が存在し、ただ、これにもとづく具体的な給付義務の成立が将来における一定の時期の到来や債権者における立証を必要としないか又は容易に立証しうる別の一定の事実の発生にかかっているにすぎず、将来具体的な給付義務が成立したときに改めて訴訟により右請求権成立の存在を立証することを必要としないと考えられるようなものについて、例外として将来の給付の訴えによる請求を可能ならしめたにすぎないものと解される（下線は筆者、以下同様）。」そして、将来の不法行為による損害賠償請求権につき、従前の判例では肯定したものがあったが、以下のように、その理論構成を明示し、この事案での将来給付の訴えの適法性を否定した。すなわち、

(ロ) 「継続的不法行為に基づき将来発生すべき損害賠償請求権についても、例えば不動産の不法占有者に対して明渡義務の履行完了までの賃料相当額の損害金の支払いを訴求する場合のように、❶右請求権の基礎となるべき事実関係及び法律関係が既に存在し、❷その継続が予測されるとともに、❸右請求権の成否及びその内容につき債務者に有利な影響を生ずるような将来における事情の変動としては、債務者による占有の廃止、新たな占有権原の取得等のあらかじめ明

確に予測しうる事由に限られ」る。しかも、これについては、❹「請求異議の訴えによりその発生を証明してのみ執行を阻止しうるという負担を債務者に課しても格別不当とはいえない点において前期の期限付債権等と同視しうるような場合には」将来の給付の訴えを許しても格別支障はない。しかし、本件のように

(ハ)「たとえ同一態様の行為が将来も継続されることが予測される場合であっても、それが現在と同様に不法行為を構成するか否か及び賠償すべき損害の範囲いかん等が流動性をもつ今後の複雑な事実関係の展開とそれらに対する法的評価に左右されるなど、損害賠償請求権の成否及びその額をあらかじめ一義的に明確に認定することができず、……事情の変動を専ら債務者の立証すべき新たな権利成立阻却事由の発生としてとらえてその負担を債務者に課するのは不当であると考えられるようなものについては、前記の不動産の継続的不法占有の場合とは」異なり、将来の給付の訴えにおける請求権としての適格を欠くものとして、その請求は却下されるべきである、としたのである。——(イ)(ロ)(ハ)及び番号の付与は筆者による——

つまり、昭和五六年大法廷判決は前掲①の請求適格性の点で、判旨(ロ)で示されているように、権利発生の基礎をなす事実関係及び法律関係の存在(前述の❶)、その継続が予測されること(前述の❷)を挙げ、ここまでの点では従来の議論と同一であるが、これだけで①要件たる請求適格性を満たすとせず、さらに、請求の成否、内容につき、債務者に有利な将来の変動事由があらかじめ明確に予測しうること(前述の❸)、かかる変動を請求異議事由とし債務者に提訴の負担を課しても不当でないこと(前述の❹)の要件を掲げ、請求適格性の厳格化(要件の加重)を図ったのである。なお、②の要件については判決文では言及されていないが、義務者が義務の存在、態様を争っているのでこの訴訟では②の要件は満たすであろうとされた。昭和五六年大法廷判決では、❶、❷の要件は一応満たすことを認めたが、❸、❹の点で請求適格性を否定した。とくに、判旨(ハ)で展開された将来の不法行為に基づく損害賠償請求に関する❸の解釈は、おそらく不法行為に基づく損害賠償請求が既に発生した損害の填補を目的としたもので

あることを前提にしつつ、将来の継続的損害賠償請求権の成否及びその内容・損害額認定の困難さなどかかる請求権の一般的性質を考察し、その上で❹での当事者間の衡平の観点を加え、請求適格性を否定していると思われる。そして、❸の点に重点が置かれていると解すると、継続的不法行為の場合には、債権の性質上（定型的に）、そもそも将来給付の訴えは認められないことになる。[8] 本件判決のこうした帰結には、併合請求された差止請求が認められないこととの関連性も存在したであろう。[9]

他方、昭和五六年大法廷判決では、団藤裁判官の反対意見[10]もあり、判決自体についての賛否が分かれている。団藤反対意見は、従来同様❶、❷の要件があれば、請求適格は問題にせず、被害発生が確実に継続する期間を控えめにみて終期を定めるなどの方法で既判力の範囲の問題を処理でき、将来請求を肯定すべきというものである。主張立証責任の分配、既判力の範囲などを考慮したものであると言えよう。

(2) 学説は、当該判決を基本的に支持するものもあるが、[11] 団藤意見を支持するものが多く、[12] また判決に対して❸、❹の点でその趣旨が明確ではないとの批判がなされている。[13] そして、原告と被告との訴訟に投入可能な資源の格差を考慮し、将来の一定の期間に限定した給付の訴えであれば、これを許容していいとの提案もなされていた。[14] この大阪空港訴訟判決に対する批判としては、以下の点が挙げられていたとまとめることができよう。(a)原告の繰り返させられる起訴負担の不当性、(b)不動産の不法占有との質的区別の困難、(c)現に不法行為を行っている被告が将来の侵害防止可能性を根拠として賠償を拒否することの不当性、(d)免責事由は加害者側の損害防止等の諸方策が大部分である点、(e)原告と被告の訴訟への投入可能な資源の格差などである。[15] いずれにせよ、学説の趨勢は昭和五六年大法廷判決には反対の立場であった。[16]

そして、学説では、❸、❹の点を考察し、将来給付の訴えが認められるか否かは当事者間の衡平、つまりは当事者間の起訴責任分担の問題として考える方向が中心となった。[17] そして、当事者間の衡平を考慮した場合に、将来の損害賠償請求の成否及び賠償すべき範囲に影響を及ぼす要因の大部分が加害者の行う損害防止措置の実施である場合には、加害者側の請求異議の訴えの起訴負担は不当と言えない立場[18]や、団藤意見を基礎に将来の損害賠償請求権の終期をどこに設定するかポイントであるとする議論がなされてきたのであった[19]。

3　昭和五六年判決以降の判例・学説の展開

この昭和五六年大法廷判決後の判例理論の展開は、基本的には昭和五六年判決に依拠しているといえよう[20]。そして、将来の不法行為による損害賠償請求権の場合のみならず、他の事件類型にもこの理論の適用がなされている。その代表例が、最高裁昭和六三年判決（最判昭和六三年三月三一日裁判集民事一五三号六二七頁）[21]である。

(1)　最高裁昭和六三年判決

この事案は、共有者の一人が共有物を他に賃貸して得る収益につきその持分割合を超える部分の不当利得の返還を求める他の共有者の請求のうち事実審の口頭弁論終結時後に係る請求部分は、将来の給付の訴えを提起することのできる請求としての適格を有するか否かが争われた事案である。最高裁昭和六三年判決は、昭和五六年大法廷判決を引用したうえで（前述の判旨(ロ)の枠組みを提示し）、以下のように判示した。

「Aと訴外会社Bとの間に現に賃貸借契約が存続していて、Aに賃料収入による一定の収益がある場合には、継続的法律関係たる賃貸借契約の性質からいって、将来も継続的に同様の収益が得られるであろうことを一応予測し得るところであるから、右請求については、その基礎となるべき事実上及び法律上の関係が既に存在し、その継続が予測されるものと一応いうことができる。しかし、右賃貸借契約が解除等により終了した場合はもちろん、賃貸借契約自体は終了しなくても、賃借人たる訴外会社Bが賃料の支払を怠っているような場合には、右請求はその基盤を欠くことになるところ、賃貸借契約の解約が、賃貸人たるAの意思にかかわりなく、専ら賃借人の意思に基づいてされる場合もあり得るばかりでなく、賃料の支払は賃借人の都合に左右される面が強く、必ずしも約定どおりに支払われるとは限らず、賃貸人はこれを左右し得ないのであるから、右のような事情を考慮すると、右請求権の発生・消滅及びその内容につき債務者に有利な将来における事情の変動が予め明確に予測し得る事由に限られるものということはできず、しかも将来賃料収入が得られなかった場合にその都度請求異議の訴えによって強制執行を阻止しなければならないという負担を債務者に課することは、いささか債務者に酷であり、相当でないというべきである。」

ここでは、将来の賃料払等を賃貸人が左右しきれない点を考慮し、上述の昭和五六年大法廷判決の❸、❹の点で本件訴えの請求適格性を否定した。

この判例に対しては、私人間の紛争に大型公害訴訟である大阪空港訴訟の判例理論を適用するべきではなく[22]、当事者間の起訴責任分担を考慮すると、昭和六三年事案は賃借人から賃貸人への賃料収入を条件として給付判決を命ずることができた事案で、かかる場合には債権者がその条件を証明して執行文を受けることができるので、債務者の起訴責任の負担は酷であるとの理由は当てはまらないとの批判などがあった[23]。

また、平成八年の民訴法改正により、新たな状況も生じてきた。つまり、損害額の裁量的認定制度（民訴二四八条）や定期金による賠償を命じた確定判決の変更を求める訴え（民訴一一七条）の創設である。これらの類推適用により昭和五六年大法廷判決の基準緩和の主張もなされている[24]。しかし、制度の基礎が異なり、類推適用は難しいものと思われる。

(2) 最高裁平成一九年判決

その後、本件事案及び昭和五六年大法廷判決と同様の事件について最高裁判決が出された。最高裁平成一九年判決（横田基地夜間飛行差止等請求事件判決＝最判平成一九年五月二九日裁判集民事二二四号三九一頁）である[25]。この事件の原審は、口頭弁論終結後から判決言渡しまで（8か月から1年程度）に限って将来の不法行為に基づく損害賠償請求を認め、昭和五六年大法廷判決における団藤意見に即した判断を下した。しかし、この訴訟の法廷意見では、前述の昭和五六年大法廷判決基準（判旨㈧）に基づき、以下のような判決が下された。

「⑴　……飛行場等において離着陸する航空機の発する騒音等により周辺住民らが精神的又は身体的被害等を被っていることを理由とする損害賠償請求権のうち事実審の口頭弁論終結の日の翌日以降の分については、将来それが具体的に成立したとされる時点の事実関係に基づきその成立の有無及び内容を判断すべく、かつ、その成立要件の具備については請求者においてその立証の責任を負うべき性質のものであって、このような請求権が将来の給付の訴えを提起することのできる請求権としての適格を有しないものであることは、当裁判所の判例とするところである（最高裁昭和五一年㈭第三九五号同五六年一二月一六日大法廷判決・民集三五巻一〇号一三六九頁、最高裁昭和六二年㈭第五八号平成五年二月二五日第一小法廷判決・民集四七巻二号六四三頁、最高裁昭和六三年㈭第六一一号平成五年二月二五日第一小法廷判決・裁判集民事一六七号三五九頁）。

⑵　したがって、横田飛行場において離着陸する米軍の航空機の発する騒音等により精神的又は身体的被害等を被っていることを理由とする被上告人らの上告人に対する損害賠償請求権のうち事実審の口頭弁論終結の日の翌日以降の分については、その性質上、将来の給付の訴えを提起することのできる請求権としての適格を有しないものであるから、これを認容する余地はないものというべきである。」

法廷意見では、継続的不法行為の場合には、「債権の性質上（定型的に）」、そもそも将来給付の訴えは認められないという点がより明確に示され、さらに補足意見によりこの点が強調されている。[26] しかし、五名の裁判官のうち二名（弁護士出身）が反対意見を、他の三名が補足意見を提示した。

那須裁判官による反対意見は、前述の昭和五六年大法廷判決の❸に着目し、「損害賠償請求権の成否にせよ、損害額にせよ、それが将来の事象に属するため、「一義的に明確に認定」するといっても、事柄の性質上一定の限界があることは当然であ」るとして、具体的な事実関係に相違があり、かつ原判決が期間を区切った（口頭弁論終結時から判決言渡しまで）請求を認めることは、質的な相違があり（昭和五六年大法廷判決の射程外）、❸の判断に反しないとした。期限を判決言渡しまで区切った点は、弁論再開の可能性が生じることから、被告側に請求異議の訴えの負担がない点を高く評価する。[27] そして、「これを超えて厳密な一義性、明確性を要求することは、他の類型の将来給付訴訟との兼ね合いの点からも、またわざわざ条文を設けて将来の給付による救済のみちを拓いた法の趣旨からも、相当なものとは考え難い。」とする。他方、田原反対意見は、前述の昭和五六年大法廷判決から二五年経過して、最高裁が比較考察した賃料相当額の損害金請求の事例もバブル崩壊以降の状況は将来の変動要素が一義的でないことをしめしており、昭和五六年大法廷判決が判示した基準自体の妥当性が疑われる事態が生じている点、継続的不法行為による将来の損害賠償請求の訴えを容認できる範囲を、前述の判例より拡大して解すべき以下のような社会的事実が生じている点、近時の代表的な教科書を含む多数の学説は、継続的不法行為による損害賠償にかかる将来の請求が許容される場合として、昭和五六年大法廷判決が認めた基準は、狭きに過ぎるとして批判して、昭和五六年大法廷判決の見直しを主張した。そして、「それが一般に認められている期限付請求権や条件付請求権以外にどのような請求について認められるか否かは、学説において一般に承認されているように、将来生ずる不確定要素の立証の負担を原、被告いずれに負担させるのが妥当かという利益衡量の問題に尽きるのであって、当該具体的な事案に応じて判断されるべき事項である。」とした。最高裁昭和五六年判決に批判的な学説と共通性を有してくるこの田原意見には、当然に学説の多くが支持した。[28] そこで、学説は、昭和五六年大法廷判決の将来における変更の可能性を指摘していたのであった。

(3) 最高裁平成二四年判決

そして、登場したのが平成二四年判決（最判平成二四年一二月二一日裁判集民事二四二号一一七頁）である。[29] これは、土地の共有者の一人であるYが、これを第三者に五〇台程度の駐車場として賃貸して、収益を得ていた。他の共有者であるX1（Yの姉の夫）とX2（X1とYの姉との間の子）が、Yに対して、Xらの持分割合に相当する部分の不当利得返還請求をした事案である。第一審においては、X1らの請求を全部棄却していたが、原審は、前述の不当利得返還請求を一部認容し、かつ口頭弁論終結の日の翌日以降に生ずべき不当利得返還請求をも認容した。しかし、本件平成二四年判決は、前述の昭和六三年判決をそのまま踏襲した。[30] このことは、将来給付の訴えの請求適格に関する昭和五六年大法廷判決の基準が維持されることを意味する。そして、他方でそれは議論の継続をも意味してくると言えよう。

三　本件判決の検討と将来給付の訴え

(1)　このような議論状況の中で、昭和五六年大法廷判決、平成一九年判決と同様の事件についての判決として登場したのが本章での考察対象とした最高裁平成二八年判決[31]である。本件判決も昭和五六年大法廷判決に依拠し、「飛行場等において離着陸する航空機の発する騒音等により周辺住民が精神的又は身体的被害等を被っていることを理由とする損害賠償請求権のうち事実審の口頭弁論終結の日の翌日以降の分については、将来それが具体的に成立したとされる時点の事実関係に基づきその成立の有無及び内容を判断すべきであり、かつ、その成立要件の具備については請求者においてその立証の責任を負うべき性質のものであって、このような請求権が将来の給付の訴えを提起することができる請求権としての適格を有しない」とした。さらに、小西裁判官の補足意見では、原審が米海軍によって航空機の配備状況の変動が見込まれることを考慮し、その変動見込みより前の時期に限り認めた点への判断を含めて、「防衛施設である厚木海軍飛行場の騒音の状況はその時々の予測し難い内外の情勢あるいは航空機の配備態勢等に応じて常に変動する可能性を有するものであり、過去の事情によって、将来にわたって一定の航空交通量があることを確定できるものではないことを否定できず、施設使用の目的や態様が公共的な要請に対応して変化する可能性を内包するものというべきである。そのため、たとえ一定の期間を区切ったとしても過去の事情に基づき前述の航空機の騒音等に係る損害賠償請求権の将来分の成否及びその額をあらかじめ一義的に明確に認定することは困難であるといわざるを得ず」とされた。

このことは、本件判決により、平成一九年判決の法廷意見・補足意見で明確に示された「継続的不法行為の場合には、『債権の性質上（定型的に）』、そもそも将来給付の訴えは認められない」という点が再度確認され、判例の立場は確定的になったと評することができよう。その意味では、前述の学説の議論はほとんど採用されなかったと言えよう。学説ではすでに批判的評釈[32]も出されている。

(2)　本件判決は、継続的不法行為に基づく将来の損害賠償請求の適格性を否定する従来の判例理論（昭和五六年大法廷判決）に沿ったもので適用事例の一つとの位置づけとなろう。それゆえ、最高裁判決の将来給付の訴えの利益をめぐる判断基準の評価は昭和五六年大法廷判決の評価にほかならない。これまでの学説の多数からは本件判決が依った昭和五六年大法廷判決は前述のように批判が大きい。しかし、学説の多数が主張する、将来給付の訴えの利益の判断は起訴責任分担の公平性、当事者間の公平を考慮した比較考量による理論づけ自体も妥当であろうか。将来給付の訴えの制度趣旨が沿革上債務名義取得に主眼があったことを考慮したときには、従来とは異なる評価・分析視点が提示できそうに思われる。

では、将来給付の訴えの目的は何か。将来給付の訴えは、将来の給付請求権を主張する者にあらかじめ訴えを提起する可能性を拓くものとの理解がある[34]。しかし、将来給付の訴えは大正民訴法改正により新たに創設させたものであるが、その生成期においてもわが国立法当時の制度理解も債務名義作成に主眼が置かれていたと言えそうである。[35] それゆえ、条文がいう「あらかじめその請求をする必要がある場合」とは、一般には、「あらかじめ給付判決を得ておく必要」とされるが、[36] それは、「あらかじめ債務名義を取得しておく必要」とするのが本来の制度趣旨に沿うものと思われる。今日、ほとんどの学説が将来給付の訴えの利益につき、必要性要件のみを掲げ、この必要性には、義務者が義務の存在又は態様を争っている場合、及び履行が遅れると債務の本旨に沿った給付にならない場合、履行遅滞による損害が甚大となる場合を掲げており、[37] 将来の履行確保が困難な場合、つまりは強制執行が困難な場合を想定しているのである。これらからは、将来給付の訴えの目的は、債務名義所得を第一義的として考えるができよう。換言すれば、将来給付の訴えは、例えば、履行期到来または条件成就のときに債務者が履行しないことが明らかに予想される場合に、履行期の到来や条件成就をまって現在の給付の訴えを起こさせるとしたのでは、債権者の保護に欠けるので、あらかじめ債務名義を取得させておき、履行期の到来または条件成就後ただちに強制執行ができるようにする点、つまり、事前の債務名義の取得にその趣旨があるのである。

(3)　この制度趣旨を前提とするならば、将来給付の訴えの利益は、事前の債務名義取得との関連性の中で考える必要があると言えよう。その結果、従前の学説が訴えの利益の有無を判断する必要性は、事前の債務名義の取得の必要性とみなすことができそうである（なお、必要性を論じることは本案の問題と絡んでくる）。しかし、必要性要件のみで将来給付の訴えの利益を判断すべきであろうか。事前の債務名義取得の必要性を判断するためには、論理的に、将来の給付請求権が債務名義性を有していることが前提となる。将来の給付請求権が強制執行をなしうるに値し、その必要性がある場合に初めて将来給付の訴えの利益が認められることになる。この点に将来給付の訴えが限定的に認められてきた意味があると言えるのではなかろうか。

では、債務名義とはいかなるものか。債務名義とは、強制執行によって実現されるべき請求権の存在と範囲、その当事者並びに責任財産（執行対象財産）の範囲を表示した、公の格式文書とされる。そして、債務名義は、これに基づく国家機関による強制執行の実体的基礎を確保する。したがって、債務名義は、①国家権力を発動して債務者の生活圏に強制的に介入することが一般に是認される程度に高度な蓋然性をもって執行債権の存在と内容を確証する文書であって、かつ②債務者がその成立過程に主体的に関与する機会を保障された文書であることが要請されてくる。[38] ここでいう②の観点は、債務名義作成を目的とする将来給付の訴えの場合は問題にならない。問題は、①の観点である。また、債務名義は、執行の当事者および執行により実現されるべき請求権とその内容を特定する。その結果、債務名義により強制執行の方法とその範囲が特定されることとなる。強制執行をなしうる債務名義となるためには、その請求権がこうした特定性を有する必要がでてくる。つまり、将来の給付請求権の場合には、口頭弁論終結時に国家権力を発動して債務者の生活圏に強制的に介入することが一般に是認される程度に高度な蓋然性をもって確証された債務名義たりうる請求権と言えるかという点が問題となるのである。将来の給付請求権が強制執行をなしうるに値するものであることが前提となる（その点で、確認の利益の場合と異なり、将来給付の訴えの利益に関する判例理論における請求適格と必要性の2段階の判断により将来給付の訴えの利益の有無を決める考え方は妥当性を有してこよう）。前述した請求適格が一般に承認されている(イ)期限未到来の請求権、(ロ)停止条件付請求権、(ハ)将来の請求権（保証人の求償権）、(ニ)不法占拠者に対する明渡請求における明渡しまでの損害金請求の場合には、口頭弁論終結時段階では条件は付くもののその条件自体も明確で不確定要素がほとんどなく、口頭弁論終結時に高度の蓋然性をもって請求権の基礎関係は確証されていると言えよう。[39] したがって、これらの将来の給付請求権の場合には、その債務名義性の問題はクリアできそうである。しかし、継続的不法行為に基づく損害賠償請求権の場合はどうであろうか。口頭弁論終結時段階では不確定要素が多く、高度な蓋然性をもって確証される請求権という点で疑問が生じてくる。昭和五六年大法廷判決が、前述の❶～❹の要件を立て、請求の適格性を問題としたのがこの意味であれば、とくに❸の要件が意味を有してくるのは理解できるのであり、妥当と言えよう。

もっとも、❹を挙げ、当事者間の公平性を考慮要因とした点については疑問である。訴えの利益は、本来的には原告の問題と考えられよう。(40) 将来の給付請求権が債務名義性の点でも強制執行をなしうるに値し、事前の債務名義取得の必要性がある場合に、将来の給付の訴えの利益は認められるのである。それが認められ、請求認容判決が下され、確定した場合に、その後の実体的な事情変更を理由として異議のある債務者が請求異議の訴えを提起するのは過度な負担ではなく、当然の仕組みであると言えよう。

(4)　なお、このように高度な蓋然性をもって確証される請求権という点を問題とすれば、蓋然性の問題として、一定の期間を区切ることによってかかる蓋然性を認めることができるとの主張も考えられる（団藤意見に親和的な学説の方向性と重なってくる）。しかし、この区切りに客観的な設定基準があるとは言えず、市民の生活圏に国家による介入を認める格式文書となる債務名義はそのような不安定性に基づくことに正当性を認めることは難しいように思わる。

(5)　このような観点から本件判決についてみると、小西補足意見で「防衛施設である厚木海軍飛行場の騒音の状況はその時々の予測し難い内外の情勢あるいは航空機の配備態勢等に応じて常に変動する可能性を有するものであり、過去の事情によって、将来にわたって一定の航空交通量があることを確定できるものではないことを否定できず、施設使用の目的や態様が公共的な要請に対応して変化する可能性を内包するものというべきである。そのため、たとえ一定の期間を区切ったとしても過去の事情に基づき前述の航空機の騒音等に係る損害賠償請求権の将来分の成否及びその額をあらかじめ一義的に明確に認定することは困難であるといわざるを得ず」とされた点は、かかる継続的不法行為に基づく将来の損害賠償請求権の場合には、口頭弁論終結時に国家権力を発動して債務者の生活圏に強制的に介入することが一般に是認される程度に高度な蓋然性をもって確証される債務名義性を有する請求権と言えないとの結論に至るものとして評価でき、基本的な点では適正な判断と評価しうるものと考えられる。(41) なお、債務名義取得の必要性の判断において、口頭弁論終結時に争っていることをもって必要性があると言えるかは検討を要するが、現時点では、それだけでは足りず、他の要因も考慮する必要があると考えている。

(注)

(1) 例えば、最判平成一一年一月二一日民集五三巻一号一頁など参照。なお、この点については本書第六章の記述参照。

(2) 例えば、兼子一・民事訴訟法体系(増訂版)(酒井書店・一九六九)一五四頁以下は、「請求がその訴訟の口頭弁論終結時までに現実化されない給付義務の主張であるが、期限付の請求権に限らず、停止条件付或いは将来発生すべき請求権でも、その基礎関係が既に成立しているものであればよい。ただ既に履行すべき状態にないのに、その給付義務を確定するのであるから、特に予めその請求をして判決を得ておく必要がある場合に限られる」とする。また、兼子一原著・松浦馨ほか・条解民事訴訟法(第二版)(弘文堂・二〇一一)七八六頁以下〔竹下守夫〕も、基礎となりうる請求権(将来の給付の請求適格)と訴えの利益(あらかじめその請求をなす必要)と分けて論じている。

(3) 岩松三郎＝兼子一編・法律実務講座・民事訴訟編 第二巻(有斐閣・一九五八)四三頁、最高裁判例解説昭和五六年度民事篇七八九頁以下〔加茂紀久男〕など参照。

(4) 松浦馨「将来の不法行為による損害賠償請求のための給付の訴えの適否」新堂幸司ほか編・判例民事訴訟法の理論—中野貞一郎先生古稀祝賀(上)(有斐閣・一九九五)一九一頁など参照。

(5) 兼子・前掲書(注(2))一五五頁など参照。

(6) 兼子・前掲書(注(2))一五五頁、三ケ月章・民事訴訟法(有斐閣・一九五九)六二頁以下など参照。

(7) さしあたり、最高裁昭和五六年判決の評釈等については長谷部由起子・民訴判例百選(第五版)五〇頁以下及び山田文・民訴判例百選(第六版)四四頁以下に掲げられている文献等参照のこと。

(8) 最高裁昭和五六年判決の多数意見はこのような観点に基づくものとされる（加茂・前掲解説（注（3））七八九頁参照）。

(9) 高橋宏志・重点講義民事訴訟法（上）（第二版補訂版）（有斐閣・二〇一三）三五七頁参照。

(10) 団藤反対意見は「民訴法二二六条（現行一三五条）の解釈は、「立法者がとくに本条を設けた趣旨を勘案しながら、既判力の範囲の問題や当事者間の利益の均衡などを考慮して決する以外にない」とし、期限付債権と同視しうるような場合でなくても、請求権発生の基礎となるべき事実関係が継続的態様においてすでに存在し、将来の確実な継続が認定できるなら、上のような考慮によって是認される限度で将来の給付請求が認められるべきである。本件についても、「最小限度の被害の発生が確実に継続するものと認められる期間を控え目にみて終期を定めるならば、その期間内に特別の事態が生じた場合に相手方に請求異議の訴えによって救済を求めさせることにしても不当に不利益を課することにはならず、このような終期を付することによって、既判力に範囲についても疑点を解消」できる、とする。

(11) 中野貞一郎・民事訴訟法の論点Ⅰ（判例タイムズ社・一九九四）一三四頁など。

(12) 前掲・条解（注（2））七九〇頁以下〔竹下〕、長谷部・前掲評釈（注（7））五一頁など参照。

(13) 詳細は、松浦・前掲論文（注（4））二〇七頁以下など参照。

(14) 竹下守夫「差止請求の強制執行と将来の損害賠償請求をめぐる諸問題」判時七九七号（一九七六）三四頁、伊藤眞「将来請求」判時一〇二五号（一九八二）二五頁以下など参照。

(15) 山本和彦・判例評釈（平成一九年判決評釈）判時一九九九号一六八頁以下など参照。

(16) 反対説として、松浦・前掲論文（注（4））二〇三頁以下、角森正雄「将来の給付の訴えについて」富山大学経済論集二七巻三号（一九八二）九〇頁以下、前掲・条解七九〇頁以下〔竹下〕など。

(17) 論者により、若干ニュアンスが異なる。「原告である債権者があらかじめ債務名義を得ておき、履行期が到来すれば、直ちに強制執行ができる利益と、被告である債務者の判決後における給付義務の変更・消滅を主張するために自分の方から請求異議の訴えを提起して強制執行を妨げなければならない不利益」を考慮する立場（中野・前掲書（注（11））一三九頁、内山衛次「将来給付の訴え」鈴木古稀（有斐閣・二〇〇二）一二〇頁）や、「将来生ずる不確定要素の立証、起訴責任を原告・被告に負担させるのが妥当かという問題」とする立場（高橋・前掲書（注（9））三五七頁）、「将来あらためて損害賠償請求権を主張する側が給付判決をしておいて、現状の変更が債務者がそれを主張しえ強制執行を免れるための行動を起こすべきかの当事者の公平とする」（起訴責任分担の）立場（伊藤眞・民事訴訟法（第八版）（有斐閣・二〇二三）一九一頁注26、安西明子・私法判例リマークス三七号一一五頁、山本和彦・前掲評釈（注（15））一六九頁など）、主張・証明責任事項での当事者間の公平を強調する立場（前掲・条解（注（2））七九〇頁以下〔竹下〕、松本博之＝上野泰男・民事訴訟法（第八版）（弘文堂・二〇一五）一五四頁など）などがある。

(18)　前掲・条解（注（2））八二二頁〔竹下〕、松本＝上野・前掲書（注（17））一五四頁など。

(19)　長谷部・前掲評釈（注（7））五一頁、中野貞一郎ほか・新民事訴訟法講義（有斐閣・二〇一八）一六二頁〔福永有利〕、三木浩一「将来給付の訴えの利益」慶應法学二八号（二〇一四）三二四頁以下など参照。

(20)　その後の判例の展開は、松浦・前掲論文（注（4））二〇三頁以下など参照。

(21)　最高裁昭和六三年判決の評釈としては、井上治典・判タ七〇六号二七六頁、坂口裕英・民商九九巻四号五六〇頁、片山三郎・昭和六三年度重判解説一二三頁、小林秀之・法セミ四〇九号一〇六頁など参照。

(22)　井上・前掲評釈（注（21））二七七頁。

(23)　坂口・前掲評釈（注（21））五六二頁、井上・前掲評釈（注（21））二七七頁。この考え方に対しては、将来給付の申立てに対して条件付給付判決を下すことは、処分権主義の観点からも問題とはなりうるが、後述するように、将来給付の訴えは執行の局面から考察すべき制度であることを考慮すると、両者は質的に同一と解する余地はなくはない。もっとも、原告に釈明して、予備的請求としてこれが追加されれば問題はない。その点では、昭和三六年判決についてのこの批判には検討すべき余地があるように思われる。

(24)　川嶋四郎・民事救済過程の展望的指針（弘文堂・二〇〇六）二六一頁。

(25) 本件評釈として、山本和彦・前掲評釈（注(15)）一六四頁、野村秀敏・民商一三七巻四・五号四七七頁、川嶋四郎・法セミ六三二号一二一頁、安西明子・判例私法リマークス三七号一一二頁、渡辺森児・法学研究八一巻四号一〇四頁、西野喜一・平成一九年度主要民事判例解説二〇二頁、笠井正俊・ジュリ一三五四号一四〇頁などがある。

(26) この点につき、渡辺・前掲評釈（注(17)）一一一頁は、空港等の施設により生じる騒音等に関する公害訴訟について定型的に将来の損害賠償請求権が封じられることになり、結果これから訴訟を提起しようとする被害者らの訴訟手段を実質的の奪うとして批判する。

(27) なお、この点については、弁論再開は裁判所の裁量であり、必ずしも被告にとって決定的な救済にはならない旨が指摘されている（笠井・前掲解説（注(25)）一四二頁、山本・前掲評釈（注(15)）一六八頁など参照）。

(28) 山本・前掲評釈（注(15)）一六九頁、川嶋・前掲解説（注(25)）一二一頁、笠井・前掲解説（注(25)）一四二頁など。

(29) 本件評釈として、堀野出・新判例解説Watch一三号一三五頁、名津井吉裕・私法判例リマークス四七号一一〇頁、三木浩一・法学研究八六巻一一号一三四頁、上田竹志・法教（判例セレクト二〇一三Ⅱ）二六頁、今津綾子・民商一四八巻二号二〇二頁などがある。また、平成二四年判決を取り上げた棚橋洋平「将来の権利関係を審判対象とする訴訟の対象適格についての判例法理」早法九〇巻二号（二〇一五）九三頁も参照。

(30) 千葉裁判官の補足意見では、昭和六三年判決の射程は、〔1〕持分割合を超える賃料部分の不当利得返還を求める将来請求の場合を述べたものとする理解と、〔2〕〔1〕の場合に加え、当該賃料が駐車場の賃料であるという賃料の内容・性質をも含んだ事例についての判断であるとする理解とがあり得、〔2〕が妥当するとして、将来給付にかかる請求権の発生起訴となる事実・法律関係の継続性が重要であるとする。

(31) 本件評釈として、佐古田真紀子・新判例解説Watch二一号一五一頁、名津井吉裕・私法判例リマークス五六号一一〇頁、川嶋四郎・法セミ七五七号一二二頁、今津綾子・法教四三九号一二七頁、安西明子・平成二九年度重要判例解説一二六頁、春日川路子・民商一五三巻五号七六四頁などがある。

(32) 川嶋・前掲解説(注(31))一二二頁。

(33) 角森正雄「将来の給付判決と事情変更(一)」富山大経済論集三四巻三号(一九八九)四五頁以下、同・前掲論文(注(16))七四頁以下、内山・前掲論文(注(17))一一七頁など参照。

(34) 高橋・前掲書(注(9))三五四頁、今津綾子「将来の給付の訴えにおける判決の効力(1)」民商一四八巻五号(二〇一三)一〇頁など参照。

(35) 中村宗雄・改正民事訴訟法評釈(巌正堂・一九三〇)一三三頁注1は、将来の給付の訴えの実益は、債権者をして履行期の到来に先立ち債務名義を取得することにあるとする。また、大正民訴改正の立法担当者の一人であった松岡義正・新民事訴訟法注釋 第六巻(清水書店・一九三九)一四二九頁は「将来ノ給付ヲ求ムル訴ハ……権利者ヲシテ前行的給付判決ヲ受ケ履行期到来ノ際直ニ強制執行ヲ為スコトヲ得セシムルガ為ニ之ヲ提起スルコトヲ許スモノナレバ、将来ノ給付ヲ求ムル訴ハ起訴ノ当時未ダ履行期ノ到来セザル給付ニ付キ給付判決ヲ求ムル訴ナリ……」とし、債務名義取得を念頭に置いた訴えであるとする。その他、長島毅＝森田豊次郎・改正民事訴訟法解釈(清水書店・一九三〇)二六三頁は、給付について争いがある場合、債務者の逃亡や財産隠匿のおそれがある場合などを「予め請求をなす必要」がある場合の例として揚げ、あらかじめ請求しておかないと強制執行ができない場合を想定して創設された規定である旨を指摘する。山内確三郎・民事訴訟法の改正(大正一五年)第二巻(法律新報社・一九三一)一〇頁以下も同様の例を揚げる。

(36) 兼子・前掲書(注(2))一五四頁、中野ほか・前掲書(注(19))一六一頁〔福永〕など参照。

(37) 中野ほか・前掲書(注(19))一六一頁〔福永〕、高橋・前掲書(注(9))三五五頁、伊藤・前掲書(注(17))一九〇頁以下など参照。

(38) 竹下守夫・民事執行における実体法と手続法(有斐閣・一九九〇)五四頁、一七五頁など参照。

(39) なお、㈡の場合には、今日不動産の明渡し執行には間接強制が認められている関係で将来給付の訴えを認めるにつき再考の余地はある。本書第二章第二節も参照。また、高田裕成「将来の法律関係の確定を求める訴えとその判決の既断力」伊藤眞ほか編・

民事手続法学の新たな地平―青山善充先生古稀祝賀論文集（有斐閣・二〇〇九）一九二頁以下は、将来給付判決における既判力について論じる中で、伝統的見解において将来給付の利益を認めていた上記請求権の場合には、「現在の法律関係を確定することによって給付義務を確定できる場合を想定していたと言え、将来給付の訴えの適法性を基礎づけていたとすることができ、確定された法律関係の基準時と既判力の訴訟上の拘束力の基準時の間のズレの問題は顕在化しない」とする。この指摘は、執行を実体的に正当化する債務名義性の付与を認めることと連関してこよう。つまり、この指摘のような場合にのみ、将来給付の訴えの利益が認められてきたのである。このことは、ドイツ法における将来給付の訴えが限定的であることと重なりあう。この点につき、佐古田真紀子「ドイツにおける将来給付の訴えの適法性について（一）、（二）」旭川大学経済学部紀要六九号（二〇一〇）二七頁以下、同七二号（二〇一三）三三頁以下が詳細かつ有益である。

（40）　高橋・前掲書（注（19））三四四頁以下を参照。原告の利益、国家的利益、被告利益などどれが主たるものとなるか、議論のあるところではある（本書第六章参照）。佐古田・前掲論文（注（39））第七二号五八頁以下は、ドイツ法では債務名義取得の関係で被告保護の視点が重視され、実体法上の権利毎にきめ細かく、請求権の存在の確実性のための基準が設けられている点を指摘する。なお、将来の不法行為に基づく損害賠償請求の場合、高田・前掲論文（注（39））一九八頁以下が「不法行為の成否、損害の有無、態様に影響を与える事実として権利成立阻却事由を仮に観念することができるならば、これらは予想に基づく前訴判断の内容を見直す事情として位置づけられる」とし、「不確実な将来の事態の展開をあらかじめ取り込んでする判決は、その予想と異なる展開があった場合には改めて争う機会を留保する暫定的な判決を認める」ことができるとして、将来給付の訴えの場合の既判力の役割の減退を指摘する。そして、そうした暫定的決定を司法制度として受け入れる枠組みが訴えの利益の判断とする。しかし、将来給付の訴えの場合の問題は、「不確実な将来の事態の展開をあらかじめ取り込んでする判決」が債務名義性を有するか否かであり、それが訴えの利益の判断の前提となる。

（41）　佐古田・前掲本件評釈（注（31））一五四頁は比較法的考察から本件判決を積極的に評価している。

著者紹介
松村 和徳（まつむら・かずのり）
早稲田大学大学院法務研究科教授・博士（法学）

主要著書
『民事執行救済制度論』（成文堂・1998年）
『新民事訴訟法ノートⅠ』（成文堂・1998年）
『民事執行・保全法概論［第２版］』（成文堂・2013年）
『倒産法概論』（法学書院・2014年）
『手続集中論』（成文堂・2019年）など

民事訴訟理論再考

2025年１月15日　初版第１刷発行

著　者　松　村　和　徳
発行者　阿　部　成　一

〒169-0051　東京都新宿区西早稲田1-9-38
発行所　株式会社　成　文　堂
電話 03(3203)9201　Fax 03(3203)9206
https://www.seibundoh.co.jp

製版・印刷・製本　惠友印刷　　検印省略

ISBN978-4-7923-2813-9　C3032
定価（本体7000円＋税）